LA ENCICLOPEDIA

MASTER SYSTEM

LA ENCICLOPEDIA

MASTER SYSTEM

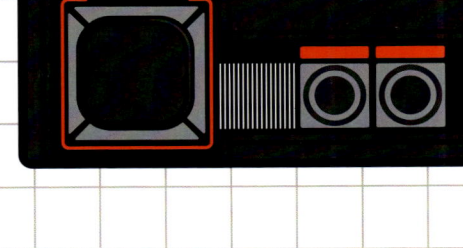

HÉROES
DE PAPEL

LA ENCICLOPEDIA
MASTER SYSTEM

ISBN: 978-84-19084-56-9

Depósito legal: SE 858-2023
©2023 Ediciones Héroes de Papel, S.L., sobre la presente edición
P.I. PIBO. Avda. Camas, 1-3. Local 14. 41110
Bollullos de la Mitación (Sevilla)

Autores: José David Rodríguez Vázquez
y Pablo Eugenio Rodríguez Vázquez
Diseño: Miguel Ángel Lucha Márquez
Edición: Ricardo Martínez Cantudo
Corrección: Isaac López Redondo

ÍNDICE

PRÓLOGO 11

1 HISTORIA DE MASTER SYSTEM 17

    Sega antes de Master System............................ 17

    Nacimiento de Master System.......................... 25

    Master System y Sega España: días de vino y rosas 25

    Tec Toy: el mito que vino de Brasil.................... 30

2 MODELOS... 41

    Características técnicas 41

    Versiones de Master System 45

    Packs de Master System.................................. 49

3 PERIFÉRICOS.. 55

4 ENCICLOPEDIA DE SOFTWARE 65

5 REFERENCIAS DOCUMENTALES........................251

PRÓLOGO

Víctor dio un sorbo a su batido de chocolate mientras esperaba, paciente. En diez minutos, a las 10:30, Luis vendría y abriría la tienda, una Canadian Center, y esto era para él un ritual que no podía perderse por nada del mundo. A veces pensaba que no, que hoy no abriría, y entonces se apoderaba de todo su ser el miedo, pero luego se calmaba. Luis no podía decepcionarle, que para eso era sábado y había estado esperando toda una larga semana.

El día despertó como él, perezoso, y poco a poco la tenue luz pálida de la mañana había empezado gradualmente a subir de intensidad. En todo ese momento, todavía dentro de su cama, gozando al darse cuenta de que hoy no tenía que madrugar (aunque, sorprendentemente, lo hacía), había estado dando un repaso a los dibujos animados del finde, ya que poseía televisor en su cuarto: las aventuras de *Rambo*, *GIJOE*... y su preferido, *Las aventuras de Sonic*. Cuando empezaba *El show de Mario Bros.* se levantaba de la cama, disimulando un poco su desagrado. ¡Que le den a ese fontanero bigotudo, enemigo mortal!

A pesar de no hacer ruido, no tardó en encontrarse con su madre, con su bata atada en doble azada alrededor de su cadera, que le preguntó adónde iba. Se encogió de hombros, pero ella sabía que iría a alquilar un juego que le rondaba por la cabeza desde hacía unas semanas o a hacer algo parecido. Siempre había una excusa para ir a la tienda de videojuegos un sábado, pero esta visita estaba justificada. Sí, eso es: justificada. *Hobby Consolas*, *Superjuegos* y fanzines tirados por el suelo así lo atestiguaban, como una especie de hojas otoñales o, quién sabía, los pétalos de una margarita del bohemio juego del *me quiere, no me quiere*.

Se calzó sus Nike Jordan y se enganchó su *walkman* Daewoo (más barato que el de Sony) en su cintura. No hubo recogido su batido, que ya se tomaría por el camino, cuando entre sus cascos ya comenzaba a sonar, reproducido con ímpetu furioso, «Smooth Criminal» de Michael Jackson, que iría alternando, como quien no quiere la cosa, con «Tricks of the Light» de otro Michael, en este caso Oldfield. Michael Jordan, Michael Jackson, Michael Oldfield, Michael J. Fox, Michael Knight... El mundo era sencillo de recordar, se dijo.

Pero hacía ya rato que había dejado de recordar, que no escuchaba ni hacía nada más que mirar al frente, para esa cortina de hierro con un escueto cartel donde se marcaba el horario, ese sitio donde un moscardón saludaba al respetable frotándose las patitas, como un cafre que se disponía a hacer una trastada. El cierre de hierro era como un tal muro de Berlín que acababa de caer no hacía tanto y con el que sus profesores de 7º de EGB no paraban de darle la chapa cada dos por tres.

Dio un mordisco ahora a su Bollycao, un poco frustrado por haber pecado, por haber pensado en el colegio en un sábado. Si fuera mañana, al menos tendría excusa... No, mañana tampoco, que había quedado con su colega Alex a ver *Terminator 2: el juicio final* en el América Multicines. Le habían dicho que estaba chulísima, que *partía la pana*. Ahí, mientras hacía cola, sería muy diferente a estos momentos de nerviosismo, pues mientras esperaba a pie de calle a que la larga serpiente humana avanzara, se entretendría viendo los fotogramas y carteles de los estrenos guapos del verano. ¡Ah, el verano! Estaba en junio, quedaban un par de semanas para que vinieran las vacaciones y poder jugar con sus colegas todo el día a la consola, disfrutar de las largas tardes tras la playa mientras la piel ardía o esperar a cuando unos helados rematasen una larga discusión en los salones sobre quién era mejor, si Ryu o Ken…

¡Un momento, que aquí está Luis! Ya era hora, se dijo mientras se peinaba bien el flequillo. Luis alargó el brazo, sabiendo que Víctor era siempre su primer cliente los sábados, y le hizo señales para que pasara. Traía entre sus manos las revistas para socios y no tardó ni un segundo en darle su correspondiente ejemplar. Lo cogió al vuelo, con la velocidad de un Ayrton Senna, y entre el olor a tinta y el seco tacto, buscó el lanzamiento. Sí, ahí estaba. El nuevo recopilatorio sobre los secretos de *Dragon Ball* o la nueva edición de *Dragonlance* no le distraerían. Aunque esos nuevos dados de seis caras y esa colección de *Magic*, el encuentro… ¡No!, se dijo con la fe de un santo, de un ángel puro que sabe su misión divina, no gastaría su dinero en otra cosa, no se torcería del camino.

Entre ganchos plateados, colgados cual embutidos tradicionales, pero con toda la tecnología posible, se encontraban los estuches de su Master System II en orden alfabético. La pantalla de fondo, una maravillosa Sony Trinitron de 32 pulgadas, mostraba al *Sonic, the Hedgehog* de Mega Drive correteando implacable sobre Green Hill Zone. Salía en julio, aunque para la Master habría de esperar a octubre… Movió la cabeza, como intentando cabecear un fantasma; no merecía la pena darle más vueltas. No podía permitirse la Mega Drive, así que…

—¿Qué quieres? —preguntó el dependiente mientras reponía pesetas sueltas en la caja registradora.

—Pues quiero reservar el *Sonic* de la Master, ¿qué si no?

▶ **CONTINUE?**

1

HISTORIA DE LA MASTER SYSTEM

Sega antes de Master System

El nacimiento de Sega como compañía de videojuegos comenzó en el año 1940. ¿Cómo? ¿Sega, la empresa de videojuegos y tecnología, se fundó en la década de los cuarenta? Aunque parezca una rareza así fue, pues Sega era una compañía proveedora de maquinitas tragaperras para que los soldados, durante la Segunda Guerra Mundial, se entretuvieran. Y ni siquiera se llamaba Sega, sino Standard Games y, posteriormente, Service Games (Sega sería el acrónimo, pues, de Services Games). Por no ser no era tampoco japonesa, sino una compañía fundada en Honolulú, Hawái, Estados Unidos, por Marty Bromely. Curioso, ¿no?

Sería ya tras la guerra, en 1952, cuando Bromely funda una empresa llamada Service Games of Japan en, precisamente, Tokio, Japón, compañía que al año siguiente recibiría el ya famoso nombre de Sega, ayudado por dos socios llamados Dick Stewart y Ray LaMaire. Si bien es cierto que muchos vieron en el país asiático un gran potencial, parece que Bromely se fue a Japón movido por un sentimiento menos noble: en Estados Unidos se habían prohibido las maquinitas que su compañía construía. Eran vistas como juegos de azar controladas por la mafia[1]. Y como a los estadounidenses hay dos cosas que les gustan mucho, el que no les prohíban cosas y ganar dinero, allá que marchó, diversificando hacia las gramolas, tremendamente populares en todos los países en esa época, entre otros negocios. Era también conocida, según lo que vendiera, como la Nippon Kikai Seizo y la Nippon Koraku Bussan. Y era ya la tercera compañía de máquinas de entretenimiento de Japón junto con Taito y una tal... Rosen Enterprises Ltd.

El fundador de esta última, David Rosen, creó en 1954 una compañía titulada Rosen Enterprises Ltd. (aunque hay disparidad, y a veces se habla de 1951[2]). Cuando estaba en la Fuerza Aérea de Estados Unidos durante la guerra de Corea también vio un gran futuro en Japón (lo que después sería cierto). Vendió fotomatones, boleras e incluso máquinas de golf y, aunque parezca mentira, todo fue un éxito, o casi. Más tarde, cuando todos estos productos decayeron, empezó a vender máquinas *arcade* de juegos electromecánicos (de feria) importados, que en el país nipón eran el no va más (por contraste, en Estados Unidos, excepto las maquinitas de *pinball* en los lugares donde estaban permitidas, no había tanto entusiasmo). Ante el apabullante éxito decidió expandirse e intentó fusionarse con las otras dos, pero Michael Kogan, fundador de Taito, no quiso. Y claro, ocurrió lo que tenía que ocurrir: en 1965 Sega se uniría a Rosen Enterprises Ltd., dando lugar a Sega Enterprises Ltd. con el propio Rosen como CEO hasta 1996 (precisamente, la mejor época de la compañía). Más de seis mil locales, treinta oficinas, máquinas en cada ciudad de Japón y fábricas de tamaño considerable eran un buen punto de partida, ¿no? Desgraciadamente, en 2022, Sega confirmaba

....

1   Famosísima imagen de la época es la del mítico alcalde de Nueva York Fiorello La Guardia destrozando, él mismo, una máquina de *pinball*. El *pinball*, sostiene Kent y otros historiadores del videojuego, es el origen de esta nuestra afición (Kent, S. L., 2001. *La gran historia de los videojuegos*, Ediciones B, p. 20 y ss.).

2   Budd, N., Eres, B., Matulich, E. y McMurrian, R. (2014). Sega Corporation: The Dream and the Plan to Rise Above. *Journal of Business Cases and Applications*, 11, p. 3

que, tras cerrar su famoso Edificio nº 2 en Akihabara durante la crisis COVID, edificio dedicado a sus recreativas, iría progresivamente cerrando el resto, incluyendo la división Sammy, el 12 % de la compañía, el estudio corazón de su división *arcade*; como si Disney vendiera Disney Animation Studios. Vueltas que da la vida, ¿verdad?

Empero, en los sesenta, son tiempos felices para Sega. Tras fusionarse se van a lanzar a muerte a por el mercado, pues Sega siempre tuvo en mente un objetivo en cualquier cosa que hizo en su vida, y esto debe de ser alabado: cuando va a por algo, va con todas las consecuencias. Su primera creación va a ser el artilugio *Periscope*, que costó un ojo de la cara, pero que tiene un sorprendente éxito, lo cual les abre el mercado norteamericano. El precio es tan alto (más de 1200 dólares por máquina), que los distribuidores estadounidenses se quejan. Rosen les responde algo así como: poned las partidas no a 10 centavos, sino a 25 centavos[3]. Acababa de nacer el precio que sería referencia para la industria. Es ya en esa época una de las primeras compañías internacionales con sede en Japón, tanto que, en 1967, Rosen vende la compañía al gigante americano Gulf & Western[4].

Al poco, en 1970, tenemos ya la primera generación doméstica de consolas. Desde esta época hasta 1980 va a haber dos generaciones más, siendo que cada generación va a empezar a innovar mucho más que la anterior[5] (lo cual será el leitmotiv de la industria, inclusive todavía hoy, diga lo que diga la Nintendo de ahora).

En esta década de los setenta aparece una cosa llamada microprocesador, con lo que eso va a significar para este mundillo. Sega lo ve venir y compra Gremlin Industries para que le haga chips, dedicándose a parir juegos *arcade* como si no hubiera un mañana. La experiencia sale muy bien y Sega empieza a comprar compañías rivales, cosa que va a ser muy típico de la compañía del sol naciente (como vemos, esta moda no la inaugura Microsoft en nuestros tiempos). Pero ¡ay!, la industria está en pañales. Para los especialistas Eres, McMurrian, Matulich y Budd: «Aunque la industria del videojuego estaba en su apogeo, para Rosen, como para otros líderes de la industria, estaba claro que la industria no podría mantenerse a base de *arcades* en tiendas y adaptaciones (*ports*) muy pobres para el hogar»[6].

Así pues, Atari fue la primera en irse a pique y la que protagonizó el famoso tortazo del momento: casi quinientos millones de dólares de la época que se fueron por el desagüe. Sega, casi desde el minuto uno, dirigió sus negocios en Oriente

....

3   Kent, S. L. *op. cit.*, p. 132

4   Los cuatro dueños de Sega Enterprises Ltd. se forraron gracias a esta fusión. Rosen siguió activo, pero los otros tres, Bromley, Stewart y LaMaire, quisieron jubilarse. Les duró la jubilación seis meses. Luego fundaron Segasa of Spain, también conocida como Sega S.A, compañía fundada en 1968 en Madrid y luego trasladada a Parla en 1973 (con el bizarro nombre de Sega S.A. Sonic), dedicada a máquinas *arcade y pinball*. Trajo a España, entre otros, *Space Invaders, Galaxian y Asteroids*, y tuvo un gran éxito con el *pinball Sonic*. Aunque Sega Iberia llegaría después, esta seguiría abierta y dando guerra hasta su disolución en 2006 (VV. AA., 23 de marzo de 2016. Las máquinas recreativas de Sonic Sega SA. *Retrolaser. https://retrolaser.es/las-maquinas-recreativas-de-sonic-sega-sa/*).

5   Budd, N., Eres, B., Matulich, E. y McMurrian, R. *op. cit.*, p. 1

6   *Ibíd.*, p. 4. Todas las traducciones de libros originalmente en inglés son nuestras.

y en Occidente como una mezcla de ambas *culturas* para tener perspectiva global, triunfando hasta 1982 con sus máquinas tragaperras. Pero Gulf & Western ya no lo ve claro (nadie se fía ya de esta industria, pues Atari había llegado a tener el respaldo de Warner, y ni siquiera por esas) y Rosen recompra sus acciones para ser libre. Uno de los inversionistas (hacían falta para esto más de treinta millones de dólares de la época), es un tal Nakayama, que pasa a ser director ejecutivo. Y Hayao Nakayama, como nuevo presidente, vio que había que renovarse o les pasaría como a Atari.

Mientras aparecían los primeros sistemas domésticos (Oddyssey 2, ColecoVision, Commodore 64, Atari 5200, Intellivision), en los salones triunfaban juegos como *Pacman, Pole Position, Tron*... Y entre ellos, *Zaxxon*, de la propia Sega[7]. Pero llegó la crisis del videojuego de 1983, principalmente a Canadá y EE. UU., hasta que finalizó en 1985, con la quiebra de muchas compañías de todo tipo, dando la sensación de que esto de los videojuegos era una moda pasajera y poco más. Recordaba poderosamente a los inicios del cine, sin duda, donde las compañías se fundaban, enriquecían y quebraban a gran velocidad. Es en este momento cuando los japoneses y estadounidenses escogen NES como el sistema doméstico principal al que jugar, y es aquí donde empiezan a aparecer nuevos sistemas que intentan rivalizar con ella y trasladar la experiencia *arcade*/salón a casa; entre ellos, la competencia por parte de Sega.

Como decíamos, ante la quiebra que protagonizó, y de qué manera, Atari y la industria en general, varias empresas especializadas en *arcade* van a meterse en el mercado doméstico a sacar tajada, principalmente Sega y la ya nombrada Nintendo y su NES. El primer sistema que Sega diseñó, con componentes contrastados por su eficacia y por su popularidad en la industria, fue el SC-3000, un PC de 8-bits, pero ante el lanzamiento de NES, Sega eliminó el teclado y puso un *joystick* en su versión, digamos, para las masas. Se vendió por solo 15 000 yenes, lo cual era un ahorro para la pasta que valían estas cosas en 1983. Pero la obsesión seguía siendo Nintendo. Esto se ve en el lanzamiento a la vez el 15 de julio de NES de Nintendo y de SG-1000 de Sega, su nuevo aparatito.

En general, SG-1000 de Sega fue un relativo fracaso, pero va a ser la base sobre la que girará la siguiente creación de la compañía: Master System, lanzada en 1985 en Japón y al año siguiente en el resto de los territorios. Decimos que SG-1000 no llegó a fracasar totalmente porque NES tuvo un fallo de diseño que provocó devoluciones, vendiendo Sega SG-1000 como no habían previsto (100 000 unidades más de lo que esperaban). No obstante, el *software* y *hardware* de NES eran superiores. Y es que la guerra histórica de las consolas se puede resumir en los siguientes duelos: jugueteras (Mattel, Nintendo) versus empresas de computación (Microsoft, Commodore) versus gigantes de la electrónica (NEC, Sony). Pero he aquí que solo una, Sega, no pertenecía a ninguno de esos mundos, como no fuera el de las recreativas[8].

Con esta consola, SG-1000, Sega empezaba a hacer de las suyas: cable para otro mando mejor y... revisiones cada poco tiempo. Es el caso de SG-1000 II, más co-

....

7 | Belli, S. y López Reventós, C. (2008). Breve historia de los videojuegos. *Athenea Digital. Revista de Pensamiento e Investigación Social*, 14, p. 163

8 | VV. AA. (2017). SG-1000. *Retro Gamer*, 19, pp. 60-65

nocida como Mark II. Y en 1985, casi en un suspiro, vuelta a las andadas: Mark III, la conocida como Master System[9].

Sega, con su afán por superar a NES, había por fin sacado un modelo 8-bits más potente que la competencia que, encima, acogería sus grandes *arcades* en versión doméstica. Y, obsesionada con superar a Nintendo, no pararía aquí y volvería a sacar más modelos y más potentes: Mega Drive, ya de 16-bits, dejando morir a Master System en 1989, adelantándose al lanzamiento de SNES.

Pero mira por dónde, un territorio iba a resistir a este final precipitado, resucitándola de entre los muertos: Europa y parte de Hispanoamérica, donde la consola sobrevivió con éxito hasta bien entrado 1998, incluyendo su revisión en diseño en Master System II. Y no era fácil, pues Sega Europa había estado (y estaría) entre dos fuegos, Sega Japón y Sega América, lo que la dejaba a merced de los caprichos de unos y otros casi por igual antes que de sus propias necesidades y peculiaridades. Sega España, por desgracia, lo sabría bien llegado el caso.

Debemos aclarar antes de continuar que una consola es un producto estándar y en serie, es decir, que está pensada para que sus programadores piensen únicamente en los recursos de la consola en cuestión. En definitiva, es un sistema cerrado, no abierto, para sacar todo el juego tecnológico. Pero eso lleva a otro problema: se quedan obsoletas en determinado período de tiempo, como vemos, ya sea por el mercado o por la tecnología. Esto lleva a tener que cambiarlas cada poco, lo que se traduce en el hecho de que, históricamente, pocas marcas se hayan atrevido a entrar en el negocio de los videojuegos. Una investigación en I+D+i fuerte y luego sacar beneficios no solo por la consola, sino por las licencias, es lo natural[10]. Lo de Master System, por tanto, no es lo normal. Y, como hizo Sega (y luego casi obligada Nintendo), de tener dos versiones consoleras, una más asequible y otra superior, las simultáneas Mega Drive y Master System, y lo mismo con los lanzamientos (el mismo juego versionado para cada una), supone por lo de anormal en la historia de los videojuegos un punto y aparte (aunque actualmente Microsoft parece tirar por este modelo con su Series S y X). El usuario europeo creía, de hecho, que esto era lo estándar: dos mismas versiones de cada juego y, de postre, versión portátil. Una serie de hechos se sucedieron dando lugar a esta curiosa situación que pasaremos a enumerar, aunque principalmente se debe a que en la época los lanzamientos no eran mundiales y, cómo no, la crisis económica de fines de los ochenta y principios de los noventa.

Para empezar, ante la recuperación del mercado norteamericano del videojuego gracias especialmente a NES en solitario, que creó ella sola una industria, Sega, que en Japón en esto de las consolas, no era la gran cosa, decidió embarcarse en el país de las barras y las estrellas. No consiguió desplazar a NES, pero metió cabeza en el mercado, aprendiendo de sus errores. En Europa, sin embargo, gracias a su alianza con poderosas compañías y distribuidoras, entre las que destaca Virgin, Sega intentaría tener mejor suerte, pues Europa era un mercado copado por los ordenadores personales

....

9   *Ibíd.*, p. 62
10   Garfías Frías, J.A. (2011). La industria del videojuego a través de las consolas. *Cuestiones Contemporáneas*, 209, pp. 161-179.

(fundamentalmente en los dos mercados principales, esto es, el británico y el alemán) y NES ni estaba ni se la esperaba. Sega se *empapó* de Europa gracias a estar en contacto en cada zona con cada distribuidor, con su idiosincrasia, estrategias, localización, etc. Incluso fue la primera compañía con sede en el viejo continente. Y la consola de Sega, Master System, empezó a vender bien y Nintendo, que se da cuenta de esto, que aquí hay mercado, se equivoca con las prisas a la hora de elegir distribuidor, lo que le hace ir siempre al rebufo de Sega en Europa. Sega, con experiencia, fabrica rápidamente su consola de 16-bits para el mercado norteamericano, dándole un golpe fuerte a NES, inferior a todos los niveles. Para cuando Nintendo saque SNES (Super Nintendo/Super Famicom), Sega ha tomado ventaja, y altos directivos de Nintendo de la época reconocen todavía hoy haber menospreciado en su momento a su rival[11]. En Japón sigue el fracaso de Sega, es cierto, aunque en Europa, Master System empieza a venderse en los territorios más *pobres*, como Portugal, España, Italia... Y no para, gracias a sus precios muy bajos, de venderse también en el resto de los territorios. Esas increíbles ventas se unen a Mega Drive, lanzada en primicia en Europa, que convive con la 8-bits en perfecta simbiosis. Y como el mercado está creciendo y creciendo sin parar en todos sitios, se puede mantener esta política de consolas de diferentes potencias a la vez (aunque, *a priori*, esto de los dos modelos solo parece funcionar en Europa por estas especiales circunstancias que narramos).

En fin, que todo ha cambiado desde la década de 1990. La industria es madura, cuesta mucho la publicidad y el desarrollo y se han empezado a unificar filiales, subfiliales, distribuidoras, inversiones... Además, SNES ya está aquí, Mega Drive empieza a sufrir, Game Gear no puede con su rival y hay que pensar en los siguientes modelos (Sega debe apostar por un único *hardware*, dicen los entendidos).

En lo primero, Sega busca distribuidores para dar estabilidad a sus productos, dado su inicial fracaso en 1987 con el lanzamiento de Master System y el poderío de los ordenadores en la época, con mejor publicidad y más fáciles de copiar sus juegos por parte de piratas y usuarios. Además, el cartucho encarece todo mucho más, como bien se quejó U. S. Gold[12], la primera distribuidora de *software* de Europa. Por otro lado, muchas de estas distribuidoras acabarían siendo luego las diferentes *Segas* nacionales (Sega UK, Sega España, etc.). Era hora de una segunda oportunidad para Master System, tres años después de su lanzamiento, pues era una consola potente, barata y ya fácilmente programable. Y se consiguió.

En lo segundo, a principio de los noventa se unieron la guerra del Golfo y sus tensiones geopolíticas y petrolíferas, junto con la burbuja financiera-inmobiliaria en Japón. En Hispanoamérica venían, además, arrastrando una monstruosa deuda externa desde los ochenta, con una inflación en el caso brasileño (otro de los mercados clave en la expansión de Master System y su durabilidad, como ya veremos), inmanejable. Considerada la peor desde la Gran Depresión, el endeudamiento subía un 24 % al año, triplicándose hasta 1982, y luego estallando como consecuencia de otros tantos pro-

....

11 Kent, S. L. *op. cit.*, p. 484.
12 Kean, R.M. y Wilkins, C. (2015). *The Story of U. S. Gold. A very American, British Software House,* Fusion Retro Books, p. 100.

blemas internacionales y nacionales (petróleo, el dólar...), hasta alcanzar en 1987 la deuda en Iberoamérica la cifra de 446 000 millones de dólares, una tercera parte del total de la deuda externa de todos los países en desarrollo del momento[13]. Es la llamada Década Perdida, y si bien es cierto que en los setenta eso le sirvió a Brasil para industrializarse aún más rápidamente, luego llegó la crisis y el plan de austeridad, con su culmen en el 85, que incluso derrocó al régimen militar. ¿El Partido Social Demócrata hundió más el país controlando los precios? ¿Lo hizo el conservador Collor de Mello al rebajar la inflación en los noventa, pero desprotegiendo a los más desfavorecidos? Ni idea, no somos economistas, pero fueron todos y ninguno, como se suele decir.

Todo dará una vuelta, empero, a partir de la década de 1990. Como dicen los ya citados Eres, McMurrian, Matulich y Budd:

> Si este período de desarrollo de dos décadas puede considerarse el nacimiento y el momento de aprendizaje para esta naciente industria, entonces la década de 1990 fue testigo de problemas de crecimiento extremo, o dolores, por culpa de tal crecimiento, para muchas empresas ya asentadas [...] ninguna compañía lo ejemplifica mejor que Sega Corporation14.

Y es que hay que recordar que cuando llega 1997 Sega no es capaz de crecer más tras la cuarta generación. Y con la siguiente generación viene una tal Sony...

La jugada, a pesar de todo, con la salida de Mega Drive y el *resucitamiento* de Master System en territorio europeo y brasileño, principalmente, le sale bien a Sega. El volumen de negocios de 1992 de Sega y Nintendo ascendía a 4000 millones de dólares, cuando solo siete años antes la facturación de todas las empresas de este ocio juntas era de unos cien millones de dólares. Por si fuera poco, Sega había conseguido lanzar una mascota, Sonic, que se vuelve tan popular como Mario, incluyendo productos como muñecos, camisetas, serie de televisión... Por fin, Sega no solo tiene fama, ventas y *hardware*, sino también *imagen*. Las mascotas se ponen de moda. Hoy lo de las mascotas es una chorrada para una industria ya madura y que se dirige a un público objetivo amplio. Pero entonces, como nos recuerda Vázquez-Miraz[15], es por medio de estas mascotas que las compañías tecnológicas intentaron, digamos, humanizarse, acercarse al público potencial. Los *millennials* ya no serían los nacidos en el año 2000, sino los nacidos en los ochenta y en los noventa, es decir, los que han vivido el cambio de siglo plenamente conscientes de estos cambios. Por tanto, Mario sería el símbolo del hombre de a pie, del obrero, mientras que Sonic sería ya el símbolo de la modernidad, que es precisamente lo que buscaba Sega: chulesco, ágil y rápido[16]. Esto, que parece una conclusión un tanto forzada (sí, está bien, una mascota

....

13   Pérez Sánchez, A. (1995). Deuda externa de América Latina. Balance de una década (1980-1990). *Cuadernos de Estudios Empresariales,* 5, pp. 243-269.

14   Budd, N., Eres, B., Matulich, E. y McMurrian, R. op. cit., p. 2.

15   Vázquez-Miraz, P. (2018). Las mascotas corporativas de los videojuegos de los años 90: un símbolo de los "millenials". *Anagramas, Rumbos y Sentidos de las Comunicación*, 33, pp. 195-199.

16   *Ibíd.*, p. 199

sirve para lo que sirve, pero tampoco hay que darle tantas vueltas, ¿no?), es imprescindible, puesto que de ella se derivan los valores de una compañía, de una máquina y
de los juegos que van a salir para ella. Sonic, como Mario, alcanzó la fama tal y como
solo se consigue en esta época en la que vivimos: convirtiéndose en símbolo de lo
que ahora se ha llamado cultura popular, es decir, películas, animación, camisetas,
figuras, etc. Podemos afirmar que es aquí cuando arranca lo que se conoce como
Guerra de las Consolas, con niños identificándose con una mascota y una máquina,
despreciando, cuando no odiando, directamente a la competencia. Sega es molona,
como se decía entonces, juvenil, *macarra*, algo que se aprecia en sus agresivos y
alternativos anuncios de esa época, donde se compara con la rival sin cortarse un
pelo, donde se retrata a los usuarios de Nintendo como niños pequeños y a los de
Sega como contestatarios, etc.[17]. Incluso juegos de palabras con las drogas se harán,
con mejor o peor gusto.

Para los que vivimos aquella *guerra*, era algo más que defender tu marca, tu
elección, era defender tu modo de vivir como videojugador. Juegos como *Sonic* y las
consolas, nos dice Arteaga Gómez, nos enfrentan a…

> … una nostalgia que nos devuelve a nuestra infancia, cuando la figura de un simpático
> erizo abrazaba nuestras inocentes necesidades: el juego por el juego. Sin embargo, no
> hay que olvidar que, aunque real, esta felicidad era simulada, lo que pone de manifiesto
> el triunfo del concepto de lo hiperreal asociado a Baudrillard[18] [19].

Esta rimbombante referencia que citamos hace señalar una realidad: disfru-
tábamos también porque lo hacíamos en nuestra infancia, con nuestros amigos, con
nuestra edad precisa para ello. Mas, y esto también queremos dejarlo claro, también
porque había elementos auténticos, palpables y reales: una consola divertida, con juegos igual de divertidos, un juguete tecnológico. No es un simple recuerdo amable, sino
un hecho real.

En definitiva, la historia de los videojuegos podría dividirse entonces, re-
sumiendo, y antes ya de hablar de Master System en sí y de su historia (no es el objetivo de este libro hablar de lo que pasó y pasa actualmente en Sega como empresa) en cuatro partes hasta estas fechas, al menos hasta ese momento culmen de
1995 con la entrada de la generación de las 32-bits, que consideramos es el inicio de
la etapa contemporánea de los videojuegos y que, por tanto, es conocida por todos[20]:

....

17   *Sega Does, NintenDON'T* («Sega hace lo que Nintendo no»), rezaba un famoso anuncio de la época.
18   Arteaga Gómez, S. (2013). Diseñando lo hiperreal: del juego al videojuego. Lo lúdico al servicio de la
tecnología. I+Diseño, 8, pp. 135-139.
19   Baudrillard era un filósofo francés, uno de los gurús del posmodernismo y la hiperrealidad, que consi-
deraba que el arte ya no está hoy solo en los museos, sino en todas partes, incluyendo los objetos de uso
cotidiano.
20   Datos adaptados de Lafrance, J. P. (1995). La epidemia de los videojuegos. Epopeya de una industria.
Telos (Revista de Comunicación, Tecnología y Sociedad), 42, pp. 1-5.

De 1965 a 1975: tenemos a los usuarios surgidos al calor de Atari. De 1975 a 1985: tenemos la batalla por el mercado doméstico, donde los norteamericanos gastaban 8000 millones de dólares en salones frente a los 3000 del negocio del videojuego doméstico, con 25 millones de consolas. En ambos mercados Sega tenía mucho que decir.

De 1985 a 1995: tenemos la era de los gigantes japoneses Nintendo y Sega, que de 3000 millones de facturación en 1982 se quedan en 100 millones tras la crisis, pero que gracias a estas dos empresas vuelve a despegar. Aquí entran NES y Master System en juego, como ya ha quedado dicho, y luego las 16-bits. En las Navidades de 1992 las dos compañías japonesas vendían SNES y Mega Drive por cien dólares, pero el precio de los juegos era de una media de sesenta dólares[21]. Esto era una innovación con respecto a la etapa anterior, evitando que el mercado se desestabilizara como en la Gran Crisis (por la falta de juegos, principalmente, entre otras razones en las que no vamos a entrar). En algunos países europeos llegaron a ser los videojuegos ya en esa época el 40 % del mercado de los juguetes (recordemos la importancia de las jugueteras y las estrategias frente a ellas al principio, pues los grandes almacenes jugueteros eran los encargados de colocar las consolas en el mercado, de ahí las malas críticas a las consolas, con algunos polémicos estudios pagados por jugueteras que no estaban del todo seguras de qué partido tomar).

Y, finalmente, de 1995 en adelante, la etapa multimedia interactiva y de la hiperrealidad (Mega CD adelantada a su tiempo, así como el CD-I de Philips), del videojuego como fenómeno de masas intergeneracional, como el cine (a partir, obviamente, del fenómeno PlayStation).

Nacimiento de Master System

El año 1985 es un año, como todos en realidad, donde no paran de ocurrir sucesos. Comienza con EE. UU. y la URSS en diálogo para el desarme nuclear. Mientras, el estadounidense Ronald Reagan inicia su segundo mandato como presidente, un mandato que acabará por aniquilar a la URSS, a la par que en la URSS llegaba al poder Mijaíl Gorbachov. También al inicio del año se lanza la canción *We are the World* con un rutilante grupo de músicos liderados por la superestrella sin discusión Michael Jackson, que sigue preparando su disco *Bad* tras arrasar no hace tanto con el anterior titulado *Thriller* y su gira mundial. En Brasil se celebra Rock in Rio, un concierto en donde participan, entre otros, Queen, Iron Maiden, AC/DC, Scorpions, Rod Steart, Ozzy Osbourne y Yes.

En el mundo de habla hispana, en este año, el sandinista Ortega se hace con la presidencia en Nicaragua, mientras Uruguay y Brasil acaban con varios años de dictadura, al igual que Chile, que intenta la llamada *democracia plena* con el Acuerdo Nacional para la Transición a la Plena Democracia. En ese país, a las protestas políticas se une un terremoto de nada más y nada menos que de 8 en la escala Richter y en Buenos Aires, casi por las mismas fechas, un gravísimo incendio causa más de doscientos fallecidos. Un accidente de avión en Perú, un huracán en Cuba y una avalancha humana

....

21   *Regala las maquinillas y cobra por las cuchillas* es un famoso axioma empresarial.

en México suman aún más desgracias. Unos meses después del terremoto de Chile llega el de México, de 8,1 de Richter, con 10 000 muertos y otros tantos miles de desplazados, una cifra escandalosa todavía hoy no reconocida del todo, a lo que se suman más de 8000 millones de dólares, de los de entonces, en destrozos.

En nuestro país, España, se firma la convención de la ONU contra la tortura y el Gobierno del socialista Felipe González sobrelleva como puede las cifras récord de paro. Madrid sufre un atentado del grupo radical islámico Yihad islámica, cuyo autor intelectual es posiblemente el mismo que luego haría el aún más criminal 11-M en 2004. Es en España la época de Mecano o Los Chichos y del estreno en cines de títulos como *Yo, el Vaquilla*, *La hoz y el Martínez*, *El caballero del Dragón* (con un Miguel Bosé imitando a Bowie), otra vaquilla recordada, *La vaquilla* de Berlanga, *Los paraísos perdidos* o de esas locuras de Pajares y Esteso llamadas *El donante* y *El recomendado*.

Al final de año tenemos buenas noticias, todas del campo de la cultura y el ocio: se lanza el videojuego *Super Mario Bros.* por Nintendo mientras seguimos con interés inesperado un juego como el ajedrez gracias al enfrentamiento entre Kaspárov y Karpov en el Campeonato Mundial de Moscú, con victoria del primero sobre el segundo, sin olvidar que se lanza el primer Windows de la historia (algunos no verán en esto una buena noticia). En Japón se edita por esas fechas en la revista *Shonen Jump* un manga un tanto desapercibido en el país nipón, pero que arrasará en el resto del mundo: *Saint Seiya*, el mítico *Los caballeros del Zodíaco*. En cuanto al cine internacional, ha vivido 1985 una época de lujo, sobre todo con el llamado «cine de palomitas»: *Los Goonies*, *Los inmortales*, *Cocoon*, *Brazil*, *El color púrpura*, *Regreso al futuro*, *Commando*, *El jinete pálido*, *Lady Halcón*, *La joya del Nilo*, *Legend*, *Los señores del Acero*, *Mad Max: Más allá de la cúpula del trueno*, *Manhattan Sur*, *Memorias de África*, *Silverado*, *Rocky IV*, *Rambo II*...

En onomástica, ese mismo año nacen unos, todavía desconocidos, Cristiano Ronaldo, Anton Ferdinand, Gal Gadot, Chris Paul o Michael Phelps, entre muchos otros famosos cantantes, artistas, actores, deportistas, etc., de toda índole, nacionalidad y condición.

Y es el año de 1985, también, el del lanzamiento de una cosa llamada Master System...

Sega basaba su éxito económico en materiales sencillos y sólidos, para que pudieran resistir golpes y otros imprevistos, por supuesto a precios baratos y com-

petitivos. Simpleza en el manejo, con un escueto *joystick* a ser posible (fracaso de otros periféricos), y búsqueda del éxito entre los jóvenes, ya no únicamente por la simpleza implícita de la propuesta de los videojuegos (ganar o perder), sino porque se sigue la máxima de que *nunca dos veces la misma solución* era algo atractivo para el usuario[22].

Dicha máxima va a ser la fórmula de Sega en la creación de Master System. Como habíamos dicho en el breve recorrido de la historia de Sega, el antepasado de Master System fue SG-1000. El mercado se había ido a pique a principios de los ochenta, recordemos, así que el presidente Nakayama tuvo que darle vueltas a la cabeza para salir vivo del trance. Por ello, eligió componentes baratos y duraderos para su consola. Contó además con los procesadores de Texas Instruments X80A y Zilog, tremendamente populares, así como el de vídeo TMS9918A y el de sonido N76489. La versión potente, un ordenador de 8-bits, fue el SC-3000, bastante caro, mientras que la versión barata, la ya citada SG-1000, apareció en julio de 1983 al increíble precio de 15 000 yenes. SG-3000, para el que se lo esté preguntando, costaba el doble[23].

Lo bueno es que SG-1000 comenzó la tradición de traer adaptaciones de juegos populares de la compañía... pero lo malo es que se lanzó a la vez NES. Una vez más, depende de a quién se consulte, dirá que NES se paseó mientras que otros dicen que no fue para nada un fracaso: se vendieron más de 150 000 máquinas, el triple de lo que Sega pensaba[24]. SG-1000, pues, es el primer paso de Sega en este mundo doméstico con relativo éxito, mas, y esto es lo negativo, comenzó la manía de Sega de ir puliendo su *hardware* durante la marcha y volvernos a todos locos. El primer año sacó un cable para otro mando que mejoraba el irregular mando de la primera revisión. Luego, al siguiente, sin dejar respirar al consumidor, SG-1000 II, más conocida como Mark II. Ya los mandos eran *joypads* que se inspiran en NES y se reubicó ese baile de chips de todo tipo en uno solo. Y mucho, mucho *software* con ella, el triple de NES. No obstante, todo el mundo coincidía en la mayor potencia de Nintendo, puesto que el buque insignia en aquella época era *Donkey Kong*, casi un calco de la versión de la recreativa. Pese a todo, Sega se había sacado de la manga, ya decimos, una consola potente, barata y con inventos como My Card, juegos insertados en piezas de plástico de un grosor diminuto que requerían un adaptador. De nuevo, Sega inventaba, pero acababa con la paciencia, y el bolsillo, de sus sufridos usuarios.

Sega se había expandido. No solo era ya conocida en Japón, sino que había dado el salto a otros territorios. Por ello había que dar un paso más y SG-1000 fue otra vez revisionada: Mark III, que incluía lo último en *hardware*, el System 2, compatible con los juegos anteriores. Y formato My Card incluido, ahí era nada. Es además la primera vez que introduce el azul en su consola y el rojo en sus juegos, marca de la casa.

Cuando decidieron dar el salto fuera de Japón la rebautizaron con el nombre del *hardware* que llevaba en sus entrañas: Sega Master System. Y se publicitaba con el atractivo de reproducir las baratas My Cards y los caros cartuchos. Por si no fuera su-

....

22   Lafrance, J.P. *op. cit.*, p. 8.

23   VV. AA. L. *op. cit.*, p. 61

24   VV. AA. (s. f.). Sega Master System. *VG Legacy.* https://vglegacy.com/hardware/sega-master-system/

ficiente, tenía una calidad de sonido muy alta y salida de vídeo RGB, cosa que las otras compañías del momento, Atari y Nintendo, soñaban con ello, incluyendo sus más de 32 colores simultáneos. Con adaptador, incluso obtener sonido FM Yamaha era posible. Igualmente, por qué no decirlo, su aspecto no tenía pinta de ser una cosa de plástico para niños, sino algo más serio.

Como sea, sale a la venta en Estados Unidos con nuevo nombre, doscientos dólares de precio y esa maravilla llamada *Alex Kidd in Miracle World*, consiguiendo vender bien, sin negar que partían de unas expectativas demasiado optimistas. Pero... NES era imparable. Ella sola había resucitado la industria y prácticamente consola era sinónimo de Nintendo para el usuario medio, como Danone es igual a yogur para los consumidores, independientemente de que no sea de esta marca el yogur que te estás comiendo. Donde Sega vendía 30 000 consolas al mes, NES vendía 500 000. Nakayama, que, aunque lo parezca por la política posterior de Sega, no era amigo de aventuras, decide que, para tener solo el 10 % del mercado (y con dificultad), renuncia a fabricar más y prefiere dar el salto a las consolas de 16-bits. Y el éxito de Mega Drive, más el inesperado éxito en Europa, lleva a Nakayama reflexionar algo así como: ¿y si Master System no ha muerto todavía? Master System entonces se rediseña con un maravilloso perfil redondeado y compacto, se dejan los cartuchos en exclusiva y se quita My Card, se vende un adaptador para Mega Drive para que se puedan ejecutar sus juegos por parte de los nuevos usuarios de la 16-bits, se bautiza como Sega Master System II y se mete en la ROM de memoria *Alex Kidd in Miracle World* para, más tarde, incluir también *Sonic, the Hedgehog* en los *packs*. Espectacular. Pero nada de nada en casa ni en América del Norte; no remonta.

Así que sí, parece que no hay nada que hacer en territorio japonés y EE. UU. Es 1991. Pero en Europa y Brasil...

En Europa el éxito fue tremendo, pues, aunque Alemania era un mercado de compatibles, las desarrolladoras crearon muchos juegos para esta consola, Reino Unido era (y es) un mundo particular que supo aislarse de las tendencias mundiales y en la península ibérica e Italia tenían sus propias distribuidoras con grandes ideas de *marketing* que lanzaron la consola al estrellato. Todos los especialistas en Sega y en los videojuegos coinciden en que hoy, ya no digamos ayer, el mercado europeo es un caos. Un caos por sí mismo y por su idiosincrasia. Para empezar, son tantos países, y cada uno con su estrategia y peculiaridades, que se hace difícil un camino único (y, además, cada uno con sus impuestos e intereses). Aun así, tiene mérito que Europa fuera territorio Sega y, como vemos, en ello tuvo que ver mucho Master System.

Como ha quedado escrito, Nintendo era dueña y señora en Japón y EE. UU., y parecía que Europa era, con su caos de mercado, una segundona. Pero Sega se la tomó en serio, qué remedio, pocos mercados le quedaban ya, y Master System, el sistema llamado a desbancar a NES que nunca pudo hacerlo, sí que lo hizo en Europa, abriéndose luego la puerta para el dominio total con Mega Drive. Pero no era un mercado segundón porque no tuviera importancia (¿cómo no iban a tener importancia Francia, Alemania, Reino Unido, Italia, España...?), sino porque aquí se apostaba por los ordenadores o, como decían algunos, los compatibles. Atari, Amstrad o Commodore, entre otras muchas (entre ellas una fracasada consola española, Overkal, la primera consola europea de la historia[25]), triunfaban a lo grande. U. S. Gold o nuestra ERBE se hacían con la distribución (y creación) de videojuegos. Pero luego llega el cartucho (U. S. Gold hablaba de coste imposible, como ya apuntamos en el anterior apartado), y encima, hay que traducir cada juego en cada nación (uno de los problemas de la Master System, sin duda, que los juegos complejos, tipo aventura o RPG, rol, se estampaban al estar completamente en inglés).

Geoff Brown, de U. S. Gold, coincide con el que fuera presidente de ERBE, Paco Pastor, entre otros muchos profesionales, con el diagnóstico del territorio europeo: lo potente está en los ordenadores y, si no es barato o no se puede piratear, no interesa[26]. No apostaban un euro por las consolas y, en ese aspecto, y con todo lo visionarios que siempre fueron, erraron. Al menos, en ese momento. Pero cuando Sega presentó en el CES de 1986 Master System, una consola de 8-bits más potente que NES, colorida, muy moderna, que adaptaba recreativas con facilidad y que dejaba en pañales los videojuegos de ordenadores del momento, la cosa cambió. Sega la lanzaría a la vez que en otros territorios y, por primera vez, NES iba a tener competencia.

Comenzaba el espectáculo: en la República Federal Alemana (la Alemania de verdad democrática), la distribuiría Ariolasoft; en Italia, Melchioni[27], luego NBC Italia y finalmente Giochi Preziosi (que ya hizo que Master se hiciera claramente con el mercado transalpino); en España, ERBE[28], con Paco Pastor a la cabeza, luego presidente de Sega España; en Francia, ITMC[29], Master Systemé France[30] y Mastertronic (luego, Virgin Loisirs); en Suecia, Dennis Bergström AB y Brio AB; en Finlandia, Digital System[31], Sanura Suomi y PCI-Data AB; en el Benelux, Atoll y en Reino Unido, claro, la compañía clave, Mastertronic, que no solo impulsó la querida 8-bits en todo el continente, sino que la aupó al número uno y fue la base de Sega Europa[32]. Merece la pena pararnos un momento en esta compañía.

Mastertronic fue fundada por Frank Herman, Alan Sharam y Martin Alper en 1983. En el 87, si Mattel trabajaba con Nintendo en Europa, ellos querían ser los Mattel de Sega en Europa. Y para ello deberían contar con Martin Corrall, mánager de productos de Sega, que entendía que Master System no debía superar las 100 libras (o el número de los *tontos*, 99,95 £) y los juegos las 25 libras cada uno. Una consola más potente que NES que era, de lejos, más barata, tanto en consola (150 libras) como en

....

25   Mora, M. (1 de junio de 2013). Overkal. *Retro Maquinitas*. https://retromaquinitas.com/consolas/consolas-made-in-spain/overkal/

26   Pettus, S. (2018). *Service Games, el auge y caída de Sega,* Game Press Editorial, p. 433

27   Que ya estaba distribuyendo SC-3000.

28   La cual ya comentaremos en su correspondiente apartado.

29   También otra antigua distribuidora de SC-3000.

30   Compañía de distribución semi ilegal, pues no contaba con permiso de Sega.

31   Otra exdistribuidora SC-3000.

32   Aunque no estuvieron en los inicios de Master System, no hay que olvidar los distribuidores oficiales de Sega a principios de los noventa que impulsarían las ventas de Master System, pero a través de su revisión, Master System II, en Portugal, Noruega y Grecia, como Ecofilmes, Brio AB, Zegetron y la sustituta de PCI-Data en Finlandia, PlayMix.

juegos (70 libras), aunque todavía lejos de los ordenadores más baratos y del precio medio de sus juegos. Pero en calidad relación-precio Master System era insuperable, ojo. Mastertronic agotó *stock* en cuestión de meses: 30 000 consolas, 100 000 juegos y 5 millones de libras [33]. Periféricos, publicidad, buena fama... el problema eran los grandes y reacios creadores del Reino Unido (Ocean, U. S. Gold, Gremlin...).

En 1988 Virgin Group adquiere Mastertronic y se convierte en Virgin Mastertronic, justo cuando los videojuegos para ordenador estaban empezando a perder fuelle (muy posiblemente, también, por la fama que estaban ganando las consolas por su sencillez y el auge de los salones recreativos, y cuyos grandes títulos los encontrabas, de la mejor manera que era factible, en lo doméstico). En 1991, y tras el éxito de Master System y con Virgin detrás, nace Sega Europe [34].

Master System II se mostró esencial en el despegue de esta recién creada Sega Europa, por su elegante diseño, quizá uno de los mejores nunca hechos de una consola (al menos, la negra europea), porque era más barata (a cambio de perder prestaciones secundarias) y porque traía juegos de regalo como otro extra más, incluyendo el espectacular y novedoso *Sonic the Hedgehog* [35]. En Europa, y esto lo teníamos todos claro, existían dos consolas: la de 16-bits, para pudientes, y la 8-bits, para los menos, igual que sus juegos. En realidad, no era así, pero esta fue la percepción europea y Nintendo se vio obligada a seguirla. La Edad de Oro de Sega Master System II en Europa fue de 1991 a 1993, este último año en menor medida porque Mega Drive, por fin, ya superaba a Master System en ventas claramente, pero complementando todavía perfectamente a Mega Drive (que la doblaba en precio) y conocida y reconocida en todos los lugares, con casi un millón de consolas vendidas solamente en ese período [36].

En Brasil, tres cuartos de lo mismo: Tec Toy, la distribuidora, vendió la consola a un país que entonces pertenecía claramente al Tercer Mundo y la consola de Sega, barata, variada y disponible en su mercado, incluso en portugués, era el no va más. Este país incluso se atrevió a lanzar posteriormente una osadía llamada Sega Master System III, la cual es la misma consola anterior, pero con unos circuitos más pulidos basados en la Game Gear y que, básicamente, permitían tener cartuchos de hasta ocho megas.

En EE. UU. y Japón el catálogo de Master System apenas superó los cien juegos, y la mayoría de Sega o filiales. Por el contrario, en Europa, dado su liderazgo, pudimos disfrutar de marcas que apostaron por ella, como Codemasters, Core, Domark, Image Works, Sony Imagesoft, Tengen, Infogrames, Virgin, Flying Edge, Arean o Acclaim (lo mismo da, pues las tres son la misma, era para saltarse prohibiciones), TecMagik, y no digamos Tec Toy, la marca brasileña que tanto apostó por Sega Master System. Grandes franquicias, éxitos, adaptaciones de éxitos cinematográficos, juegos exclusivos, *imposibilidades metafísicas* (*Streets of Rage, Street of Rage II,*

....

33 Pettus, S. *op. cit.*, p. 435 y ss.

34 Horowitz, K. (17 de septiembre de 2008). Interview: Nick Alexander (First CEO of Sega Europe). *Sega-16*. https://www.sega-16.com/2008/09/interview-nick-alexander/

35 Paco Pastor apunta, con cierta humorística malicia, que a Sega tampoco le convenía abandonar la consola, pues tenía un parque espectacular y los cartuchos eran muy difíciles de piratear (Pettus, S. op. cit., p. 486).

36 Y, según las fuentes que se consulten, incluso se apunta a mucho más.

Street Fighter II...). En mercado PAL hubo 269 títulos, más los ya nombrados de otros continentes y de Brasil, por lo que podemos hacernos una idea de su tremendo éxito fuera de Japón y EE. UU.

Mas todo lo bueno se acaba y, entre que los productos electrónicos/informáticos tienen fecha de caducidad y la capacidad de Sega para destrozar su legado (32X, Mega CD, Saturn, Dreamcast), amén de una tal Sony PlayStation, Master System II dejó el mercado. Pero fue curioso cómo Europa y España, por ende, aparte el caso de Brasil, se convirtieron en territorio comanche para Nintendo y en un éxito para Sega, no siendo hasta bien entrado 1996 y más allá que la consola murió por estos lares.

Hoy, Sega Master System, aunque suene a tópico, sigue viva, al menos en los corazones de los europeos y brasileños. Ostenta el honor de ser la tercera consola de Sega más vendida de su historia, con más de trece millones de unidades vendidas entre 1986 y 1998 y, desde luego, la más exitosa consola de tercera generación de Hispanoamérica y Europa. Es, a tenor de gran número de historiadores del videojuego[37], esencial en la historia de Sega, porque demostró que Sega al fin tenía paciencia con sus consolas, porque fue la base para el liderazgo en Europa e Hispanoamérica de Mega Drive, porque ayudó a la creación de la no menos mítica, aunque fracasada, Game Gear, porque dio cariño y prestigio a la marca creando los *segueros* y porque supuso que el mercado europeo, y en menor medida el hispanoamericano, fuera tomado en serio en esto de los videojuegos. Y porque con su legado se diseñó el éxito, este sí mundial, de Mega Drive y la base de su fama… y su fracaso.

Pero esa ya es otra historia.

Master System y Sega España: días de vino y rosas

Lo hemos dejado intuido antes, pero habrá que reafirmarse: ERBE Software es una empresa imprescindible en la historia contemporánea de los negocios en España, sobre todo en los relativos al ocio electrónico. Esto es así. Quien niegue esto no solo es un ignorante, sino que miente a propósito. Llegó a ser la más importante, en el top 5 europeo en distribución[38], y muchas de sus ideas comerciales tuvieron gran éxito. Incluso cuando muchos de sus miembros tomaron ya caminos diferentes, seguirá siendo una empresa para siempre vinculada a la Edad de Oro del *software* español, tristemente desaparecida como tal en 1999[39], como tantas otras empresas que, por sus propios errores, pero también abandonadas a su suerte, acabaron desapareciendo a finales del siglo pasado en España.

....

37   Pettus, S. *op. cit.*, p. 36 y ss.

38   VV. AA. (9 de enero de 2011). Historia de los videojuegos españoles. *Historia de la informática.* https://histinf.blogs.upv.es/2011/01/09/historia-de-los-videojuegos-espanoles/

39   Decimos «como tal» puesto que, aunque en 2019 nos alegraba una noticia de su recuperación en plataforma Steam para reeditar clásicos, lógicamente no es lo mismo.

El fundador, junto con Andrew y Peter Bagney[40], y un hombre clave en todo esto de Sega, Master System y su éxito en España es Francisco de Asís Pastor Pueyo. Francisco, nombre de santo reafirmado en su condición de *pastor*, que no de almas, pero sí de ideas, es aún hoy todavía joven para los cánones del siglo xxi, así que imaginaos hace treinta años. Bajo su batuta, y la de tantos otros, España fue uno de los países punteros en creación y distribución de *software* tras Reino Unido, algo que no debe sorprendernos. Y no debe porque también fue un pionero de la música, como vocalista de Fórmula V, asimilando aquello que funcionaba allende los mares. Varios números uno, canciones inolvidables del imaginario popular[41], millones de discos vendidos... El que sabe dónde se esconde el éxito, siempre lo tiene, sobre todo si se tienen ganas, talento y trabajo[42].

El mérito, asimismo, viene porque España no había sido territorio Sega en los tiempos de SG-1000 y SG-1000 II. Es decir, Sega sí que había llegado, pero no de manera oficial por un distribuidor, cosa que sí había pasado en otros países de nuestro entorno. Proein comenzó en junio del 87 a publicitarla en diferentes ferias, incluso cuando todavía NES no tenía hueco aquí en España. Pero a tenor de algunas campañas un tanto desafortunadas, no en el tono (reivindicando su evidente poderío técnico y su adaptación de recreativas a la consola), acabó pasando desapercibida para el gran público.

Según Paco Pastor ha comentado en alguna entrevista[43], Sega estaba intentando entrar en el mercado europeo y español, pero en condiciones; asentarse, como quien dice. Richard Branson[44] consiguió la distribución para Europa de las consolas Sega y Nick Alexander[45], de Virgin Records y luego Virgin Games, hombre de confianza de Branson, en una reunión en Mallorca, intentó convencer a Paco Pastor sobre las bondades del cartucho y de Master System en particular, sobre todo en lo re-

....

40   Al 50 % con Pastor y la mujer de Bagney, María López, quien posteriormente será la encargada de lanzar todas y cada una de las PlayStation en España por parte de Sony hasta PlayStation 5. Ahí es nada. Este grupo de pioneros, siempre triunfando (VV. AA. (2011). ERBE Software presenta Paco Pastor. *Retro Gamer Colección*, 4, p. 86).

41   Canciones como «Cuéntame», «Eva María» y «Vacaciones de verano» tuvieron gran repercusión mediática y aún hoy son recordadas como referente del pop más desenfadado y juvenil.

42   Es curioso el gran paralelismo con otra de las grandes de la época, la británica U. S. Gold de Geoff Brown, cuyos miembros, incluido su fundador, formaron parte de conjuntos musicales. Geoff Brown defiende a los videojuegos como el pop de la informática (Kean, R.M. y Wilkins, C. *op. cit.*, p. 6).

43   VV. AA. *op. cit.*, pp. 82-87

44   Richard Charles Nicholas Branson (1950), es el fundador de Virgin, hoy Virgin Group, el cual sigue siendo hoy uno de los hombres más ricos del mundo. En concreto, el seiscientos uno, al menos, durante la elaboración de este libro (Dolan, K.A. y Peterson-Withorn, C. (5 de abril de 2022). Forbes World´s Billionaires List. The Richest in 2022. *Forbes.* https://www.forbes.com/billionaires/)

45   Nick Alexander, director gerente de Virgin Games, que acabó vendida a Sega, convirtiéndose Virgin Mastertronic en Sega Europe, como hemos indicado en el apartado anterior, y él en el CEO de Sega Europe. Hoy se dedica a los videojuegos de móviles y su perfil aparece como uno de los destacados exalumnos de Oxford en la web del Departamento de Relaciones Internacionales de dicha universidad (**https://www.politics.ox.ac.uk/alumni/nick-alexander-1976.html**).

ferente a la potencia técnica. Pastor acepta y se crea el germen de Sega España, Virgin Mastertronic España, aunque con ciertas reticencias de sus socios. Desde enero de 1990, tres años después del lanzamiento oficial en el mundo, la mano de ERBE empieza a notarse, y ahora sí que comienza a ganar su parte del pastel (incluyendo anuncios en televisión). La experiencia de ERBE, heredada también de U. S. Gold, que para eso fue una *filial*[46], deja en evidencia la falta de experiencia de Proein.

Pastor se convierte en director general y la distribución en España de Master System, y de cualquier cosa de Sega en general, será cosa de esta compañía y ERBE, quedando expresamente prohibida la distribución de cualquier otra. Luego, Pastor sería también director de Virgin Mastertronic España. ERBE pensó desde casi el inicio que la batalla la ganaría Amstrad, así que ERBE se tira a por Amstrad, saltándose el contrato de no poder distribuir cartuchos de otra marca ni consola. Pero hete aquí que Sega en España empieza a funcionar... lo que hace que ERBE, para no perder posición, dada su evidente falta de formalidad para con el acuerdo con Virgin, apueste por Nintendo. La guerra Sega versus Nintendo en versión nacional, y entre los que fueron amigos[47]. Podéis imaginar. Al fin, Alexander le pide a Paco que deje ERBE definitivamente y se centre en Virgin Mastertronic.

La sede de Virgin Mastertronic España pasa de estar en la propia sede de ERBE a un modesto local de Madrid. Desde allí, el propio Pastor ideaba la publicidad y las pasaba a agencias. Cuando Virgin Mastertronic se convierte en Sega Europa, como ya hemos indicado antes, sus distribuidoras locales pasarán también a tener el nombre de Sega, fundándose Sega Consumer Products España S. A. Esto es esencial, porque si el primer año facturan 1,8 millones de euros, para el segundo ya subían hasta 84,3 millones, 18 de los cuales se gastaban en *marketing*[48]. A esta excelente situación se unía al poco el lanzamiento de bombazos como la versión Master System de *Sonic, the Hedgehog* y su segunda entrega, así como exclusividades de las compañías de *software* europeo, incluyendo adaptaciones de lanzamientos cinematográficos. En Europa, como no nos cansaremos de repetir, no había distinción para el usuario, y las 8/16-bits convivían tranquilamente. Master System, en su remodelación Master System II, superaba sin problemas a NES, tanto en Europa como en España. Por unos sesenta tenías en España una Master System II[49], y era el regalo estrella para los niños, más que nada en las comuniones, lo que se unía además a muchas e ingeniosas campañas para fomentar la marca Sega[50]. Había tal cantidad de consolas en Europa y en España

....

46   Kean, R.M. y Wilkins, C. *op. cit.*, p. 84.

47   Barondo, S. (24 de abril de 2021). Paco Pastor, el hombre que revolucionó la industria del videojuego en los 80. *Vandal*. https://vandal.elespanol.com/noticia/1350743707/paco-pastor-el-hombre-que-revoluciono-la-industria-del-videojuego-en-los-anos-80/

48   Pettus, S. *op. cit.*, p. 485.

49   Aunque los juegos eran cuestión diferente. Normalmente, teníamos en España una doble franja de precios: 5995 pesetas y 6095 pesetas.

50   Promociones en revistas, desplegables, pegatinas, revistas oficiales e incluso colecciones divertidísimas para los niños de la época, como un famoso póster-álbum de cromos con las carátulas de los juegos Sega que Phoskitos se sacó de la manga.

de la querida 8-bits de Sega que las compañías se veían *obligadas* a no dejarla morir pues, *de facto*, hubiera sido una estupidez, por lo que el usuario español nunca estuvo ayuno de juegos.

Días de vino y rosas, como decimos. Luego, Sega España tendría que lidiar con Mega Drive, Game Gear, Master System II, Mega CD, 32X y Sega Saturn casi de manera simultánea, a veces con órdenes contradictorias, otras sin dejarle maniobrar por parte de Sega Japón en cuanto a precios y promociones se refiere... Pero como dijimos en el apartado anterior: esa es otra historia[51].

Tec Toy: el mito que vino de Brasil

Brasil es otro de los países al que nos estamos refiriendo en todo el libro como imprescindibles para la historia de Master System. Brasil es también esencial para entender la historia de Sega a nivel mundial, con algunos hechos curiosos y exclusivos que no se reprodujeron en ningún otro lugar del mundo, mereciendo por ello un epígrafe especial. Una serie de circunstancias concurrieron y, como en el mercado europeo, se creó un *ecosistema* especial y diferenciado del resto. Un fuerte componente nacional y patriótico, su tamaño como país y un mercado interno, si no potente, al menos muy movido, dieron fruto a que Master System estuviera viva en dicha nación hasta bien entrado 1998, incluso más, algo inaudito. Tec Toy es el auténtico *hombre* Sega en América.

Como bien indica Turatti[52], desde que en Brasil se editara la revista *Açaõ Games* en 1990 con una tirada de más de 100 000 ejemplares, el éxito por este tipo de entretenimiento no paró jamás. Ojo, el mercado del videojuego en Brasil, sin ser fuerte, sí poseyó cierta, digamos, forma pionera. En 1975 se lanzaba la Magnavox Odyssey, gracias a la importación, con un precio desorbitado. Pero lo interesante sería que ya en 1977 se produciría y lanzaría un videojuego brasileño, en esta ocasión varios clónicos (típico de la época en todo el mundo) de *Pong*, así como otros de fútbol y tenis, para la Telejogo, una especie de consola-juguete; la Política Nacional de Informática, de corte nacionalista, y que ponía numerosas trabas a las importaciones extranjeras, casi que obligaba a tales prácticas, pues se permitía la reproducción[53]. Esto, repetimos, es un hecho muy importante, que pone en Brasil un intento por avanzar, por entrar en el mercado del videojuego. Será clave para Master System, como se leerá a continuación.

....

51   Sin quitar mérito a los excelentes profesionales de Sega España, entre ellos José Ángel Sánchez (hoy, en el Real Madrid C.F.) y demás, no es casualidad que Pastor estuviera en Sega España como director general desde 1990 a 1995, la etapa exitosa de Sega en España.

52   Para el resto de este epígrafe, nos guiaremos principalmente por Turatti das Virgens, F.A. (2019). *Videogames no Brasil: mercado nacional, padrões técnicos, circularidade e recepção entre o público consumidor (1983-2002)*, Universidade Federal de Uberlândia.

53   Martins R. (2021). Sega and its Monica's Gang. The Unique Situation of Sega/TecToy in Brazil. *ROMchip, a Journal of Game Histories*, 2

La cuestión es que en EE. UU. aparece el cartucho, con lo que los juegos en 1977 ya podían ser intercambiables y no tenías que fastidiarte con el que incluía cada periférico. Brasil, en 1979, por medio de Joseph Maghrabi, exjugador del Sao Paulo, realiza un hecho inaudito al fundar Atari Electrônica Ltda., en 1980, lanzando de modo artesanal su propia Atari. Se importaba todo lo interno, pero lo externo, por así decirlo, se realizaba en Brasil a través de Mappin y se acompañaba de un juego. De nuevo, aparece un hecho que caracterizará el mercado brasileño: no solo se trata de traer juegos a su mercado, sino de implicarse por completo en los mismos, ya sea por obligación legal o por convicción.

No tardaría, en vez de importar cartuchos, en pensar en crear de manera local. En 1981 Joseph se asocia a otro José, José Guerreiro, de Canal 3, para ser el primer fabricante de cartuchos. Luego, cuando entran en juego Dynacom y otros, se hacen con licencias a la par que sus propios juegos. Más adelante, y mientras se producía en EE. UU. el famoso *crack* del videojuego, Gradiente conseguía firmar un acuerdo con Atari USA para iniciar la producción de un modelo nacional: una Atari brasileña con el apoyo de Polyvox, especialista en sonido.

Había ya colocadas 80 000 consolas en todo Brasil en ese momento, y eso que hacían falta televisores para funcionar, algo que, en plena crisis del gigante carioca, era mucho. Como Philips había lanzado la Magnavox en EE. UU. y ya llevaba un millón de unidades, pensó en 1983 en buscar nuevos jugadores, y en Brasil no tardó en llegar una fábrica en Manaus, que pretendía luchar contra la Atari brasileña. Su objetivo no era fácil: 60 000 consolas y un cuarto de millón de juegos en un año. El mercado brasileño está en auge, es el número uno en Iberoamérica, y Sharp junto con Mattel lanzan Intellivision, de nuevo junto con empresas brasileñas que se hacen con la licencia para el país. Es en estos años donde Brasil se hace un hueco en diferentes ferias, presentando prototipos superiores de Dynavision que seguían siendo compatibles con Atari 2600, Philips y sus ordenadores y *laser disc*, una Odyssey nacional producida por Philips... aunque no tardarían en llegar los clones de consolas clásicas como la ColeCovision[54].

Llega por fin con esto algo también usual del mercado del videojuego en Brasil: la traducción del juego. Esta mezcla de sentido de producción nacional, conseguir licencias, capacidad de inventiva y traducciones propias, será básico en el mantenimiento de la vida y de la ampliación del catálogo de Sega Master System. Mientras en 1983 existía una crisis en EE. UU., con marcas a punto de la quiebra, en Brasil la demanda es en ascenso, vendiendo en 1984 200 000 consolas y 1 000 000 de juegos respectiva-

....

54   Tanto Odyssey como ColeCovision son máquinas de videojuegos de cierto recorrido en su época. La primera es de 1972, lanzada por la filial de Philips en EE. UU., cuya fama se debe a haber sido desarrollada por el alemán Ralph Baer, considerado el creador de los videojuegos. La segunda, sucesora de la famosa Telstar, de segunda generación, es estadounidense, ahora de 1982, y llegó a vender más de seis millones y soportaba cartuchos. *Donkey Kong* fue su éxito más sonado (Loguidice B. y Barton M. D. (2014). *Vintage Game Consoles, an Inside Look at Apple, Atari, Commodore, Nintendo, and the Greatest Gaming Platforms of all Time*, Focal Press).

mente[55]. Las empresas de alquiler están en sus máximos, aparecen revistas que tienen secciones de videojuegos y se produce una auténtica guerra de precios. Se anima, además, a que algunas *third parties* comiencen a trabajar con grandes empresas para crear juegos y periféricos exclusivos para Brasil.

Pero algo iba a ocurrir: en EE. UU. acababa de salir la mítica NES en ese 1983 y, al poco, en 1985, aparecía otra consola de características técnicas superiores, la Master System de Sega. Desde 1983 a 1989, las novedades en el mercado brasileño son casi ninguna, hasta que, en la *40 Feira de Utilidades Domésticas*, se presenta Dynavision 2, consola compatible con NES y sus cartuchos americanos. Viendo que se podía, legalmente, copiar lo que se hacía afuera, aparece en este momento, 1987, una empresa brasileña que va a ser muy importante, una pequeña heroína en esta historia de Sega y Master System: Tec Toy. Quizá, solo U. S. Gold y otras pocas puedan acaso compararse en su importancia para la 8-bits de Sega.

Tec Toy se hace con los derechos de Master System para su producción y distribución en el mercado carioca en exclusiva. Stefano Arnhold, su presidente, acudió en persona a las oficinas de Sega en Japón para convencer a los japoneses de que Brasil era un gran mercado y que ellos tenían la capacidad técnica para poner a Sega en buen término; enseñaron, para convencerlos, la pistola Zillion, que ya estaban fabricando para la división de juguetes de la propia Sega. En agosto de 1989, Master System llegaba a Brasil por primera vez. Muchas otras consolas salieron compatibles con las 8-bits, pero el órdago estaba ya lanzado y el modelo de Tec Toy superaba ya las 250 000 unidades vendidas, el 40 % del mercado nacional; a lo largo de los noventa, llegarían a tener hasta el 80 %[56]. Playtronic, que era quien licenciaba a NES, no podía con ese volumen de éxito.

En EE. UU., Master se estrellaba contra NES mientras en Brasil era diferente, arrasando sin paliativos. Invirtió, solo en el lanzamiento, y hasta Navidad, más de dos millones de dólares de la época y obtuvo un beneficio de casi setenta millones[57]. Tec Toy creó en Brasil un *mundo Sega*, con teléfonos para dudas, campañas agresivas, programas de juegos, luego se hicieron con Mega Drive, etc., llegando en 1991 a disponer de sesenta títulos para la 8-bits de Sega. Nintendo responde con Super Nintendo, pero con la inflación brasileña, la consola se ha de conseguir por 250 dólares. Este es uno de los motivos por los que consolas de tercera y cuarta generación coinciden en el mismo tiempo en este y otros mercados, como ya ha quedado dicho, pero tampoco nos cansaremos de repetir.

Ya en 1991 Tec Toy presenta el primer juego totalmente traducido al portugués, algo que en aquella época era toda una novedad (los juegos, o eran en inglés o japonés). Era un juego de rol, ni más ni menos, algo que hicieron con muchos otros juegos. Además, consiguieron la autorización de Sega para modificar juegos de plataformas. Juegos como *Wonder Boy in Monster Land* se modificaron, sustituyendo personajes por otros que se adaptaban mejor, decían ellos, al sentir brasileño (en este caso el jue-

....

55 Guerra 1984, citado en Turatti das Virgens. 2019, p. 20.
56 Martins R. *op. cit.*
57 *Ibíd.*

go se regionalizó como *Mónica no Castelo do Dragao*, un cómic muy querido y popular por aquellos lares). Muchas más adaptaciones hubo en los primeros juegos exclusivos de sagas de renombre y que solamente Brasil conoció.

Pero también tuvo alteraciones de *hardware*, tal era la osadía y el poder de Sega y Tec Toy en Brasil. En 1994 se lanzaba un modelo exclusivo de Master System para el país carioca llamado Master System Super Compact, que podía funcionar sin televisor y con pilas; en 1996, Tec Toy lanzaba sus primeros juegos para 16-bits y, en 1997, licenciado por Capcom… ¡*Street Fighter II* para Master System II! Juegos como *Ayrton Senna´s Super Monaco GP II* llegaban antes al mercado brasileño que al del sol naciente, pues fue a Tec Toy a quien se le ocurrió, ya que el brasileño corría con Honda. Franquicias impensables fuera de las 16-bits salían para Master System, algunas basadas en la estructura Game Gear (si la portátil de Sega se había estado *aprovechando* hasta ahora de los lanzamientos de sobremesa, ahora los papeles se invertían), pero algunas sorprendiendo, con estudios japoneses que no salían de su asombro (como bien comprobó Capcom; y si no, echadle un vistazo a la extraordinaria adaptación de su famoso juego de lucha en el epígrafe «Enciclopedia de *software*»). Una nueva remodelación de Master System, nada más y nada menos que Master System III, con superioridad de cartuchos de hasta ocho megas y su correspondiente versión Compact, sería lanzada de manera exclusiva en el mercado brasileño.

Luego en Brasil ocurriría lo que sucedió en el resto, donde una Sega cada vez más superada acabaría claudicando en el liderazgo del mercado hispanoamericano y europeo. Pero no cedería su trono a Nintendo, sino a una nueva e inesperada marca, la potente y legendaria Sony PlayStation, la querida PSX, y ya definitivamente con PlayStation 2.

Hasta hace poco, Tec Toy en Brasil mantenía viva la llama Sega y Master System[58] con una Master System rebautizada como Master System Evolution, en color azul *Sonic* (que aparece serigrafiado en su carcasa), dos mandos tipo Mega Drive y 132 juegos preinstalados, aunque se agotaron rápido, quedando solo disponible un mando especial de seis botones para Master System, todavía en *stock*[59]. Larga vida a Tec Toy y Sega Master System.

....

58   Más de cinco millones de consolas Master System vendidas y millones de cartuchos vendidos (Sponsel S. *Ibíd.*)

59   Tec Toy (2022). Joystick para Master System 6 botões: https://www.tectoy.com.br/joystick-para-master-system%c2%ae-6-botoes-co-0050020001-p234

▶ **CONTINUE?**

MODELOS

CARACTERÍSTICAS TÉCNICAS

CPU Zilog Z-80A (NEC D780C-1) a 4 MHz

ROM: de 8 a 256 Kilobytes

RAM: 8 Kilobytes

VRAM: 16 Kilobytes

Gráficos *Custom* chip con núcleo Texas Instruments TMS9918

Gráficos a 256 x 192

64 colores, 32 simultáneos (dos paletas definibles de 16 colores, cualquiera de las dos paletas puede usarse en el fondo, pero solo una de ellas puede usarse para los *sprites*)

64 *sprites* de 8x8, 8x16 o 16x16 por *hardware*

Scroll por *hardware*

Sonido De serie Texas

Instruments SN76489 (modelos japoneses, un Yamaha YM2413 FM)

Conectores de Entrada / Salida Modulador RF

Salida A/V/RGB DIN 8 (solo Mark III / Master System)

2 tomas de entrada Control Pad

Slot de cartuchos

Slot de tarjetas frontal (Master System)

Bus de ampliación (Master System)

Bus de ampliación (Master System)

Alimentación

Soporte

Cartucho ROM

Sega Card (Master System)

Control Pad De dos botones (por defecto)

Medidas: 36,2x17x7 cm.

Con un uso inteligente del plástico, sus colores negro y rojo llamaban la atención, sobre todo porque Sega, o, mejor dicho, sus colores corporativos, eran el azul o celeste. Con el tiempo, el diseño de Master System, tan criticado en la comunidad seguera en comparación con el de Master System II, ha ganado adeptos, y hoy se considera un clásico. La Mark III sí era más reconocible, pero hay que admitir que más parecida a un electrodoméstico que a un aparato tecnológico.

Conectores de entrada/salida

La diferencia más clara es la oriental-occidental. En Oriente tenían entrada/*slot* de tarjetas y la regular de cartuchos, así como un bus de ampliación en su zona inferior. En Occidente, con la renovación del diseño en Master System II, desaparece la entrada de la Sega Card y el bus de ampliación (se esfuman, por así decirlo, cualquier referencia que haga pensar en la consola como un ordenador... hasta que llega el lío Sega con Mega Drive, Mega CD y 32X).

Algo parecido pasa con la salida A/V/RB DIN 8, que también desaparece en Master System II, aunque se sigue quedando el Modulador RF. Algunas de estas características se encontrarán en el Master System Converter, aquel polémico periférico que hacía el poder jugar a la Master System con la Mega Drive[60]. La ranura trasera de la Master System primigenia pertenecía al diseño original de la versión japonesa, para futuros periféricos, pero nunca se llegaron a lanzar.

....

60   Polémico porque Mega Drive ya incluía la opción para haber reproducido Master System de serie, porque algunos cartuchos eran incompatibles y porque la revisión, Master System Converter 2, la única que encajaba con Mega Drive II, ya no incluía entrada para las Sega Cards.

CPU: Zilog Z80 (NEC D780C) 4Mhz

La unidad central de procesamiento de la Master System, es decir, su procesador, con el que va a realizar las operaciones más importantes, era un Zilog Z80 (un NEC D780C), con variaciones (Zilog Z80A o Zilog Z084004) a 4Mhz (o casi, algunos especifican la PAL en 3,546893Mhz y la NTSC a 3,579545Mhz). ¡Cuánto ha cambiado el *hardware*! Para hacernos una idea, PlayStation 5 incluye una CPU de ocho núcleos, dieciséis hilos, con 3,5 Ghz. Como sea, el procesador Z80 de Zilog[61] era un microprocesador de 8-bits, lanzado en 1976. Es uno de los más vendidos de la historia, y todavía se usa, cuyo origen se remonta al Intel 8080, aunque este era superior en respuesta, manipulación de bits, consumo… y precio. La capacidad y maniobrabilidad del sistema Master System, lo satisfactorio que era programar para ella y su superior capacidad técnica incontestable con respecto a NES se deben, en gran parte, a esta CPU. La versión instalada es de la famosa NEC[62], pensada para ser sintetizador musical, pero al final para uso informático. Las diferentes versiones de Sega (SG-1000, Mark II, etc.), ya lo usaban. Un acierto de Sega.

ROM: de 8 a 256 kilobytes

O lo que es lo mismo: la memoria de lectura. Grandes consolas de la historia, como Super Nintendo, Nintendo 64, Mega Drive, etc., también usaron cartuchos. Nintendo 64 incluso contra viento y marea, como es bien sabido. Master System III de Tec Toy tendría en sus cartuchos de 512 a 1024kBs, es decir, que de dos megas máximo pasamos a doblarlo cuando menos (de cuatro a ocho megas), de ahí que algunos juegos brasileños fueran exclusivos para la tercera revisión. El cartucho ROM asiático era de 44 pines, pero de 50 para el resto del mundo. No obstante, en cuanto a almacenamiento, lo más novedoso sería la Sega Card, de 32kBs, y que en Occidente apenas fueron inéditas, pues fue más una concesión de Sega a los antiguos usuarios de la Mark II que una decidida apuesta por el formato. Se sabe que Master System II iba a tener adaptadores Sega Card, pues llegó a tener dos prototipos, pero no en el modelo final. El cartucho no aportaba nada en cuanto a contenido *per se*; los juegos seguían llegando o en inglés o en japonés. Sí es cierto que los primeros juegos de Sega Card a cartucho traían como añadido textos en japonés, por lo que fueron los primeros juegos de la historia de Sega con selección de idiomas. Pero solo fueron esos, los primeros en dar el salto.

....

61   Zilog Inc., empresa norteamericana fundada por el italiano Federico Fraggin, diseñador del primer microprocesador comercial, en 1974. ZX Spectrum, Amstrad CPC, MSX, ColeCovision, Game Gear, Game Boy, Mega Drive, Game Boy Color e incluso Neo Geo Pocket, ya sea de manera *pura*, modificada o secundaria, lo incluirán (muchas en su variante NEC, incluyendo los NEC PC).

62   NEC Corporation, la famosa empresa de Minato, Tokio, fundada en 1899, especializada en tecnología, miembro destacado de la Sumitomo, una de las *keiretsu* que mandan en Japón.

RAM: 8 kilobytes

La memoria de trabajo de Master System, la encargada de ejecutar las instrucciones de la CPU.

VRAM: 16 kilobytes

La memoria gráfica de nuestra querida Master System, y que le sirve para poder procesar toda la información, en este caso visual, que le llega desde la CPU. La consola traía un adaptador RF para conexión directa a TV.

Gráficos: Custom chip con núcleo Texas Instruments[63] TMS9918

Este chip produce unos gráficos de 256x192, pero son ligeramente diferentes a los modelos SG1000/SC3000, porque el espectro iría hasta 256x240 e incluso más, dependiendo del televisor y/o región nativa, si bien los desarrolladores no se la jugaban y programaban de una manera estándar para maximizar la compatibilidad. Hoy, todas resoluciones irrisorias en nuestros tiempos del 4K e incluso 8K. Poseía 64 con una paleta doble de 16 colores (32 simultáneos), aunque solo una para los fondos y otra para los *sprites*[64]: 64 *sprites* de 8x8, 8x16 o 16x16 por *hardware*, y *scroll* por *hardware*. Su formato para caracteres de texto era de 40x25.

Sonido: Texas Instruments SN76489[65]

Su chip de sonido SN76489 daba hasta tres canales de sonido de onda cuadrada y uno de ruido blanco, propio de ese chip, que producía sonidos en diferentes frecuencias y dieciséis niveles de volumen (y, si se quería, atenuar). Por desgracia, el sonido es mono. Además, en los modelos occidentales no pudimos disfrutar del chip Yamaha YM2413. Este famoso chip, conocido como OPLL, era barato y de buenas prestaciones (aunque esta versión, a diferencia de la 3812, es más compleja de trabajar, con solo

....

63   Instruments, la empresa de Texas, en cuanto a fabricación de semiconductores, y ordenadores, así como de circuitos para móvil y del DSP, se encuentra entre las diez empresas con mayor volumen de ventas y facturación del mundo (Fernández R. (19 de agosto de 2022). Ranking de las empresas vendedoras de semiconductores líderes a nivel mundial en 2020 y 2021, según facturación. *Statista:* https://es.statista.com/estadisticas/569453/facturacion-de-las-diez-empresas-de-venta-de-semiconductores-lideres-a-nivel-mundial/)

64   Es decir, gráficos dibujados en mapa de bits, y dejados un tanto de lado frente a los polígonos posteriores. A pesar de ello, hoy muchos nostálgicos los recuperan.

65   Este chip, revisado e integrado en la Master System, Game Gear y Mega Drive por parte de TI para Sega, también es conocido como Sega PSG SN76496.

un instrumento definido por el usuario a la vez y otros quince fijos no alterables, así como su reducción de formas de onda a dos). Este sonido FM, en definitiva, daba más calidad de audio y, aunque hemos visto que tenía ciertas desventajas, sí tenía control de vibración y modulación por *hardware* con nueve canales de sonido sintetizado[66]. En las carátulas de los juegos japoneses podíamos leer un bien grande logo FM, si bien no siempre se aprovechaba al máximo esta característica técnica. Para ello, ya habría que esperar a Mega Drive, que sería la líder de esta, hasta el momento, infrautilizada patente de Yamaha[67].

Control Pad

El llamado Control Pad es el control oficial, el mítico rectángulo negro de dos botones con el gran logo de Sega blanco en su centro. Se conectaba a una vía DE-9, siendo así compatible con incluso Mega Drive. Su parecido con la primera generación de controles de NES es obvio, tanto que se dice que la forma cuadrada de la cruceta y no triangular era para evitar demandas, aunque era mejor que la incómoda cruceta de Nintendo. Así de sencillo era el mando, aunque el Modelo 1 llegó a tener un agujero para insertar una mini palanca, al estilo *joystick*. El Modelo 2 es parecido, pero el Modelo 3, ese sí, es el que todos recordamos. Ya luego es cierto que Tec Toy (o Samsung, cómo no, en Corea lanzando sus propios modelos coloridos, los Gam-Boy), lanzó otros modelos, inclusive los compatibles, pero los clásicos son esta cajita rectangular que se clavaba, literalmente, en la palma de la mano.

Como curiosidad hay que decir que Master System puede utilizar los mandos de Mega Drive, aunque estos estarían capados (únicamente reconocería la cruceta y dos botones).

VERSIONES DE MASTER SYSTEM

Ya fuera por cuestiones de *marketing*, por cuestiones de fracaso comercial (de la una a la dos) o por éxito comercial (de la dos a la tres), Master System nunca estuvo sola en cuestiones de *hardware*. No, no nos estamos refiriendo a más periféricos, sino a diferentes revisiones y expansiones de la consola, tanto por parte de Sega como por parte de sus mejores aliados, caso de Tec Toy.

....

66   Nueve voces puras o seis puras/tres de percusión.
67   Fuentes, Edgard S. (2020), *Réquiem para el jefe final. Antología de la música en los videojuegos*, Héroes de papel, p. 97

Master System II (Sega, 1990)

La legendaria revisión para Europa y resto del mundo. Consola más ligera, compacta[68] y barata de producir. Eso sí, con algunos inconvenientes (que no son tales, pues desconocíamos por aquel entonces en Europa las características originales), como son que carecía de botón *reset*, de toma audio/vídeo, del bus de expansión y de la ranura para tarjetas. Por lo demás, incluye su botón de *Power ON/OFF*, así como entrada para dos mandos y un genial cubre ranuras de cartuchos con el logo de Sega y Master System II que causó sensación entre muchos de los que la poseímos.

Esta es la consola más popular en Europa, con *packs* como el que incluía *Alex Kidd in Miracle World*[69] y la inclusión del cartucho de *Sonic the Hedgehog*. Es cierto que el juego venía solo con el manual, y no con la espectacular carátula, pero era ni más ni menos que la versión 8-bits de *Sonic the Hedgehog*, para muchos incluso superior a la versión 16-bits de la primera entrega.

....

68   25x16,7x4,5 cm.

69   Sí, lector, la primera Master System también traía un juego en memoria, *Snail Maze*, que vas a poder leerlo en la sección dedicada a los juegos de este libro. Ya leerás por qué era tan raro de jugar.

Game Box 9 (Sega, 198X)

Lanzada en Japón, era una edición especial lanzada para una cadena de hoteles, y no está clara su fecha de lanzamiento; al menos, nos ha sido imposible de localizar la fecha concreta. Es como una especie de vídeo VHS gigante con los dos mandos de Master System. Se podía jugar gratis o pagando, dependiendo de lo contratado, e incluía, claro está, juegos, en concreto nueve (bueno, en su frontal había nueve entradas para nueve cartuchos, más bien; así, podías ir cambiando con comodidad). Al parecer hubo una versión occidental con hasta dieciséis juegos, pero no hemos podido comprobar si tenía o no licencia oficial Sega, como esta.

Master System III Compact (Tec Toy, 1994)

No se diferencia en lo estético de la segunda versión de Sega, pero reúne elementos técnicos de Game Gear. El tamaño del cartucho pasa de cuatro megas a ocho megas. Algunos juegos, por tanto, únicamente se pueden ejecutar aquí. Incorpora *Sonic the Hedgehog* en la memoria e incluso aparece una versión perfilada en blanco del erizo en su diseño.

Master System Super Compact (Tec Toy, 1994)

Modelo sin cables que usa una antena para poder pasar las imágenes al televisor e incorpora el mando original.

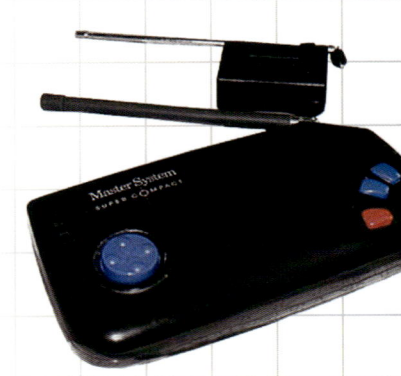

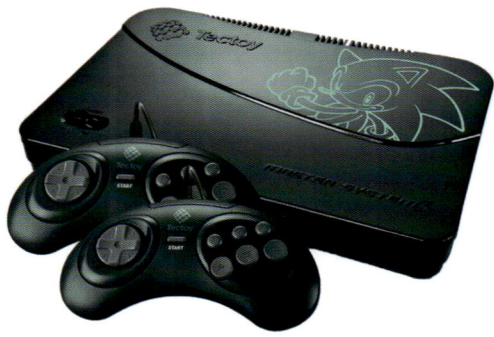

Master System III (Tec Toy, 2002)

Es la misma, relanzada en 2002, pero con carcasa en blanco y con lotes de juegos incorporados (la saga Shinobi, *Golden Axe*, los *Alex Kidd*, *Fantasy Zone*, *Rainbow Islands*, *The New Zealand Story*, etc.).

Master System Girl (Tec Toy, 199X)

Una versión para el público femenino... en rosa. Tampoco está clara su fecha de lanzamiento[70]. Usa pilas normales, parece una portátil, pero necesita de una televisión. Una versión traía como juego de memoria *Mônica no Castelo do Dragao* y, otra, la segunda entrega, cómo no, *Sonic, The Hedgehog*. Su caja, por supuesto, y por no faltar al tópico, también es en tonos rosas, con la simpática protagonista Mônica en portada.

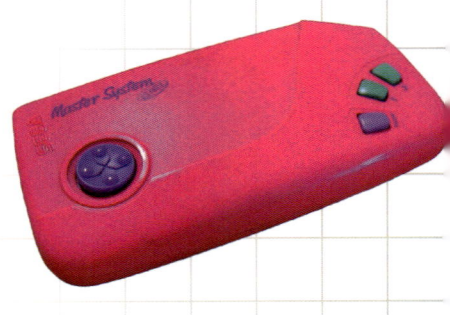

....

70   Los autores de este libro nos pusimos en contacto con Tec Toy para preguntarle sobre este y otros lanzamientos. Desgraciadamente, no pudimos obtener el dato pues, como nos comentaron, dado que la tecnología de la época no permitía archivarlo todo, han perdido muchas fichas de productos. Aun así, queremos agradecer a Tec Toy el trato dispensado y su amabilidad siempre con nuestras preguntas.

Master System Handy (Tec Toy, 2004)

Es toda la 8-bits en un mando, por lo que no incorpora ranura para cartuchos y funciona con cuatro pilas o adaptador de corriente. Tiene salida RCA de audio/vídeo, botón de *reset* y veintisiete juegos incorporados en su memoria.

Master System Evolution (Tec Toy, 2009, versión negra; 2011, versión azul)

En un elegante y exquisito color negro o azul, con serigrafía del erizo en el primer caso o el emblema del erizo en su portada a color y recogiendo anillos, caso del segundo, Tec Toy se sacaba de la manga esta edición especial. En su caja, las ilustraciones de Sonic y Alex Kidd sirven de reclamos para el comprador coleccionista.

Los mandos simulan el de Mega Drive, incluyendo seis botones y el botón *Start*, lo único que todavía se puede adquirir. En la memoria, 131 juegos, algunos, pelotazos (todos los Alex Kidd, versiones de *Sonic Drift 2* de Game Gear en exclusiva, etc.). Consume apenas 1,7 vatios y está preparada para televisores LED/LCD con sistema *Plug and Play*.

PACKS DE MASTER SYSTEM

Los *packs* de Master System son muchos, muchísimos, y si incluimos a Brasil... A pesar de ello, oficiales de Sega únicamente salieron unos pocos, divididos, digamos, en cuatro partes: Master System I, Master System II, Master System III y Master System junto con el intento de hacer popular (no lo consiguió) la Light Phaser u otros periféricos. Los que aquí presentamos, dado el número de países donde Sega operó y con las múltiples empresas con las que colaboró, quizá adolezcan de alguna ausencia. No obstante, estos son los más populares y vendidos.

Master System I

Para empezar, tenemos Master System con el juego *Snail Maze*, juego que se incluía en la BIOS y al cual se accedía haciendo un combo con los dos botones, en esas cosas absurdas típicas de la época. Más tarde, Sega vendió la consola junto con un cartucho titulado *Hang-On & Astro Warrior The Combo Cartridge* y la consola con solo *Hang-On* tanto en cartucho como en tarjeta, que recordemos que Master System I era capaz de leer. En Canadá se incluía *Hang-On* en un soso *pack* denominado Base System.

Por último, obviamente, la consola junto con ese gran éxito que fue *Alex Kidd in Miracle World*, que en Brasil titulaban, con toda la cara del mundo, como Master System II (o, en su defecto, Master System II Jogos de Verão, que incluía *California Games*, pero que seguía siendo Master System I).

Master System II

El *pack* básico constaba de la consola junto con, una vez más, *Alex Kidd in Miracle World*, para luego sustituirlo por el fenómeno de masas y mascota oficial *Sonic the Hedgehog* (este fue el modelo que nosotros compramos de niños, con su correspondiente *Alex Kidd in Miracle World* en memoria, y que tuvo versión un mando y versión dos mandos; en esta última sí que aparece Alex Kidd junto al famoso erizo. En la publicidad de las revistas de la época se puede leer Sonic Pack, pero en ningún caso cambiaba diseño. Si acaso, el Double Action Pack, que sí que cambiaba *Sonic* por *Double Dragon*, donde, entonces, sí había un ligero rediseño, claro. La versión más cara en España fue Master System II Pack y Pack II, pues al incluir recopilatorios subía el precio. Esto, lo de la unión Alex + Sonic, fue normal, más allá de cambios cosméticos en las cajas, en el Benelux, Austria, Francia, España, Italia... En Reino Unido, en 1993, llegaron a incluir *Sonic The Hedgehog* y su segunda parte, pero sin ningún cambio en el *pack* en cuanto a denominación.

En la Alemania unificada tras la caída del Muro se pudieron encontrar versiones como Master System II Extreme, con hasta cuatro juegos a escoger, incluido *Sonic*, Master System II Plus X, con el trío *Alex Kidd in Miracle World*, *Sonic the Hedgehog* y *Tennis Ace* y, finalmente, una Master System II con *El rey león* en un envoltorio espectacular. En Holanda, los juegos eran a elegir entre el ya nombrado juego protagonizado por Alex Kidd, *Michael Jackson´s Moonwalker*, *Castle of Illusion Starring Mickey Mouse* y *Super Monaco GP*, pero no cambió de denominación, simplemente era una opción a partir de 1992. En Portugal fue parecido al norte de Europa, los *packs* con los juegos de Alex Kidd y Sonic, etc., con la trampa de que, en la opción de juego a escoger, uno de los dos cartuchos era un cartucho recopilatorio.

El Special Pack de Reino Unido traía, cómo no, juego de fútbol o de los Juegos Olímpicos. No obstante, llegaron a lanzar ediciones limitadas como la Special Limited Edition Pack y la Unbelievable Value Pack con un porrón de juegos: *Spider-Man*, *Trivial Pursuit*... Otros, como el Comet Pack o el Tandy también incluían juegos de acción (*Streets of Rage*, *Global Gladiators*...). Divertido era el llamado Saturday Night at the Movies Pack, con juegos de Master basados en el universo Batman, Los Simpson y de

Alien, incluyendo el obligado de Sonic. Hay por ahí incluso alguno con el logo del pato Donald, que incluía el primer juego de la 8-bits del entrañable personaje. En todos estos *packs* sí que había un rediseño a modo de recuadro en su caja, pero por lo demás eran indistinguibles del original. En algunos países se rediseñó la caja, pero solo cuando se incluía *El libro de la selva*.

Master System III

En muy pocos países se vendió, pero sí en Brasil, como ya ha quedado dicho. Algunos *packs,* como el Collection, etc., se lanzaron ya con la consola terminada en ventas y con Tec Toy estirando el chicle, donde incluía numerosos juegos. Nuestros vecinos lusos también disfrutaron de Master System III Compact en 1996, al igual que nosotros en España, pero en comercios escogidos.

Master System + Light Phaser

El primer *pack* es el llamado Sega-Scope 3-D System, que incluía, además de Master System I, Light Phaser, dos mandos, The Sega 3-D Glasses y un juego para que probaras todo esto: *Missile Defense 3-D* (en algunos, conocido como Super System).

El segundo y último *pack* para intentar que triunfara Light Phaser era el llamado Sega Master System Plus: la consola, Light Phaser, dos mandos y un lote con *Hang-On* y *Safari Hunt*. En el Reino Unido la desesperación llegó a incluir, en diferentes lanzamientos, *Rocky*, *Out Run*... Pero ni por esas (System Plus no incluía las gafas, pero sí, en ocasiones, *Golden Axe*, *Operation Wolf* o *Michael Jackson´s Moonwalker*... y su VHS[71]).

En Brasil, el *pack* podía contener la pistola, sin hacer referencia ninguna a tal periférico en su caja (como ocurrió igualmente en Canadá), así como las gafas más la pistola, en cuyo caso sí que se especificaba como Master System 3D.

....

71   Si te hacías con la Special Edition. No estaban tan locos.

3

PERIFÉRICOS

Nos centramos exclusivamente en el *hardware* oficial realizado por Sega o licenciado por Sega (salieron muchos periféricos de otras compañías, pero sin licencia oficial) y, además, lo hacemos en periféricos que, directa o indirectamente, incluyan la palabra Master System, es decir, que sean pensados para ella.

Sega Card (Sega, 1983-1987)

Sega Card o The Sega Card o incluso Sega My Card, fue uno de esos inventos de Sega, siempre innovando y, en muchas ocasiones, jugándosela. Con la colaboración de Mitsubishi Plastics, era una tarjeta de memoria de 32kBs que servía tanto para SG-1000 como para SC-3000 y Master System. Hasta 1987, incluyendo los primeros lanzamientos de Master System, Sega pretendía crear un estándar de la industria con estas tarjetas cartucho de gran modernidad. Incluso las había regrabables, al más puro estilo disquete (mala idea, Sega...). Más baratas que el cartucho, pecaban, no obstante, de ser menos espaciosas (¿hola, GD-ROM?) y casi todo acabó saliendo en cartucho. No pudieron hacer lo que luego haría PC Engine y algunas otras de la competencia junto con Mitsubishi Plastics con este tipo de formatos, que sí tuvieron éxito, a pesar de múltiples revisiones de la tarjeta de Sega. Encima, para más inri, nunca fue la misma, aunque fueran más o menos compatibles. Apenas unos juegos salieron en este formato.

Y sí, si en tu Master System II no ves cómo insertarla es porque no puedes: exclusivo de la primera versión de la 8-bits de Sega (pese a que con el convertidor para jugar a Master en Mega Drive sí que lo permite y, como ya hemos dicho, hubo hasta dos prototipos de adaptadores). Una excentricidad que se adelantaba años.

Rapid Fire Unit (Sega, 1985)

Hoy, en la época del Bluetooth, el wifi y un largo etcétera de nombres que todos tienen que ver con lo inalámbrico, sorprende este periférico. El mando se enchufaba en él y después en la consola, por lo que, digamos, era una especie de intermediario entre ambos. ¿Y qué hacía? Pues que no tuviéramos que estar machacando el botón todo el rato en los juegos de disparos. Bastaba dejar pulsado el botón y... ráfaga de disparos. Otra curiosidad más que demuestra que Sega estaba siempre a la vanguardia, sacando cacharros sin parar (algo que a la postre la enterraría, como ya hemos apuntado, entre otros motivos).

Sega BH-400 Motorbike Controller (Sega, 1985)

Este periférico, también conocido como Bike Handle, fue diseñado para SG-1000, SC-3000 y Mark III, pero era totalmente compatible con otros *hardware* de Sega (incluyendo Mega Drive). Fue pensado para juegos como *Hang-On*. Era de un rojo chillón, de plástico, y traía su manillar, palanca de marchas y los dos sempiternos botones de Sega. Difícil de ver por estos lares.

Terebeki Oekaki (Sega, 1985)

Fue lanzado en exclusiva en Japón y podríamos traducirlo como «tableta gráfica» (también es conocida, de hecho, como Sega Graphic Board). Permite usar un lápiz óptico y dibujar con ella mediante el *software* que venía incluido. Gran idea, ¿no? No del todo, esto no es una Wacom, obviamente, pues la tecnología entonces estaba en pañales, con un cable algo corto y con una dificultad extrema para que lo que tú dibujes sea reconocido exactamente en pantalla. Y, encima, únicamente es compatible para la Mark III (o anteriores) y no para la revisión posterior.

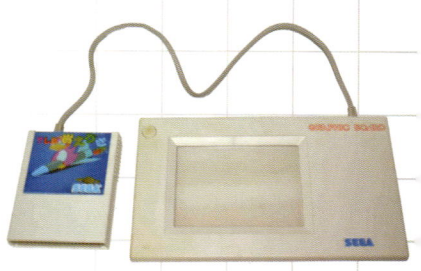

Telecon Pack (Sega, 1985)

Exclusivo para el mercado japonés, este extraño artilugio para Mark III pretendía conectarla sin cables con la televisión mediante radiofrecuencia. Es decir, se le conectaba la antena RF a través del puerto AV y, sin necesidad de cables, se enlazaba. De este modo se evitaba cable para vídeo y sonido. Era bastante audaz, su diseño era curioso, incluyendo una miniparabólica con el sello Sega bien grande y explotaba un mercado, el japonés, más avanzado en electrónica que el resto. Posteriormente, Tec Toy lanzaría algo similar.

Light Phaser (Sega, 1986)

Red Photon Zillion o, directamente conocida como *Zillion* (Takei, Iwata y Ohno, Nippon Television: 1987), fue una serie de 31 capítulos creada por los míticos estudios Tatsunoko Pro y la recién fundada Production IG (por varios exTatsunoko, como también ocurre con Pierrot o XEBEC), con apoyo financiero de Nippon TV, Victor Entertainment y Sega. ¿Y a qué viene todo esto? Pues porque es una pistola que todos los que la vimos en su momento (en tiendas o en casas de amigos) la disfrutamos de lo lindo por su diseño futurista y respuesta en pantalla, y que era completamente láser, se dijo que estaba basada en esta serie anime[72] producida por la propia Sega. Hay quien dice, sin embargo, que todo esto no es más que una leyenda…[73]

A pesar de que se podía conseguir independientemente, lo normal es que viniera en *packs*, como el Master System Plus o Super Master System Plus, con juegos tipo *Operation Wolf, Rambo III, Safari Hunt*…. Su gatillo para disparar era el equivalente al botón uno, y cuando hacíamos eso se detectaba el apuntado. Únicamente un botón, pero diversión al máximo. Siempre estuvo más asociada a Master System que a Master System II. En algunos países, como Brasil, salieron diferentes modelos (algunos para Master System III), así como en Corea tuvo algún tipo de añadido, pero nada importante.

En Japón no se produjo ningún aparato parecido, a pesar de que estaba pensada para competir con la Nintendo´s Zapper, y hasta más de una docena de juegos eran compatibles con ella. También fue conocida como pistola láser o pistola de luz, a secas.

FM Sound Unit (Sega, 1987)

Este añadido para Sega Mark III realizado por Sega en sus inicios no llegó a salir de Japón de manera oficial y había que tirar de importación. Buscaba la mejora de sonido de ciertos juegos, gracias al chip FM YM2413 de Yamaha (el mismo que llevó la ampliación de MSX en su momento, ya comentado en el apartado de especificaciones técnicas), agregando nueve canales extra de sonido mono. En la Master System nipona

....

72   En el videoclip «Scream», uno de los más caros de todos los tiempos, de Michael y Janet Jackson, del álbum *HIStory: Past, Present and Future Book I* (Epic Records, 1995), se pueden visualizar escenas de este clásico anime. Una vez más, el rey del pop apostaba por Sega y se asociaba a la marca, como ya hiciera con *Moonwalker* (1990) y la saga Sonic (1991-hoy), entre otros proyectos. Luego llegaría Sony y un sonado E3 de 1995…

73   El exdirector de *marketing* y CEO de Tec Toy, Stefano Arnhold, defiende que sí estuvo basada en un anime (Sponsel S. (16 de noviembre de 2015). Interview: Stefano Arnhold (Tectoy). *Sega-16*: https://www.sega-16.com/2015/11/interview-stefano-arnhold-tectoy/).

luego lo llevaría incorporado, no así la versión internacional. No todos los juegos usaron esta posibilidad de
mejora de sonido, aunque sí algunos con solera como
Double Dragon, *Phantasy Star*, *Wonder Boy* o *Shinobi*,
entre otros.

The Sega 3-D Glasses (Sega, 1987)

Las famosas gafas 3D de Sega, también conocidas como Sega Scope 3-D
o Sega Scope 3-D Glasses, y que ser-
vían para recrear la (primera) ola de la
moda 3D en cine, videojuegos... Se atribuye su invención a Mark Cerny. Al parecer las
creó para el juego *Missile Defense 3D*, también
en 1987, y de ahí ser un periférico adquirible fue
todo uno[74].

Compatible con casi una decena de juegos apenas, el periférico solamente podía ser usado en la primera Master System, ya que en los puertos de Master System II
no funcionaba, igual que tampoco lo hacía en los televisores que no fueran CRT. Usaba
el color, pero se creaba un poco de parpadeo. Un curioso aparato, muy bueno de diseño
(parecíamos el robot de *Terminator*), pero que quedó como una mera curiosidad.

The Sega Control Stick (Sega, 1987)

Un divertido periférico que, a todos los que lo vimos
en su momento en las tiendas, nos encantó, por su
forma de *joystick*, su aspecto de seta (que, gracio-
samente, parecía anticipar el diseño de 32X)... El
problema era lo siguiente: y esto, ¿para qué? Es verdad que la experiencia *arcade* se trasladaba mejor,
pero no había ningún juego que, en rigor, le sacara
todo el jugo o justificara su compra. Recordamos
que había revistas que regalaban unos mini *sticks*
que se pegaban al control de dirección del mando de

Master. Excéntrico, ¿verdad? Había obsesión por trasladar la
experiencia recreativa en casa, desde luego.

En conclusión, que este The Sega Control Stick era raro, con unos botones... en
su lado izquierdo (de acuerdo, se le puede dar la vuelta, pero los botones están escritos
para ser manejados así, como para un zurdo). Algunos alegaron que esto era debido
a que venía mejor para juegos de carreras, en plan palanca de cambios adaptada al

....

74   VV. AA. (2016). Entrevista a Mark Cerny. *Retro Gamer*, 20, p. 141.

lado de conducción nipón. No obstante, la experiencia seguía siendo irregular, por no decir mala. En el mundo se vendió por el equivalente a 20 € y, por el doble, en Estados Unidos, incluido con el recordado *Out Run*. En España era uno de los pocos periféricos de la llamada tercera generación que era relativamente sencillo de ver en tiendas y de adquirir. Una curiosidad que no pasó de ahí.

Sega Paddle Control HPD-200 (Sega, 1987)

Uno de los periféricos más extraños, que corría el rumor de que existía, pero nadie lo había visto. Y es porque no salió de Japón y solo unos pocos juegos (*BMX Trial: Alex Kidd* y *Out Run* como destacados) lo soportaban. Es como un mando clásico de Master System, pero con uno de los botones en el centro y otro en una posición en la parte superior. Imitaba los mandos inconfundibles de *Pong* o de la Atari 2600.

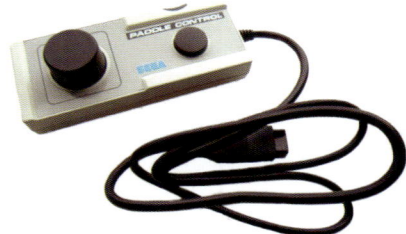

The Sega Sports Pad (Sega, 1987)

¿Un mando exclusivamente para juegos deportivos? Pues sí. En vez de la cruceta-cuadrado direccional típico de Master teníamos una bola, como los modernos ratones de ordenador, de 360º, de mediados de los noventa. La versión estadounidense tenía modo para convertirlo en pad normal. Su diseño parecía un control de Master System pasado por una remodelación futurista.

SG Commander (HORI, Sega, 1988)

Aunque pertenece a una tercera compañía, Hori, Sega fue la encargada de realizarla para mercado europeo, de ahí que lo incluyamos como periférico Sega para Master System. Bueno, no simplemente para Master System, sino en general todas las 8-bits de Sega (SG-1000, SG-1000 II, Sega Mark III), pero en territorio PAL se vendió como un periférico exclusivo de Master System. Es un control que se

parece al que Hori (la encargada de lanzar el periférico en Japón) realizó para NES y PC Engine, con un acabado muy chulo en tonos negros, grises y burdeos que le da hoy en día un toque muy *kitsch* (logo HORI en blanco en Japón; logo Sega en blanco en PAL).

Lo mejor que incluía, porque en el resto era igual que el original, era una redondez superior que no hacía que te hincaras las esquinas del mando original (los que le echábamos muchas horas a la consola sabemos lo que era eso) y la posibilidad de controlar los altavoces y su voz desde el mando.

Game Cartridge Organizer (Sega, 1989)

Lanzado solo en Estados Unidos, es un organizador de cartuchos (cuñas para hasta veinticuatro), pero en cuyo diseño pone Genesis (nombre de la Mega Drive en Estados Unidos) para decirle al usuario: «Eh, colega, la Master está muerta, así que, si quieres, puedes ponerte a organizar no solo cartuchos de ella, sino también de la nueva de 16-bits». Curiosidad de coleccionista.

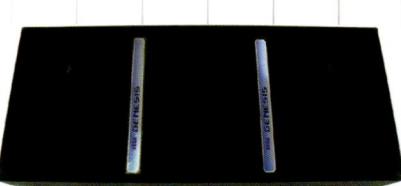

Handle Controller (HORI, Sega, 1990)

Se pone a la venta este producto exclusivo en el ya lejano, para los planes de Sega, 1990, otra vez de la mano de Hori en Japón y de la propia Sega para el mercado europeo. Aunque compatible con SG-1000 y Mega Drive, en un principio fue creado para la 8-bits de sobremesa y sus juegos de carreras. Parece la escultura de un toro de Picasso, pero se adapta bien a la mano, a pesar de la escasez de botones. El problema es que exige un cable especial y, aunque se ven los números del velocímetro, el retraso en comparación con lo que sale en pantalla hace que sean más de adorno que otra cosa. Una pena.

Remote Control System (WKK, 1992)

Inspirado en el Remote Arcade System de Mega Drive, parece un mando, efectivamente, de Mega Drive (de hecho, es compatible también con ella). Es un control inalámbrico por infrarrojos, con un receptor que se enchufa en la consola, y con tecnología LED para indicarte cuándo faltan pilas, lo que demuestra lo avanzada que siempre, insistimos, fue Sega. Y poco más: bien para vacilar a los amigos, pero que era más útil para la 16-bits que para la 8-bits (inclusive lleva un tercer botón que, lógicamente, en Master System no sirve para nada).

▶ CONTINUE?

ENCICLOPEDIA DE SOFTWARE

4

Los juegos, el quid de la cuestión, la razón de ser de una máquina para jugar. Se quieren muchos y de calidad, nunca pocos, pero tampoco que sean muchos y malos. La cuadratura del círculo. Pero una pregunta antes de mostraros el recopilatorio de juegos: ¿qué traía un estuche de juego de Master System?

Los juegos de PC, y los que son (somos) también *peceros* lo sabrán, tenían unas presentaciones en los ochenta y los noventa que no han sido nunca superadas; esto es así. El problema, claro, era su tamaño, poco coleccionables, así como una propensión a diseñarlo en cartón que solía acabar con el estuche roto o deteriorado. Es cierto que no todos los lanzamientos eran de tal modo, pero, desde los tiempos de las cintas hasta las carátulas mastodónticas de los juegos de rol, esto era lo normal en el mundo del PC. Por tanto, la presentación de los cartuchos Sega era algo que acabaría por llamar la atención. No solo externamente, sino también su interior (sin negar que algunas versiones Atari, el gran referente, usaba carátulas de plástico y agarre para encajar las cintas).

Exteriormente, había hasta tres tipos de carátulas. Las carátulas asiáticas eran tendientes al póster, a la ilustración, mayoritariamente de tipo anime, aunque no lo único, y con un diseño muy diferente donde el logo Sega estaba bien presente, así como indicaba los megas o las consolas Sega que eran compatibles. En mercado NTSC americano y PAL Europa las carátulas diferían con respecto a Asia y Japón. Así, las típicas cuadrículas, tan míticas, marca de la casa, las encontramos en ambos territorios, más allá de algún cambio de título o demás. Lo que sí hay que destacar es que las había de dos tipos: una, antes de 1990 (aunque no todas), mayoritariamente horribles en mercado occidental, simplonas hasta decir basta, algunas ridículas; otras, muchas a partir de 1990, grandiosas, con el juego en el centro y el logo de Master System enmarcando. Algunas ilustraciones se mostraban recortadas en su perfil, otras centradas, algunas en la parte inferior y, las menos, a carátula completa. En el mercado brasileño, Tec Toy solía añadirle unos toques azules (en la parte superior o lateral posteriormente) que recordarán a diseños ulteriores de Mega Drive: logo bien grande, los megas y toda la parafernalia de marcas.

En dichas carátulas, además, encontrábamos en mercado occidental no brasileño unos recortes que dirigían al público sobre qué tipo de juego iban a comprar (sin ninguna referencia a edades), como *Arcade*, *Sports*, *Family*, *Action*, *Puzle*, etc. Era una especie de sello que, los seguidores de Master System, siempre asociamos a ella, pues ni Game Gear ni Mega Drive los llevaban. Todas estas carátulas, además, estaban insertadas en un estuche de plástico negro rígido, plastificadas externamente, con el característico precinto Sega en azul en el lateral para que supiéramos que no había sido abierto el juego y una pestaña para colgar los juegos en ganchos metálicos en las estanterías de las tiendas. La versión asiática japonesa era de cartón, más cutre, más parecida a NES, que solía romperse y estropearse (aunque las pestañas de plástico también se rompían). Además, había dos tipos de *labels* en grande: Silver y Gold. Silver era para indicar que el juego había sido diseñado para Mark III/Master System por una

3rd party, mientras que Gold que había sido diseñado por la propia Sega[75]. Naturalmente, cuando se trataba de una carátula Double Pack o Classic, la versión barata de los grandes éxitos, o de cualquier otra versión especial, el diseño podía cambiar. Pero lo tradicional es lo ya nombrado.

Dentro, posiblemente, y en nuestra modesta opinión, hay pocos sistemas que hayan traído lo que traía un juego Sega y que hoy, por desgracia, se ha perdido (decimos por desgracia porque lo de que actualmente no se hace por ecologismo no se lo cree nadie). Incluía el manual, por regla general, en colores azul y blanco, no en blanco y negro, pues así era el color Sega (si bien podía variar un tanto: en Italia, sin ir más lejos, unas anodinas instrucciones en damero azul y blanco en tiempos de Master System, mientras en Alemania era una versión monocroma de la carátula; con suerte, algunas marcas incluían un manual en color, pero se cuentan con los dedos de una mano, sobre todo por parte de Codemasters o cartuchos recopilatorios), a la vez que un pequeño catálogo plegable. Al menos en los clásicos, pues en lo más modernos, muchas veces no se incluía, ya que el catálogo no estaba actualizado con respecto al gran mercado Sega, esto es, brasileño y PAL, además del cartucho, claro, encajado en un lugar para que no se moviera (como con los CD/Blu-ray, pero para cartuchos, y que ya decimos que algunos estuches Atari incluían para sus cintas).

En el mercado japonés era un simple manual en blanco y rojo, también al estilo Master System de Sega. En Brasil sí que era un manual más al uso, más vertical que horizontal, en blanco y negro, semejante al que solía darse en algunos territorios asiáticos. De hecho, los estuches de Sega My Card para mercado occidental tenían un manual parecido, con la única excepción de que la tarjeta venía a su vez en su interior dentro de un estuchito de plástico, sin distinción externa más que la de la aparición de una mano sujetando la carátula en la portada. Solo las portadas niponas la mostraban recortada enmarcada en un estuche de cartón rojo, aunque sin referencias a Master System, sino a Mark III en su exterior, por lo que no podemos decir, de manera pura, que era Sega Master System como tal.

Si se incluía un póster u otro fetiche del juego era raro, no en todos los territorios y solo con un carácter conmemorativo (mundiales de fútbol, Olimpiadas...).

Los cartuchos solían poseer en su diseño una cuadrícula negra rellenada de rojo, con el título del juego en blanco claramente visible, muy diferente de la versión japonesa, muy coloridos, con algunas versiones de cartuchos más grandes que la europea. Lo más característico de algunas marcas, dígase las filiales de Acclaim y, sobre todo, característico de U. S. Gold, era que la parte superior del cartucho no era en cuadrículas rojinegras, sino en franja horizontal blanca con letras azules, muy elegante, que llamaba la atención; las menos, en negro. También esos manuales solían poseer, por regla general, un pequeño lomo. En Brasil, Tec Toy publicaba sus cartuchos con franja azul horizontal, la más Sega, sin duda, pues los rojinegros del resto del mundo recordaban a Master System I y los blancos eran una rareza. Lo azul sí que era, desde

....

75   Sí, es así de triste. La única compañía *3rd party* que apoyó en Japón a Sega fue Tecmo que, para esquivar la censura de exclusividad de Nintendo, publicaba los juegos bajo el sello ficticio Salio. (VV. AA. (s. f.). *Sega Retro:* https://segaretro.org/Salio).

luego, reconocible como marca. De nuevo por parte de Codemasters el cartucho podía tener un diseño semicurvo e incluso poseer pegatina a color, al estilo Nintendo NES. Pero esto es excepcional.

Muchas de estas ideas, como la cuadrícula, las capturas de pantallas en la contraportada, etc., aparecerían luego en las cajas de la consola, por lo menos en mercado occidental.

Y ahora, ya sí, los juegos, los verdaderos protagonistas. Nuestro criterio para ordenarlos ha sido por orden alfabético, no fechas de lanzamiento, con la salvedad de que las sagas van juntas, por aquello de tener cierto orden interno. Recordemos que NTSC abarca Norteamérica, Centroamérica y algunos países de Sudamérica, así como prácticamente toda Asia. Por su lado, PAL abarca Europa, gran parte de Sudamérica, incluido el importante mercado brasileño, y otros lugares de África, etc. Hemos indicado su número de jugadores y su categoría. Eso sí, puntualizamos: cuando la propia carátula traía su denominación (*Action*, *Arcade*, *Family*, etc.) la hemos respetado, dejando el nombre en inglés tal cual, en homenaje y por cariñoso recuerdo retro, y cuando no traía tal denominación, la hemos *españolizado*. En la pequeña explicación de cada juego sí precisamos más cada género.

Otro detalle para tener en cuenta es que hemos decidido que, en aquellos títulos que cambiaron de nombre en determinados mercados, o directamente se tradujeron, los hemos puesto juntos. Aquellos que recibieron un *rebrand*, o lo que es lo mismo, una modificación sobre una base de un juego anterior, sí que los hemos separado pues, en la mayoría de los casos, el parecido con su original es testimonial. Asimismo, hemos decidido mantener los llamados Game Box, que son varios juegos en uno, pero no así los Double Pack y derivados, pues son promociones y no lanzamientos que cuenten como un juego *único*.

Algunos de estos títulos serán obras maestras, otros, grandes juegos sobresalientes y notables, encontraremos mucha clase media e incluso abundante relleno y lanzamientos fallidos. Vamos, como en todas las épocas de la historia de los videojuegos desde que aquellos dos genios, uno simulando naves y otro simulando una raqueta de tenis, decidieron hacer de los videojuegos una nueva forma de ocio y arte. Hoy, los juegos de Master System todavía sobreviven gracias a la comunidad *homebrew*, aficionados que programan los juegos como antaño se hacían y que lanzan todavía, aunque no sea oficialmente, nuevos juegos para esta querida consola. Para ellos, y para los que la disfrutamos, sigue viva.

0

20 em 1

(Tec Toy, 1995) · PAL · Varios · Un jugador.

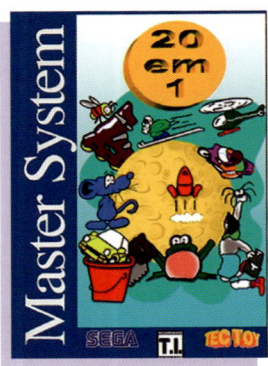

Este juego es sencillo de definir: como su propio nombre indica es un juego que en realidad son veinte juegos diferentes. Solía venderse con Master System en Brasil, pues de hecho fue exclusivo de aquella región. Como trabajador de la construcción, criatura del espacio, patinador, robot, ratón, motociclista, nativo, piloto de helicóptero, conductor, tenista y muchas más personalidades, la diversión (y variedad) estaba asegurada.

A

Ace of Ages

(Sega, 1991) · PAL · Flight Simulator · Un jugador.

Este juego, lanzado en 1986 para compatibles, que se autodenomina «simulador de vuelo», en realidad el típico shoot 'em up, estaba basado en la Segunda Guerra Mundial, y nos ponía a los mandos de varios planeadores que debían luchar contra la aviación alemana. La versión Master System no fue muy afortunada en lo jugable, aunque a nivel gráfico soportó algo más la comparación con otras adaptaciones. Pero como decimos, lo jugable convertía al avión en algo muy difícil de controlar, haciendo que fuera un suplicio no solo la dificultad del juego, sino su manejo. La crítica, por regla general, lo tachó casi de injugable, aunque consiguió el Gold Award de la Asociación Americana de Software por vender más de 100 000 cartuchos. Una pena las críticas, pues las diferentes opciones, modelos y resto de características estaban bien implementadas.

Action Fighter

(Sega, 1986) · NTSC/PAL · Acción · Uno o dos jugadores.

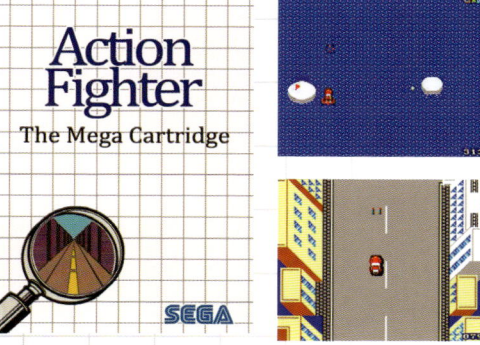

Sega necesitaba una killer app contra Spy Hunter (Midway, 1983), juego que triunfaba en las recreativas, pero también contra Xevious (Namco, 1983) y MotoRace USA (Irem, 1983), que luego se lanzaron para NES. Así que se sacó de la manga este Action Fighter para mercado doméstico casi a la par que el arcade en los salones (en su famosa placa Sega System 16). Recibiendo órdenes directamente del presidente de los EE. UU., debemos cumplir misiones de agente secreto por carreteras en diferentes vehículos armados. Pero no son normales, porque a poco que lo necesitemos (y produciéndose una especie de, digamos, transformación), pasamos de una moto molona armada a un automóvil o a una nave voladora, sin olvidar lanchas, helicópteros… ¡e incluso un bólido de Fórmula 1! Y todo, esquivando enemigos por doquier y evitando estamparnos.

Un juego con posibilidad de dos jugadores, empero de enorme dificultad, lo que teniendo en cuenta cómo se las gastaban en los ochenta, hablamos de mucho, mucho nivel. El típico cartucho de alquiler que al jugarlo no sabías desde dónde te venían los palos.

Advanced Dungeon & Dragons: Heroes of the Lance

(U. S. Gold, 1991) · PAL · Rol · Un jugador.

La genial saga de novelas iniciada por Margaret Weis y Tracy Hickmann tuvo tanto éxito que al poco aparecieron novelas que ampliaban su mundo. Claro que, teniendo en cuenta que la primera novela, la clásica, salió a la vez que el primer módulo para *Dragonlance* de *Advanced Dungeons & Dragons*, no es de extrañar por tanto este juego de rol. Juego de rol difícil, complejo, con diferentes personajes que deben usarse según el enemigo que encontremos, rol de tipo avance horizontal, que tuvo algunas secuelas para otras plataformas. Valorado positivamente, su demencial dificultad lastraba bastante la experiencia.

Aerial Assault

■ **(Sega, 1990) · NTSC/PAL · Shooting · Un jugador.**

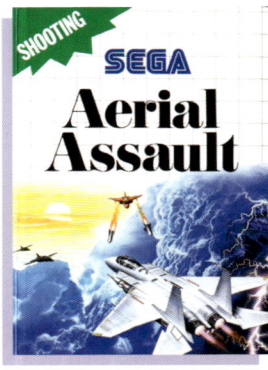

Otro clásico de los juegos *aéreos* y otro portadón ilustrado típico de la época. El argumento nos coloca en 1999 y al frente de Freedom Fighter, un luchador por la libertad sin vínculos gubernamentales que trata de luchar contra la NAC, una poderosa organización que ha creado un arma capaz de destruir la capa de ozono.

Contra todo tipo de enemigos, incluyendo pilotos kamikazes, helicópteros, paracaidistas y submarinos, el juego parte de postulados poco originales, es verdad, pero con ese encanto especial que dan las 8-bits de Sega. Con un no menos clásico visionado en *scroll* horizontal en sus cinco fases, con escenas de transición de la cabina, vistosas armas secundarias y gran sonido, el juego fue criticado por ser un tanto lento y difícil de manejar. Se daba la oportunidad de elegir dificultad entre fácil, normal y difícil, aunque si se escogía la primera opción no podíamos terminarlo y obtendríamos nuestro correspondiente *Game Over*.

A pesar de sus atractivos gráficos y sonido, el juego no fue muy bien valorado, aunque como todo lo de aquella época hoy es visto con simpatía e incluso con cierto afán coleccionista.

Air Rescue

■ **(Sega, 1992) · PAL. Shooting. Un jugador.**

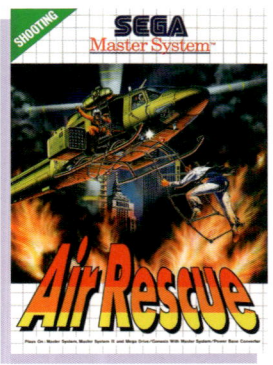

Lanzado en principio para *arcade* (el famoso System 32), ese mismo año, y debido a su éxito, se traslada a las 8-bits. Se achacó su parecido con *Choplifter* (Broderbund, 1982), del cual Sega ya había hecho una adaptación de este en 1985 (con su correspondiente versión Master System II en el 86); es cierto. Pero el juego funciona, y es divertido. Ambos se basan en el argumento de un *rescatador* piloto de helicóptero que deberá poner a salvo a rehenes o prisioneros, cruzando para ello fuego contra los enemigos. Estamos en el 92 y la versión de salones recreativos era capaz de hacer un espectacular 3D (en primera persona), si bien la versión Master System II lógicamente era una versión 2D, aunque con la salvedad de que podía moverse en *scroll* por toda la pantalla. Bellos parajes, gráficos eficientes y un *gameplay* muy entretenido, aunque como decimos lejos del nivel de la placa System 32, obviamente.

After Burner

(Sega, 1987) · NTSC/PAL · Shooter · Un jugador.

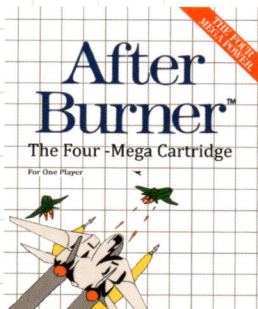

Un auténtico clásico de los ochenta del que Sega, cómo no, hizo un *port* para Master System. ¿Quién no recuerda los maravillosos gráficos, a pesar de lo limitado del *hardware*, con ese avión F-14 Tomcat surcando los mares? Los 8-bits más la imaginación eran más que cualquier gráfico poligonal. Por supuesto, la posterior versión 32X fue superior. En ninguna, naturalmente, se traslada con éxito aquellas cabinas (una vertical y otra horizontal, incluyendo mando rotatorio) que aquellos maravillosos años montaban en los salones japoneses.

Como sea, nuestra misión es bien sencilla: patear, bueno, *misilar* a nuestros enemigos. Cientos de misiles, ataques y enemigos (literalmente), se ponen de manifiesto en un juego de gran dificultad. Los escenarios cambian, no tanto como el original recreativo, claro, pero veremos desde el famoso y bonito escenario mar/cielo azul hasta atardeceres, no así mucha variedad de enemigos, muy repetitivos. Enemigos que, unido a la dificultad para esquivar, lo hacen un juego muy, muy difícil.

Perteneciente el *arcade* original a la famosa placa Sega-AM2, el juego fue creado por el genial Yu Suzuki (*Virtua Fighter*, *Shenmue*) tras los éxitos de *Space Harrier* y *Out Run*, también diseñados y producidos por él. Aunque de un solo jugador, algo que facilitó su conversión posterior, tuvo lanzamientos en los compatibles del momento, como Amiga, Amstrad y Atari, pero también versiones para NES (sí, habéis leído bien), 32X y PC. Posteriormente, tendría una segunda y hasta una tercera entrega, ya esas en Mega Drive y Mega CD, exquisitas gráficamente, no siendo hasta *After Burner: Climax* y *After Burner: Black Falcon* (uno para *arcade* y otro para PSP en 2007), que tuvimos otra versión de esta joya del patrimonio de la compañía nipona. Un clásico de Sega, el *cartucho de 4 megas*.

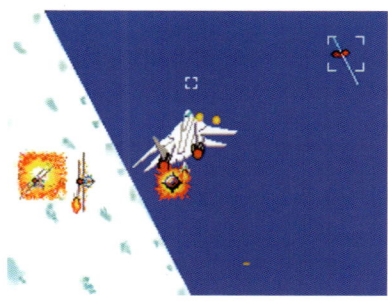

Alex Kidd in Miracle World

(Sega, 1986) · NTSC/PAL · Plataformas · Un jugador.

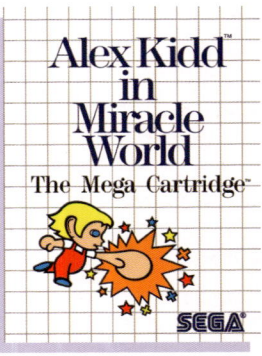

¿Hay algo más mítico que el inicio de *Alex Kidd in Miracle World*, con esa tonadilla que solo la época de las 8-16-bits podía dar, mientras descendías en *scroll* vertical? Era, antes de Sonic, la oficiosa mascota Sega, y su recreativa causaba furor. Como ya se ha dicho, llegó a venir en *pack*, como juego en la memoria, junto con el cartucho (sin carátula) de *Sonic the Hedgehog*, allá por el lejano inicio de 1992. Siempre que había una partidita a Master se iniciaba con Alex Kidd: ¿conseguiríamos esta vez pasar nuestro límite y llegar más allá, con los enfrentamientos de los monstruos piedra, papel y tijera? ¿Perderíamos muchas vidas con el helicóptero, bajo el agua, o con la moto, la cueva y el bosque?

Diseñado por Kotaro Hayashida, creador de *Phantasy Star*, en realidad era la leyenda del rey mono pero que en Occidente se transformó en un niño normal y corriente por desconocimiento de la historia (¡quién iba a decir que luego con Goku y *Dragon Ball* habría un giro en los acontecimientos!).

Posee elementos que no tenía ningún juego del momento y que luego otros capturarían como *Wonder Boy III: The Dragon´s Trap*, esto es, secretos, minijuegos (fantástica la idea del piedra, papel y tijeras), comprar en tiendas, manejo de vehículos... Una maravilla.

Un juego de un solo jugador, divertido, desafiante, un plataformas único y una obra maestra... pero para los jugadores europeos. En Occidente, y sobre todo en mercado europeo y Brasil, el juego es un mito entre los que poseímos Master System. Es, posiblemente, la primera mascota reconocible de Sega y uno de los mejores del catálogo. Un clásico que, en los últimos tiempos, ha resucitado en forma de *remake*. No merece menos.

Alex Kidd: The Lost Stars

(Sega, 1987) · NTSC/ PAL · Plataformas · Un jugador.

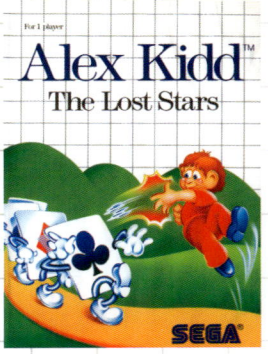

Con el éxito de la recreativa y con el éxito de la entrega anterior, era lógico su lanzamiento al mercado doméstico, aunque hay que decir que fue apenas a las pocas semanas del lanzamiento en salones. Poder disfrutar de lo último de Alex Kidd en tu casa era, con toda lógica, la estrategia que Sega vendía.

Aquí le acompaña su novia Stella en doce mundos, recopilando los signos del zodíaco. Un plataformas más tradicional, pero igualmente satisfactorio y exitoso. Difícil de ver por estos lares.

Alex Kidd: BMX Trial

(Sega, 1987) · NTSC · Deportes · Un jugador.

La maravillosa saga Alex Kidd, mito de los segueros y hoy todavía de moda gracias a su reciente lanzamiento remozado, cuenta con este exclusivo del mercado japonés. Posterior a *The Lost Stars*, se basaba en ir esquivando obstáculos (como cuando cogíamos la moto en el original, pero en vista cenital) y exigía el Paddle Control HPD-200 de manera obligatoria. Cinco escenarios, barra de vida/ choque y gráficos sencillos para una curiosidad que no pudimos catar los no japoneses. Como curiosidad, fue el tercer Alex Kidd para Master System en Japón en apenas doce meses, demostrando el éxito de esta serie en los inicios de Sega.

Alex Kidd: High-Tech World

(Sega, 1989) · NTSC/PAL · Acción · Un jugador.

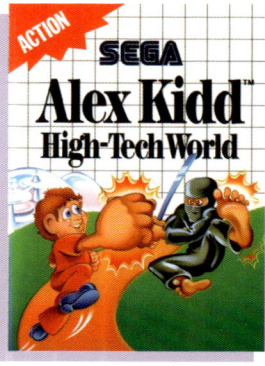

La mezcla de géneros con el personaje, que tocaba todos los palos, se empieza a apreciar aquí, donde es ahora un juego de acción con más toques de rol y que en Japón no tuvo ni siquiera ese nombre porque era una adaptación de un manga (cambiando diálogos, **sprites**, etc.). Ninjas, samuráis... un pastiche en toda regla que tendría su pareja con el ya nombrado *Alex Kidd BMX Trial*, por ser ambos exclusivos del país del sol naciente.

Alex Kidd in Shinobi World

(Sega, 1990) · NTSC/ PAL · Acción · Un jugador.

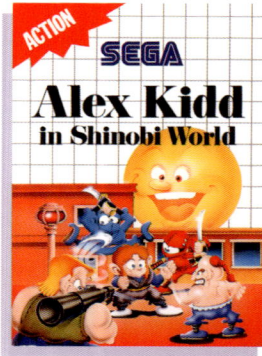

Este es un juego extraño. Un juego de esos que te decían «oye, ¿te has enterado de que existe?». Y tú decías que sí, que te había parecido verlo en el minicatálogo de Master System II que venía dentro de los estuches con el manual y el cartucho. Pero resulta que sí, que sí existía. De hecho, nosotros lo adquirimos por 1995 (o quizá 1996), ya cuando la consola estaba bien muerta.

Es cierto que no tiene ninguno de sus poderes, que está en un mundo ninja que se suma a su anterior fracaso en el mundo tecnológico (de hecho, fue la tumba del personaje), pero aun así fue sorprendente, pues era otra maravillosa aventura de Alex Kidd.

Es tan bueno como corto, un auténtico homenaje al clásico *Shinobi*, pero de lo mejor del catálogo, con gráficos coloridos, simpático como la propia ilustración de portada. Recuperó el nivel tras el fracaso que supuso el paso del personaje por las 16-bits.

Alien³

(Probe Software, 1993)·PAL · Acción/Plataformas · Uno o dos jugadores.

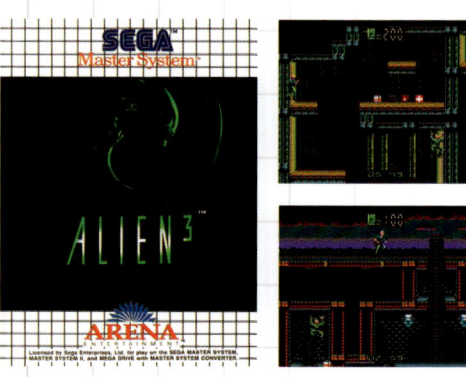

Volvía *Alien* al cine y, cómo no, se lanzaba un juego sobre una gran franquicia cinematográfica. Sega acabaría haciéndose con la licencia *Alien* en años posteriores y nos dejaría un gran puñado de títulos (algunos también polémicos) en el futuro. Pero a lo que vamos: ¿quién no recuerda este juego, cuando, al pasar el tiempo límite, las tripas de nuestros compañeros estallaban y aparecía el susodicho monstruo de sus cuerpos? Recordamos que, cuando lo jugamos en su momento, nos daba una mezcla entre risas y asco (sí, así eran/son los adolescentes).

Aunque Sega había lanzado un osado *arcade* en donde incluso el argumento difería, este juego fue del mítico género de las plataformas de acción de la época, primero en 1992 en Mega Drive y luego en la 8-bits. Manejando a la teniente Ripley, debíamos avanzar por la colonia de presos repartiendo a diestro y siniestro, mediante armas múltiples, incluyendo el famoso lanzallamas. Mientras buscábamos ordenadores de acceso y salvábamos a los presos, había una cuenta atrás y si el tiempo terminaba pues ¡plaf!, xenomorfo por el pecho de los secuestrados. Lo gracioso de la versión Master System es que era muy parecida en diseño a la de Mega Drive, pero incluía una opción para dos jugadores.

Divertido juego, una vez más una franquicia bien utilizada (las franquicias cinematográficas, en los tiempos de 8-16-bits fueron, por regla general, mejor trabajadas que en la era 32-64-128-bits), con muchos niveles, no necesariamente lineales, que ponían en aquella época un tanto de los nervios por la tensión de los *aliens*. Uno de esos tapados del catálogo.

Alien Storm

(Sega, 1990) · PAL · Acción · Un jugador.

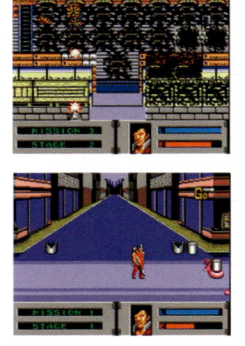

El tercero para Sega tras *Altered Beast* y *Golden Axe* del genial Makoto Uchida, uno de los programadores clásicos de Sega. Tres juegos, tres clásicos, y, otra vez, lanzado en verano, concretamente en junio. Este juego siempre nos gustó, por eso de ser a dobles, y nunca lo pudimos disfrutar bien hasta que un amigo nuestro que tenía la Mega Drive nos invitó a jugarlo (antes, apenas unas pinceladas *arcade*).

Lo que no sabíamos, claro está, es que existía una versión Master System. En aquellos tiempos era muy difícil saber los catálogos de una consola y, además, no venían todos los juegos. No es muy popular reconocer esto, pero ¡eso fue lo que ocurrió! Hoy sabríamos que todos los grandes éxitos *arcade* de los ochenta salían en el mercado doméstico en las 8-bits de Sega y, posteriormente, en las 16-bits, casi 1:1, pero antes…

Jugablemente, sigue el esquema *Golden Axe*: mujer, hombre y ser excéntrico, tres personajes con sus respectivas magias y movimientos de esquive. En este caso parecen compartir algunas animaciones al andar y al correr con el clásico de fantasía

(incluso hay personajillos que sueltan recargas de poderes tipo los duendecillos). Y de *Altered Beast* también tenemos algunas pinceladas, como son los monstruos horripilantes y orgánicos. Como siempre en los juegos de Makoto Uchida no eran ni muy largos ni muy difíciles. Se eliminó a Karen de la pantalla de selección en la versión Master System, pudiendo escoger solo a Scooter o Garth, sin cooperativo. Un auténtico mazazo, a pesar de que la versión 8-bits es muy buena, muy digna.

Y permitidnos un inciso del final de este juego que enlaza con los otros tres de Uchida. Era típico de su creador hacer unos finales, digamos, raros, diferentes, cosa que este juego comparte, con cameos de personajes de otras sagas de la compañía, etc. De verdad, los tres finales son para enmarcar. Risas aseguradas.

Alien Syndrome

(Sega, 1987) · NTSC/PAL · Acción · Un jugador.

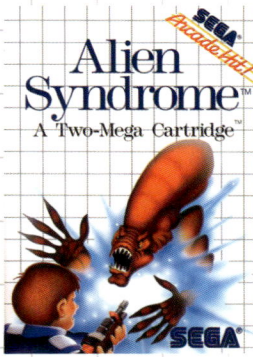

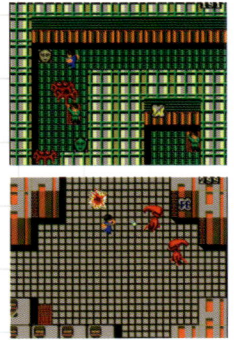

Un clásico de las recreativas, otro ejemplo de gran adaptación de Sega de sus salones a la sobremesa. Sin embargo, una vez más, la inexplicable ausencia del modo cooperativo a dos jugadores, que el *arcade* sí posee, decepciona bastante (y eso que venía bajo el sello Sega Arcade Hit!). En el 88, la versión NES de este juego sí tenía la posibilidad cooperativa. Inexplicable.

Como sea, el juego consta de siete niveles encarnando a Ricky en los que tendremos una cuenta atrás para liberar a las personas de la nave de las garras de las bestias del espacio (claramente unos *aliens* basados en el clásico filme de ciencia ficción, antes de que Sega consiguiera la licencia de la famosa saga cinematográfica), vencer a los jefes, desactivar bombas… Es el típico juego de visión isométrica con *respawn* de enemigos, el *run and gun* de toda la vida, vamos, lo que lo hace complicado, a pesar de los ítems que recogeremos para conseguir poderes momentáneos de armamento, pues al caer los perderemos. De colorido escaso, cumple a la perfección para poner a prueba el gatillo y los nervios sin obviar un aceptable apartado técnico.

Un gran juego, divertido, rejugable, con el escollo de no poseer dos jugadores. Un clásico del catálogo inicial de Master System y cuya versión Game Gear solo llegaría avanzado 1992.

Arcade Smash Hits

(Virgin Games, 1992) · PAL · Arcade · Uno o dos jugadores.

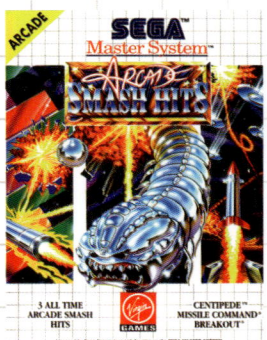

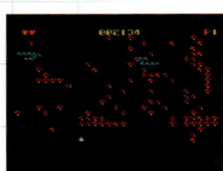

Tres juegos en un solo cartucho. Son *Centipede* (1982), *Breakout* (1978) y *Missile Command* (1981), *ports* para uno y dos jugadores desde Atari 2600. Aunque los juegos fueron un poco remozados, incluyendo nuevos modos y voces digitalizadas, no fue un cartucho muy valorado, pues no dejaban de ser juegos no tan conocidos y un poco ya desfasados.

Altered Beast

■ **(Sega, 1987) · NTSC/PAL · Arcade · Un jugador.**

La principal anécdota, antes de decir nada de él, es que es la primera obra del ya nombrado creador Makoto Uchida. Dicho esto, hay que destacar que el juego fue un buque insignia de Sega, un pelotazo de los recreativos que contó con versiones para todas las consolas Sega habidas y por haber (y con una conversión para la NES de Nintendo, ahí es nada, y compatibles). Se lanzó en mayo, rozando las vacaciones veraniegas y, con ellas, el gasto de los jóvenes. Fue la obra escogida para el lanzamiento de Mega Drive en el mundo, de hecho.

Es un juego de culto en todos los aspectos, con ese protagonista que resucita por orden de Zeus para rescatar a Atenea de su secuestro y matar a turbamultas de demonios, cabras, forzudos, muertos vivientes y, sobre todo, lobos. Y es que matando a uno de esos lobos que salen de vez en cuando, de color blanco, conseguiremos unas esferas que nos harán más fuerte, con cuerpo de culturista. Coger más esferas hará transformarnos en bestias: lobo, oso, dragón y tigre. Y es que es precisamente eso, las transformaciones, así como ese ambiente de terror, lo que más nos llamaba la atención a los que tuvimos ocasión de disfrutarlo casi en su salida, allá por los tiempos de 1991-1992. Recordamos lo que escribimos de echar 25 pesetas en la recreativa, en aquellas post largas cenas de verano con los padres, y ser apaleados sin remisión, principalmente cuando llegabas al jefe final de la primera fase y el jefe calvo te reventaba. Cosas de la falta de pericia.

Las transformaciones y sus súper poderes bajaban varios grados de dificultad el juego y, unido a que era corto, llevó a crítica cuando salió en sistemas domésticos, por eso de poder ser rejugado sin coste alguno. Sin embargo, conseguir transformarte no era fácil y la fase final, por ejemplo, es un no parar de morir. Lo compensa con la ayuda de un colega, puesto que el juego, aunque la historia no está pensada para ser de dos jugadores, sí que se puede jugar a dobles hasta el final, aunque no es el caso de esta versión 8-bits, por

desgracia. Sin ser un *beat 'em up* al uso, tampoco es un plataformas.

Mítico, legendario, pieza recordada de la edad de oro de los salones y de los videojuegos, otro miembro más del gran patrimonio de Sega, difundido en el boca a boca y con esa portada ilustrada que solo en aquella época se podía hacer en videojuegos y cine (aunque varía la grandísima de Mega Drive con la algo más estándar de Master System).

Alf

(NEXA, 1989) · NTSC · Acción · Un jugador.

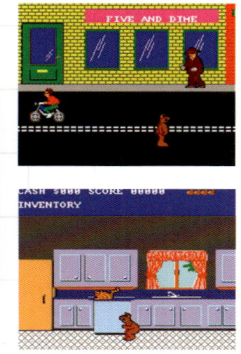

El surrealismo hecho juego. Sí, la famosa serie de televisión *Alf* (Brillstein, Patchett, Fusco, NBC: 1986-1990), que arrasó en la cultura popular en los ochenta y noventa con sus emisiones, redifusiones y repeticiones, así como películas, tuvo su correspondiente juego plataformas para la pequeña 8-bits de Sega (que no pretendemos ofender, que nosotros tuvimos los coloreables de Alf, ojito, donde aparecía vestido con un chubasquero en primer plano...).

Sin tener nada que ver con el argumento de la serie, Alf deberá recorrer mundo para buscar una serie de objetos de una especie de moto intergaláctica. Recorreremos las calles, pudiendo penetrar en algunas casas, encontrar gatos (la comida favorita de Alf), mazmorras ocultas... Gráficamente es irregular, aunque vistoso, si bien es cierto que los movimientos y el resto del apartado técnico dejan mucho que desear.

Un juego tachado de complejo, un tanto confuso y, cómo no, difícil de superar. Considerado como el peor juego de Master System y uno de los peores de la historia del sector (comparte honores con otro extraterrestre estrafalario, ET), no deja de ser visto, al menos hoy, como un juego entrañable de una época y una serie igual de entrañables.

Andre Agassi Tennis

(TecMagik, 1993) · PAL · Deportes · Uno o dos jugadores.

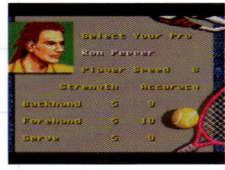

Agassi, una estrella por aquel entonces (y con pelo), debía tener su juego. Foreman, Senna, etc., tenían el suyo así que, ¿por qué no esta estrella del tenis? El juego, para uno o dos jugadores, nos permitía un modo carrera a través de los diferentes circuitos para intentar hacernos con el trono. Gráficamente resultón (pues, al fin y al cabo, es un deporte que se traslada bastante bien), una vez más se demuestra que, casi desde el principio de los videojuegos, los juegos de tenis funcionan y divierten.

American Baseball/Reggie Jackson Baseball

(Sega, 1989) · NTSC/PAL · Deportes · Uno o dos jugadores.

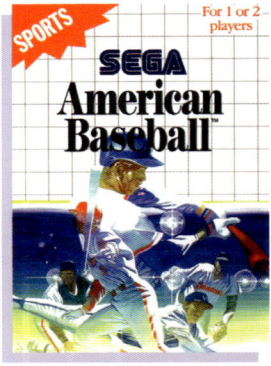

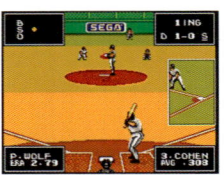

El cinco veces campeón de béisbol, jugador durante veintiún temporadas, Reginald Martínez Jackson, tuvo su respectivo videojuego para la 8-bits de Sega. En Europa se dejó titulado como **American Baseball**, por aquello de que por estas tierras del béisbol, y sus estrellas, poquito conocimiento teníamos/tenemos. El juego es en sí muy resultón, con una cámara que sigue siempre a la pelota, con unos mandos que responden a la perfección y el poder golpear en la dirección que deseemos. Partidos para ver a la máquina jugar sola, exhibiciones, jugar a golpear **home run** y modo Torneo y Series Mundiales (solo para un jugador, aunque se puede jugar en exhibición con dos a la vez), lo hacen, para muchos, el mejor y más completo juego de este género de Master System y, en su momento, del género para Sega en general. Un juego a la altura de este clásico deporte americano que, quizá, ya llegaba tarde para conquistar el mercado estadounidense.

American Pro Football/Walter Payton Football

(Sega, 1989) · NTSC/PAL · Deportes · Uno o dos jugadores.

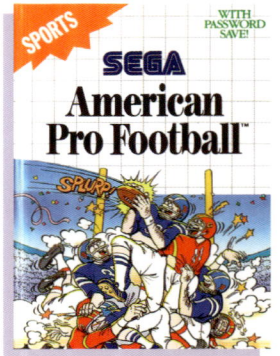
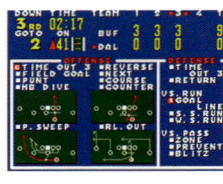
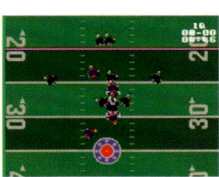

Una vez más, mientras en Estados Unidos salía un juego titulado como una leyenda (Walter Payton fue MVP y está en el Salón de la fama de la NFL), aquí en Europa se renombró simplemente con el nombre de la liga profesional de fútbol americano y con una portada humorística tipo cómic (y que es una copia, tal cual, de la portada japonesa del otro juego de fútbol americano del catálogo, el *Great Football*). Sega intentó conquistar varias veces el mercado 8-bits americano con juegos de temática preferida por los ciudadanos de aquel país, pero no lo consiguió (en numerosas ocasiones, por culpa de juegos mediocres). A pesar de todo, con este sí estamos ante un gran juego, con docenas de posiciones estratégicas defensivas y ofensivas que hoy sorprenden por su profundidad. Incluso se pueden jugar partidos completos de cuatro cuartos y, además, consecutivos, cosas que en *Great Football* no se permitía.

Anmitsu Hime

(Sega, 1987) · NTSC · Acción · Un jugador.

Este juego está basado en un anime muy famoso de la época del mismo nombre, a su vez basado en un manga de finales de los cuarenta y principios de los cincuenta de Kurakane Shousuke sobre una princesa rebelde de 10 años que, pese a su tutor y la vigilancia de sus padres, escapa con frecuencia de su castillo. Ha tenido numerosas adaptaciones en *anime,* películas... El juego trata precisamente de eso, de ir dirigiendo a la princesa por el castillo escapando de las trampas para poder escapar y llegar antes de que cierre a la panadería del pueblo (se le han antojado unos dulces). Juego exclusivo de Japón, es conocido, empero, porque fue la base sobre la que se lanzó *Alex Kidd: High-Tech World* dos años después.

Argos No Juujiken

(Salio, 1988) · NTSC · Plataformas · Un jugador.

Esta recreativa fue lanzada en Japón, pero, ahí está la clave, en su versión NES tuvo añadido tipo magia y tal que lo convertían en algo más rolero. Rebautizado como *Rygar*, nombre que seguramente te suena, tuvo buena aceptación, pero en versión Master System no salió del país del sol naciente (desarrollada por Salio bajo licencia Tecmo). El juego es un juego típico de la época: personaje que avanza en *scroll* lateral esquivando enemigos y usando magia para acabar con ellos, acompañado de buenos *sprites* y escenarios, con una pegadiza melodía principal, aunque es única para todo el recorrido. ¿Lo malo? Que tiene continuaciones infinitas porque su dificultad es demencial, con enemigos que van saliendo aleatoriamente. Rareza que merece la pena tener, es solo para jugadores *hardcore*.

Assault City

(Sega, 1990) · PAL · Shooting · Un jugador.

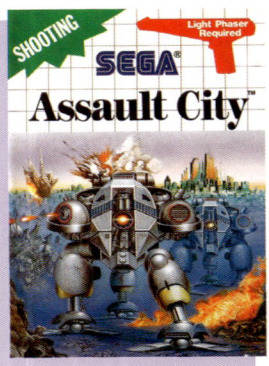

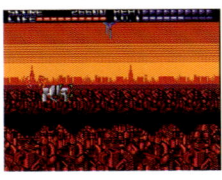

Sanritsu Denki, luego SIMS, estudio interno de Sega, realiza este exclusivo del mercado PAL. Los periféricos y las consolas no siempre se han llevado muy bien, puesto que un periférico supone dos hechos: gasto extra y juegos para dicho periférico. Pues bien, aquí tenemos de lo segundo, un juego que pretendía darle uso a la famosa pistola de la Master System, que siempre molaba. Pero por si acaso, existió una versión para el *control pad* tradicional. El fracaso del periférico se olía a kilómetros.

Como sea, el cartucho nos pone en la piel de Joe, uno de los pocos humanos que han sobrevivido a la rebelión de las máquinas (sí, estáis pensando en la misma franquicia cinematográfica que nosotros), que se ha rebelado contra esa situación. Estos robots, que son usados para trabajos peligrosos, obras, etc., se han vuelto contra los humanos

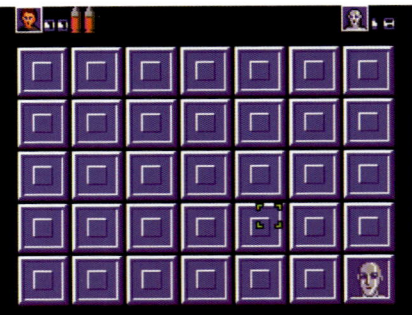
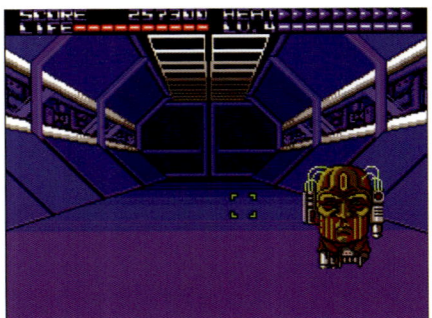

(ahora nos viene a la mente la película anime *Patlabor*), y Joe organiza la resistencia. Su *gameplay* se desarrolla en la típica primera persona, el tradicional *shooter on rails* al más puro estilo Sega (*House of the Dead*). Tras unos inicios de práctica, nos lanzan al tiroteo masivo, cargando nuestros súper disparos y pudiendo mejorar armas o vida. El esperado jefe al final de fase aparecerá para ponernos las cosas complicadas, si bien la dificultad baja enteros al poseer continuaciones infinitas. Una paleta un poco fría para un juego correcto, curioso y que aporta una diversión diferente en una época que, no nos engañemos, no poseía muchos juegos con este tipo de estética y puesta en escena.

As Aventuras da TV Colosso

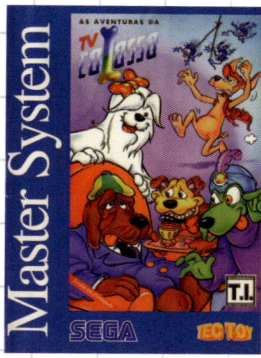

(Tec Toy, 1996) PAL · Plataformas · Uno o dos jugadores.

Tomando como base *Astérix and the Secret Mission* (Sega, 1993), Tec Toy cambia *skins*, argumentos y ciertas mecánicas para adaptar al mercado brasileño una popular serie de la televisión brasileña TV Globo, y que se emitió precisamente desde 1993. Ahí se emitía un popurrí de series infantiles (*Los Gatos Samurái, Los Pitufos*..., luego el Disney Club de Brasil también), muy típico de aquella época, con presentadores marionetas, guiñoles, de perros, etc. Por tanto, un plataformas típico, de uno o dos jugadores alternados, con buen colorido y gráficos, pero cuyo mayor interés ya estaba hecho de manos de Sega. Puro coleccionismo, pero gran nostalgia para los brasileños.

Astérix and The Secret Mission

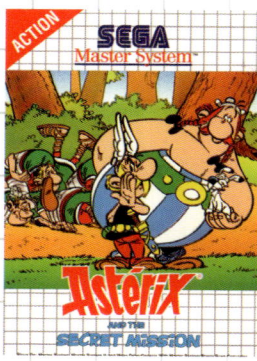

(Sega, 1993) · PAL · Acción · Un jugador.

Cuando descubrimos en un Canadian Magazine que este juego existía, fuimos a por él sin duda alguna y lo compramos. Un nuevo juego de Astérix era para nosotros imprescindible; bueno, para nosotros y para el usuario europeo fan de la BD. Es cierto que era un juego un poco más *feo*, con un tono como menos alegre y unos *sprites* y puesta en escena ligeramente diferente. Pero aun así seguía siendo un juego muy bueno que, si bien no podía tapar su magistral anterior parte, sí que convencía por su colorido, gráficos y jugabilidad. Los plataformas de acción llegaron a ser manejados con una calidad especialmente maestra en la época de las 8-16-bits.

Astérix

(Sega, 1991) · PAL · Acción · Uno o dos jugadores.

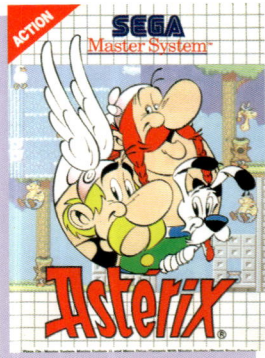

Uno de nuestros juegos favoritos del catálogo, juego que jugamos (y nos pasamos) numerosas veces en aquellas tardes de sábado/domingo infantil. Sus grandes gráficos, genial música, colorido, personajes carismáticos y planteamiento jugable, gustaba a todos. Un juego de gran calidad con una banda sonora también de gran calidad, inolvidable, compuesta por Takayuki Nakamura, donde destacan piezas como «Snow Mountains & Inside Greece». Nakamura fue un encargado de sonido y compositor hombre Sega de toda la vida (Shinobi, Virtua Fighter, Daytona USA, Shenmue III, saga PES, etc.). Una vez más el poderío de los sonidos entrañables del chip de MS.

El juego plantea el típico plataformas de acción 2D tan en boga y que tanto éxito, y diversión, trajo por aquellas fechas. Aunque no se puede manejar a Astérix y Obélix a la par, sí que se van alternando y, ojo, no con las mismas fases (lo que podría haber llegado a aburrir o desanimar a un solo jugador), sino que sus fases varían, algunas por completo. Destacan también las fases especiales protagonizadas por Ideáfix, el perrito que siempre acompañaba a Obélix en los cómics.

No es el juego más complejo del mundo, pero su diversión, variedad, personajes típicos de los álbumes, hace que siempre se juegue de un tirón. Al menos, los que esto escribimos, siempre lo hacíamos así desde que lo compramos a un precio alto: 6095 pesetas (36 € al cambio, más o menos).

Uno de los mejores juegos de la saga Astérix, quizá el mejor junto con Astérix (el arcade de 1992 de Konami), Astérix & Obélix (1995, lanzado para varias plataformas) y Astérix & Obélix: Slap them All! (Microids, 2021, también multiplataforma). Uno de los mejores juegos del catálogo de Master System II, y de las 8-bits en general, un juego exclusivo para Europa que, los que no entienden la fuerza que tuvo esta pequeña consola en el Viejo Continente o el poder de estos cómics, no lo entenderán.

Astérix and The Great Rescue

(Core Design, Sega, 1994) · PAL · Acción · Un jugador.

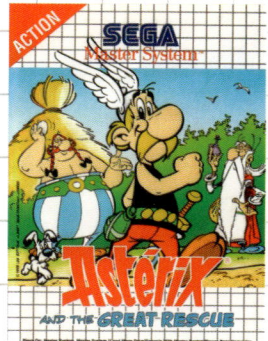

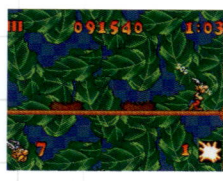

El tercer juego de Astérix para Master System, juego que pudimos jugar única y exclusivamente en esta ocasión por alquiler o comprado en tiendas muy escogidas, y que volvía a variar ligeramente los diseños y un poco la estética, aunque seguía teniendo ese colorido y *gameplay* variado y agradable. Era un tiempo un tanto tumultuoso, con los líos con Sega 32X, una Super Nintendo en auge y una Mega Drive cuesta abajo, la 32-bits de Sony llamando a la puerta... Pese a todo, se demostraba que el catálogo de Master System no paró de crecer hasta el mismo final, al menos en Occidente y, en concreto, Europa.

Aztec Adventure/Nazca ´88: The Golden Road to Paradise

(Sega, 1987) · NTSC/PAL · Acción · Un jugador.

Es que nos encantan estos juegos del principio de Sega y de los videojuegos en general, con ese colorido, simpleza e ingenuidad tan de juego de mesa más que de videojuego. Este juego de acción con toques de estrategia, protagonizado por Niño, nos hace ir hasta Nazca, en Perú, aunque luego en la versión internacional se cambió inexplicablemente por Azteca (para los más despistados: no es lo mismo la cultura nazca, en el actual Perú, que la azteca, en el actual México). Como sea, se trata de explorar diferentes zonas, hasta diez, especialmente ruinas y junglas, para conseguir tesoros y oro.

Desde luego, en nuestros tiempos políticamente correctos, es posible que el juego hubiera tenido muchas críticas, y no por su aspecto técnico o jugable, sino por su planteamiento de saqueador de oro. Pero, como decimos, a nosotros nos mueve a ser benévolos por lo de entrañable que tiene.

Ayrton Senna´s Super Monaco GP II

(Sega, 1992) · PAL · Deportes · Un jugador.

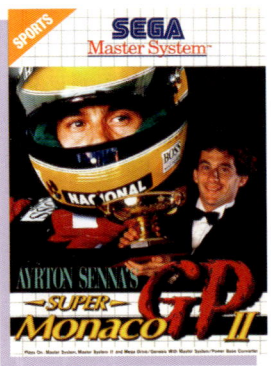

Tras el éxito, esperado, de la primera entrega (*Super Monaco GP*), era lógica una segunda entrega, aunque rebautizada. Siguiendo la estela de entonces de contar con grandes deportistas para las franquicias (conocidas son las de Foreman o Agassi, por ejemplo, algunas ya citadas en este epígrafe A), aquí el gran campeón Ayrton Senna toma el protagonismo. Y, teniendo en cuenta la fiebre Master System en Brasil, la conjunción debió ser maravillosa para el país carioca.

Ayrton Senna, se dice, se implicó en el juego totalmente, pues para eso era de carreras (entre los circuitos estaba el de Tatuí en Sao Paulo, diseñado para el juego por Senna). Al parecer, Shoichiro Irimajiri, a la sazón vicepresidente de Sega Japón

que había conocido al propio Senna cuando este era antes ejecutivo en Honda, le hicieron aceptar al instante la propuesta de Tec Toy. No se equivocaron: en su versión Mega Drive llegó a superar en ventas, en Brasil, a *Street Fighter II* y *Michael Jackson´s Moonwalker*, lo que nos dice mucho de la fiebre por el deportista en su país, profeta en su tierra.

Fue muy bien recibido, aplaudiendo su realismo, sobre todo en la versión 16-bits, donde se podía escoger tiempo, marchas automáticas o manuales… Muchos modos de juego y mucha diversión para un juego mítico y legendario que todos los de la época recordamos de la mano de otro mito de la infancia de la época, el gran campeón de la Fórmula 1 Ayrton Senna.

Astro Warrior

(Sega, 1986) · NTSC/PAL · Shooter · Un jugador.

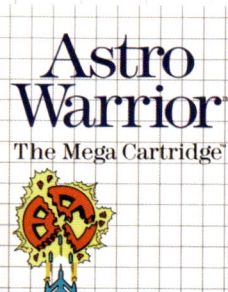

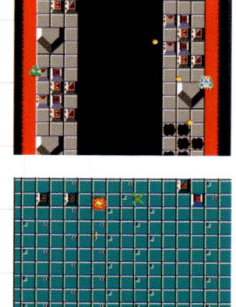

Otro de esos juegos del principio y que, vais a perdonarnos, nos parecen que tienen mucho encanto. Es el típico de marcianitos, la nave contra todos, que debe ir recogiendo poderes, efectos y atravesando el espacio. Sí, porque la historia nos pone en una especie de resistencia contra un imperio galáctico y debemos destruir la nave madre. Un juego divertido, pues estos juegos siempre funcionaban, que no exigía mucho en cuanto a planteamiento, pero que podía complicarse de manera tonta. El ser para un jugador lo deja un poco menos dinámico de lo que podría haber sido.

Back to the Future II

B

(Image Works, 1991) · PAL · Arcade · Un jugador.

Criticadas, de forma general, todas las versiones lanzadas del juego, por no ser unas versiones muy afortunadas sobre el largometraje del mismo nombre en el que se basa (Robert Zemeckis, 1989), íbamos a vivir desenfrenadas escenas de la película en unos cinco niveles donde alternaríamos puzles con fases de *beat 'em up*, etc. Al final, la versión Master System se quedó en gráficos mediocres, engorroso control y una alternancia entre facilidad/complejidad de algunas fases que sacaba de quicio. Considerado un mero entretenimiento más nostálgico que fiable.

Back to the Future III

(Image Works, 1991 · PAL · Acción · Un jugador.

El videojuego Regreso al futuro 3 nos ponía en la piel, una vez más, del gran Marty McFly. Es curiosa la relación de la genial saga de Zemeckis con el Viejo Oeste. El juego, que los que esto escribimos pudimos disfrutar un par de años después de su lanzamiento (como era normal en esa época), era un poco irregular, pero mucho mejor tanto gráficamente como en planteamiento que la anterior entrega, consiguiéndose arrancar los británicos de Image Works una espinita. Lo conseguimos para nuestra Master System II, en uno de esos alquileres imposibles, y ni siquiera habíamos visto la película, pero su mezcla de disparos, carreras, etc., lo hacían, cuando menos, interesante de jugar. El cambio de escenario, el Viejo Oeste, también le añadía un plus de interés.

Es muestra del poderío de la 8-bits en Europa, donde cada estreno o cada nueva franquicia videojueguil tenían su correspondiente versión tanto para 8 como para 16-bits.

Baku Baku

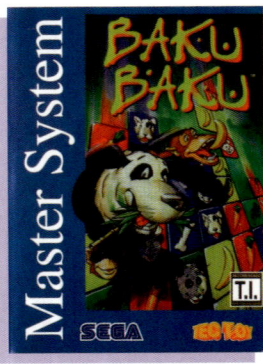

(Sega, 1996) · PAL · Puzle · Un jugador.

Este juego exclusivamente del mercado brasileño gracias a la intermediación de Tec Toy (y cuya pantalla de carga sí incluye el título completo: *Baku Baku Animal*, título completo que solo aparecía en Japón), es una demostración del poder de la consola en Brasil, ya que el lanzamiento original era para... ¡Sega Saturn! El juego en sí está basado en el éxito *Super Puzzle Fighter II: Turbo* (Capcom, 1996); o lo que es lo mismo, un juego de puzles competitivo en el que, contra la máquina o contra otro jugador, hay que ir limpiando los contenedores de bloques e ir activando poderes. Fácil, sencillo y muy adictivo, salió también en salones y PC, siendo muy bien recibido por la crítica.

Bank Panic

(Sega, 1987) · PAL · Shooter · Un jugador.

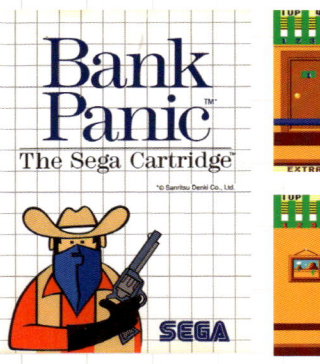

En origen fue un juego *arcade* de 1984 que luego tuvo versiones para MSX en 1985 y Master System en 1987, respectivamente. Esta última fue desarrollada por Sanritsu Denki Co., que ya había colaborado con Sega en su versión recreativa (con Midway en EE. UU.), y es la versión que nos interesa. Era el típico juego ágil y que cumple, típico de la gran Sega, que luego tuvo su correspondiente y cuasi obligada versión doméstica.

Como *sheriff*, debíamos impedir el robo del banco, atentos a los diferentes enemigos que iban apareciendo en pantalla. Luego sufrió al típico clon de la época (en este caso, *West Bank*), pero aun así su fama de divertido y original no se la quitó nadie. Eso destaca, cierto, y aunque los gráficos de Master System no llegan al nivel de los de la placa original, es un juego colorido que se deja jugar. Un total *juguete* en digital, tan típico de Master System antes de los noventa y que tan entrañables son, como no nos vamos a aburrir de repetir en este listado.

Batman Returns

(Sega, 1993) · PAL · Acción · Un jugador.

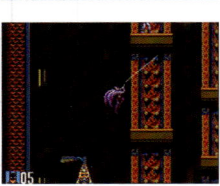

La espléndida película de Tim Burton, con el no menos genial trío de protagonistas, Keaton, Pfeiffer y DeVito, en esa época de carteles pegados en la puerta de los cines (no de centros comerciales, sino cines, cines), con sus fotogramas de anuncio, con su puesto de chucherías y ese cine repleto de palomitas, refrescos y diversión, tuvo su correspondiente videojuego como franquicia de éxito. Todos recordamos la apabullante versión de *Batman Returns*, con las fases de conducción, para la Mega CD de Sega, pero las 8-bits y 16-bits también tuvieron su correspondiente lanzamiento. El juego lo desarrolla Aspect, que trabajaron mucho con Sega en títulos imprescindibles como *Sonic Chaos* o *Sonic The Hedgehog 2*, entre otros muchos titulazos para nuestra 8-bits.

Basketball Nightmare

(Sega, 1989) · PAL · Deportes · Uno o dos jugadores.

Nuestro colega del colegio, una tarde lluviosa de otoño, ya casi para invierno, nos prestó un juego a la salida del colegio, en el turno de tarde. Esa tarde no teníamos que ir a ningún lado más (actividad extraescolar, etc.) y le echamos… horas. Sí, horas, porque nos envició. Hablamos de 1993-1994 y, sorpresa, sus fases, sus animaciones en pantallazo gigante a la hora de encanastar, colorido total… nos enganchó. Pocos juegos nos han marcado tanto como esta joya de las 8-bits, baloncesto entre humanos y monstruos del folclore japonés. Exclusivo para el mercado europeo, canadiense y brasileño, teníamos que luchar contra una serie de hordas de monstruos en diferentes equipos: hombres lobo, geishas, samuráis…

Con un estilo medio anime, se podían ver primeros planos de canastas, repeticiones, jugar contra equipos internacionales (EE. UU., URSS…) y elegir entre partidos de 15/30/45 minutos. ¡Ah! Y con la posibilidad de 1 vs. 1. Genial juego, uno de los mejores del catálogo, tanto jugable como artísticamente, y desgraciadamente no muy conocido por su constreñido mercado de lanzamiento.

Battle Out Run

(Sega, 1989) · PAL · Acción · Un jugador.

Tras el éxito del genial *Out Run* (1986) en los salones por parte de Sega y del genio Sega Yu Suzuki, aparecieron diferentes secuelas, no secuelas oficiales al uso, pero sí que eran en cierto modo una continuación. Entre esas encontramos este *Battle Out Run*, así como *Out Run 3D* y *Out Run Europa*. No obstante, su puesta en escena y estilo de juego más se parece al *Taito Chase H. Q.* (1990) de Taito que el del original de Sega, pues nuestro objetivo es detener a delincuentes motorizados, permitidnos la expresión, así como mejorar armas, perseguir… Un juego curioso que supone cierta decepción, no por el juego en sí, sino porque no tenía nada que ver con el concepto original que, por suerte, sí pudimos disfrutar en 1987 en *port* directo.

Battlemaniacs

(Tec Toy, 1996) · PAL · Acción · Uno o dos jugadores.

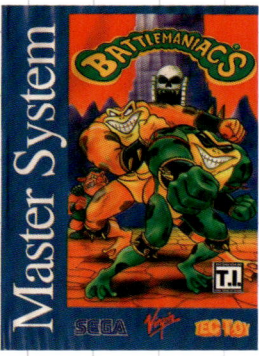

Una de las franquicias bombazo de la época, otra de las genialidades de Rare, que incluso tuvo famosos *spin-off* con otras sagas (*Double Dragon*), recientemente recuperada en un reciente juego para las plataformas Microsoft. Sinónimo de diversión, pero también de dificultad, únicamente los poseedores de la 16-bits de Nintendo podían disfrutar de esta esperada continuación del *Battletoads* original... excepto que se metiera por medio Tec Toy. Increíble, pero cierto. Considerado un juego muy lejos de la calidad gráfica de Super Nintendo, lógico, también tiene el problema de haber sido lanzado varios años después respecto a la versión 16-bits, por lo que no solo no resiste la comparación con la mayor de Nintendo, sino con lo que se estaba ya haciendo en la época, 1996. No obstante, se consideró un juego difícil, si bien agradable, humorístico y que cumplía al trasladar la experiencia *Battletoads*.

Sus críticas fueron de notable alto y hoy en día, cómo no, es considerado un juego de culto. Al ser anulado en su momento el lanzamiento para Europa, conseguirlo ahora supone un pastizal en el mercado del coleccionismo si quieres completar tu colección con un nombre mítico de los videojuegos en los noventa.

Blade Eagle 3-D

(Sega, 1988) · NTSC/PAL · Shooter · Un jugador.

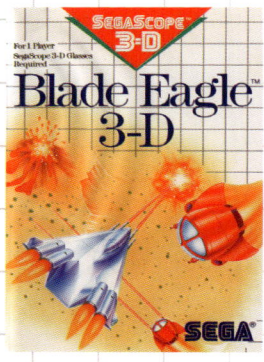

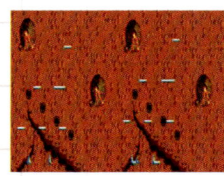

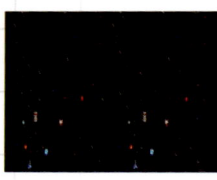

Y aquí tenemos el juego de rigor que, con el lanzamiento de todo periférico más o menos excéntrico (Kinect, VR), se necesita en un catálogo. En esta ocasión para el Sega Scope 3-D. El juego, con las gafas 3D, hacía el típico truco de dividir la imagen en dos, así como de usar el azul y el rojo combinados. ¿El resultado? Un juego de naves resultón con nueve niveles, no muy largo, pero monótono en su diseño gráfico (azul y rojo todo el rato), empero increíblemente suave. Lo mejor: el poder cambiar entre primer plano y fondo. Buen arranque para un periférico que no fue mucho más allá, si bien era corto y, como suele ocurrir con casi todos estos periféricos 3D, producía un poco de mareo.

Black Belt

■ **(Sega, 1986)** · **NTSC/PAL** · **Lucha** · **Un jugador.**

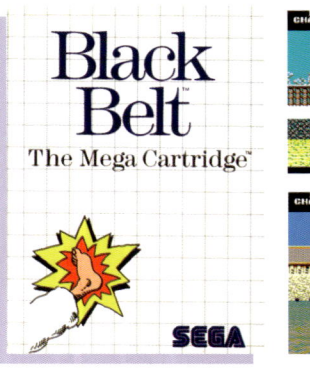

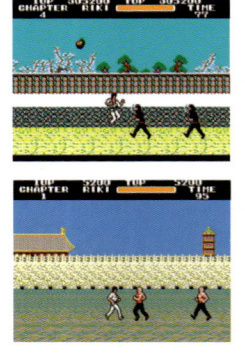

Black Belt («cinturón negro»), también conocido como *El puño de la Estrella del Norte*. Sí: el juego en Japón era sobre el famoso manga de Buronson y Hara, pero se acabó reciclando el motor para una franquicia, digamos, más general, sobre todo para aquellos que no conocían el original en Occidente (con el mismo nombre habían aparecido versiones en compatibles). Desde luego, la diferencia entre el portadón japonés basado en el excelente dibujo del manga y esta portada no admite comparativa...

Considerado un *beat 'em up*, porque para eso se golpea y se avanza, o un primitivo juego de lucha más bien, su mayor interés radica en lo original de su origen (un manga), el ser uno de los juegos primitivos del sistema, una de esas extrañezas de los inicios

(hablamos de 1986, ojo) y que uno de los programadores es Yuji Naka, el encargado de *Sonic the Hedgehog*.

Como punto negativo, se encuentra el que sea para un solo jugador, aunque el argumento de que un maestro de las artes marciales llamado Riki debe salvar a su novia Kyoko tampoco se queda atrás (por lo tópico, aunque es cierto que era lo que funcionaba). Avanzábamos por fases dando puñetazos y patadas para culminar con un jefe final, y aunque los gráficos o animaciones no eran muy allá, el juego atraía. Pudimos jugar a este juego porque, ¡oh, sorpresa!, una vez más un amigo nuestro lo pudo conseguir y lo tenía como una pequeña joya difícil de encontrar. Uno de los juegos, sin duda, más nostálgicos del catálogo.

Bomber Raid

(Sega, 1988) · NTSC/PAL · Shooting · Un jugador.

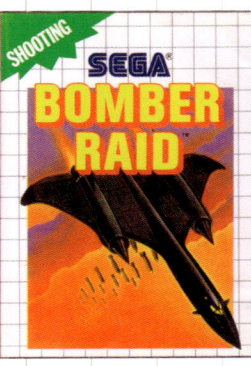

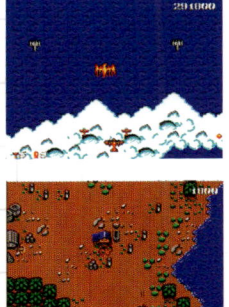

Este juego, de nuevo desarrollado por Sanritsu Denki, está basado en otro juego de salones de Sega de la época, *Sonic Boom* (1987), que nos pone en la piel de un piloto a los mandos de un Lockheed SR-71 Blackbird, avión que sirvió en la realidad a los EE. UU. desde 1964 a 1998-1999. Poseíamos diferentes misiles que, en cinco niveles, nos debían ser suficientes para vencer a nuestros enemigos. Bueno, eso y los típicos *power-ups* o mejoras de rigor que nos íbamos encontrando por la fase. No es un juego tan redondo como otros, pero a diferencia de otros de mayor complejidad en su manejo (cuando no demencial dificultad), este, al menos, se dejaba jugar y lo hacía de un modo muy entretenido. Lo malo, una vez más, es que era para un solo jugador. Una pena, porque hubiera sido un tapado, dada la calidad general que poseía.

Bonanza Bros./Bonanza Brothers

(Sega, 1992) · PAL · Acción · Un jugador.

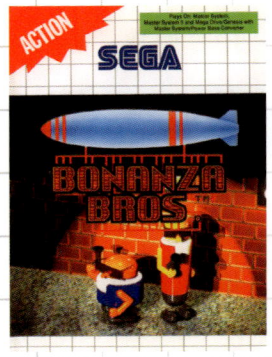

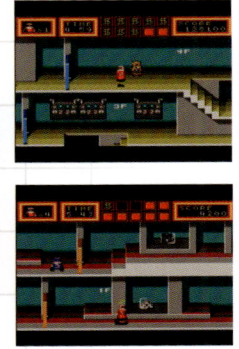

Bonanza Bros. (*Bonanza Brothers* en Brasil), es otro clásico de la época, otro de esos juegos que en su momento fueron bastante conocidos y que luego han quedado un tanto en el olvido, de esos que, una vez más, Sanritsu Denki supo hacer con gran calidad para Sega. Es un plataformas pseudo 3D que se lanzó en el verano de 1990 con gran éxito en los salones con placa System 24 y que luego, cómo no, dio el salto a lo doméstico. Nos ponía en la piel de dos robots hermanos que simulaban ser una especie de *The Blues Brothers* (el grupo cómico musical fundado en 1978). Evidentemente, la versión 8-bits no tenía ese poderío y se quedaba en un plataformas de acción 2D al uso, lo que no quiere decir que no pudiera ser divertido el jugar sus diez fases. Poseyó tres *spin-off* distribuidos por Sega: *Puzzle & Action: Tant-R* (1992), *Puzzle & Action: Ichidant-R* (1994) y *Puzzle & Action: Treasure Hunt* (1995), con los mismos protagonistas, pero ya para las 16 y 32-bits. ¿Lo malo de la adaptación que comentamos? Lo has adivinado: una vez más, para un solo jugador, a diferencia del original.

Bram Stoker´s Dracula

(Probe Software, 1993) · PAL · Action/Aventura · Un jugador.

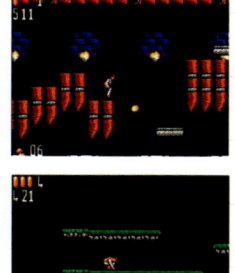

El genial director Francis Ford Coppola (*El padrino*, *El padrino II*, *Apocalypse Now*, *La conversación*...), uno de los renovadores del cine hollywoodiense de los setenta, se marcó en 1992 una adaptación polémica del clásico de Bram Stoker que, no obstante, convenció por su sentido artístico y estético, así como por sus dosis de terror y buen hacer. Como ya hemos dicho, Master System en Europa atraía para sí todos los estrenos del momento, pues era una consola exitosa en mercado PAL; no es de extrañar, pues, que acabara saliendo este juego basado en la película. No obstante, el juego no puede igualarse al clásico de vampiros del catálogo, *Master of Darkness*, aunque tampoco se pretendía algo así.

Típico juego de acción, aunque los *gameplay* varían ligeramente según la versión, manejamos a Jonathan Harker, interpretado en el cine por Keanu Reeves, sorteando mil y un escollos. Las versiones Sega 8-bits y portátil tuvieron mejores gráficos, colorido y efectos. Mal valorado entonces, hoy es simplemente la curiosidad de una época (anécdota: distribuido por Sony...).

Buggy Run

(Sega, 1993) · PAL · Acción · Uno o dos jugadores.

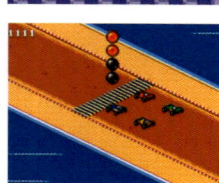

Sanritsu Denki, esta vez mediante su filial SIMS, realizó este juego lanzado por Sega en diciembre de 1993 (en plena campaña navideña, y casi ya por tanto en 1994). Como siempre, eficiencia. Es un juego de carreras con toques de acción, y cuyo mayor valor es la posibilidad de uno o dos jugadores, lo que hace cambiar ligeramente el *gameplay*: para un jugador, carreras en un osado pseudo 3D; cuando se jugaba a dobles, el mapeado pasaba ya al 2D, en visión ya más esperada. Divertido, aunque considerado un tanto mediocre, supone un lanzamiento tardío, pero original.

Bubble Bobble/Final Bubble Bobble

(TAITO, 1991) · NTSC/PAL · Arcade · Uno o dos jugadores.

Hoy, quizá, los que no sean videojugadores maduros o que sean jóvenes y no tengan interés en el pasado no conozcan este título. Pero en su momento, cuando Taito lanzó en salones su primera versión en 1986 de este clásico de Fukio Mitsuji, se convirtió en una licencia deseada por todos. La mecánica era sencilla, lo que no quiere decir que no funcionara: lanzar bolas por la boca para atrapar y acabar con los enemigos, así como utilizarlas para otros menesteres. Todas las fases, naturalmente, trufadas de objetos que nos dan velocidad, fuerza, puntos extra...

Dos personajes que eran dos simpáticos dragones, dos mandos de nuestra querida Master System II, puzles (doscientos, el doble que en las versiones *arcade*) y nada más... y nada menos. Existía una especie de truco, muy conocido en la época, que nos hacía movernos por las diferentes y múltiples fases, incrementándose la sorpresa y lo fantástico. Un mundo particular, con esas ilustraciones que, al estilo *Bomberman* (otro juego que se las trae), hacía soñar y querer dibujar a los dos graciosos protagonistas. Grandes recuerdos de una excelente adaptación y de una gran licencia que Sega ofreció a sus usuarios 8-bits.

California Games 2

C

(Sega, 1993) · PAL · Deportes · Un jugador.

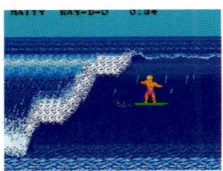

Ante un gran éxito pues, cómo no, su segunda entrega. Efectivamente, el éxito de su primera entrega, ya decimos que fue catalogada de culto, dio lugar a este. Las sensaciones no fueron las mismas (el primero era inesperado, es un juego del boca a boca, de descubrir por casualidad...), pero también gustó, y mucho, pues expandía la experiencia con más minijuegos y con ese colorido y entrañables *sprites* que solo los que vivimos aquella época sabemos apreciar. Lo que hoy se llama *píxel art* y que entonces era, simple y llanamente, lo máximo. Otro gran juego sobresaliente del catálogo.

California Games/Jogos de Verao

(Sega, 1989) · NTSC/PAL · Deportes · Un jugador.

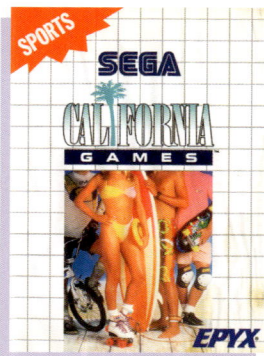

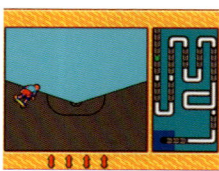

De nuevo, uno de esos juegos que amplían cualquier catálogo, dándole variedad y originalidad. En esta ocasión, un juego que se convirtió en un juego de culto, muy buscado, y que los que aquí escribimos recordamos también como divertido hasta rabiar, con una serie de minijuegos relacionados con deportes estrambóticos, supuestamente asociados a California (a la playa, al aire libre, al verano, lo mismo dar patadas a una bola que surfear, una fase cumbre de la programación de la época, llena de originalidad) que no podías dejar de experimentar y jugar. Mark Cerny, un hombre muy importante de Sega en la época y que ya hemos nombrado en este libro, fue uno de los programadores de esta versión. Está considerada la más perfecta versión para cualquier consola 8-bits, siendo uno de los mejores juegos deportivos de todos los tiempos y, por ende, uno de los mejores juegos del catálogo de Master System por gráficos, diversión y modos de juego. Imprescindible trabajo de Epyx para Sega, una obra maestra.

Casino Games

(Sega, 1989) · NTSC/PAL · Family · Un jugador.

Otro juego de esos que se descubrían en España a través del alquiler, de desenfreno, en cuanto pasar de un juego a otro, de una distracción a otra. Juegos aparentemente tontos, pero que funcionaban sobre todo por, como dice su sello de género, ser familiares. Y eso, sin más, proponía Compile con este cartucho para Sega. Que no era poco.

Captain Silver

■ **(Sega, 1988) · NTSC/PAL · Acción · Un jugador.**

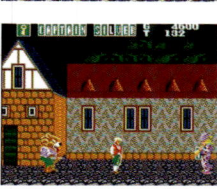

Con unas portadas respecto a territorios completamente opuestas (de dibujos simpáticos en PAL a juego de acción en USA, pasando por una mezcla de ambas en JAP o ilustración de fantasía típica la original), vino este juego de la maravillosa compañía Data East, pero adaptado a la Master System por Sega al siguiente año de su lanzamiento original.

Somos Jack Avery y buscamos el tesoro del capitán Silver, siendo que para ello debemos, espada en mano, abrirnos paso en seis localizaciones luchando hasta... ¡contra hombres lobo! En Estados Unidos eran menos localizaciones, pues el cartucho tenía un mega en vez de dos, para reducir costes con respecto al mercado europeo y japonés. La gracia del título original (un tío con una espada que la mueve como el rayo y con poderes por doquier), aquí disminuye, con multitud de recortes en jefes finales, diseños e incluso el final. El aspecto es muy simpático, pero los gráficos son cercanos al principio de la máquina más que al final, muy limitado en cuanto a movimientos y velocidad. No es una joya escondida, pero sí que es un juego de un *arcade* famoso que pudimos catar, incluso antes que en NES, los poseedores de la 8-bits de Sega. Data East es siempre igual a locura y diversión; de eso, no hay duda.

Castelo Rá-Tim-Bum

■ **(Tec Toy, 1997) · PAL · Plataformas · Un jugador.**

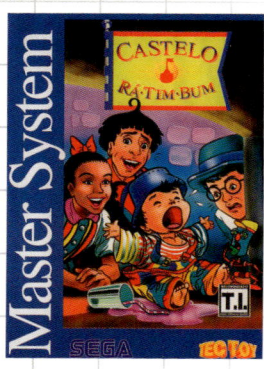

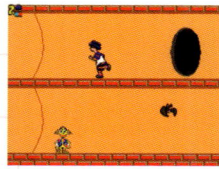

En Brasil fue una serie de éxito en la televisión pública (Aguiar, Carrapatoso, De Oliveira, Rangel, Rocha Soares, TV Cultura: 1994-1997), y también un filme del mismo nombre (Cao Hamburger, 2000). El protagonista, un niño hechicero que tiene amigos animales, animales construidos con muñecos, marionetas, etc., era perfecto para protagonizar un juego. Tec Toy, quién si no, adapta la serie en este juego de plataformas y puzles sencillo, pero efectivo para el público infantil-juvenil.

Castle of Illusion Starring Mickey Mouse

(Sega, 1990) · NTSC/PAL · Acción · Un jugador.

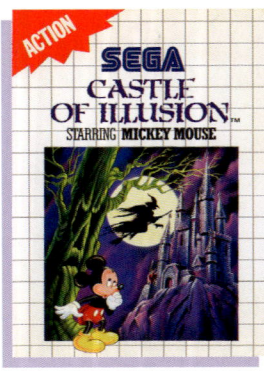

Otro de los mejores juegos del catálogo 8-bits de Sega es este exitoso juego de Disney protagonizado por Mickey Mouse repleto de plataformas complejas, colorido, grandes gráficos y una ambientación genial que se desarrolla en este castillo mágico arriba y abajo sin parar. ¿Y qué decir de sus melodías? La BSO (inolvidable la tonadilla Clock Tower) estuvo compuesta por Tokuhiko "Bo" Uwabo y Shigenori Kamiya. El primero, conocido compositor de *Phantasy Star* o *Sonic 3*, entre otros, y el segundo, un especialista en música y sonido en otros juegos Disney.

Mickey se embarca en su lucha contra una malvada bruja que ha secuestrado a Minnie (como se aprecia en la recordada y divertida secuencia introductoria). Recogiendo siete gemas podemos acceder al jefe final, por lo que se nos deja cierta libertad.

Lanzado a la par que su versión Mega Drive, causó gran sensación, pues parecía imposible que la 8-bits de Sega pudiera también crear un cuento mágico en forma de cartucho. Inolvidable título de un solo jugador, otro gran trabajo de Disney y su inteligente política de licencias de sus productos que se corona como uno de los mejores y más destacados del catálogo de la pequeña doméstica de Sega (y de cualquier plataforma), y que hace pocos años tuvo un *remake*. Una obra maestra.

Champions Hockey

(EA, U.S. Gold, 1992) · PAL · Deportes · Un jugador.

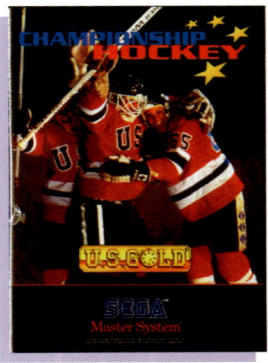

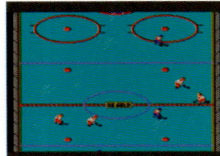

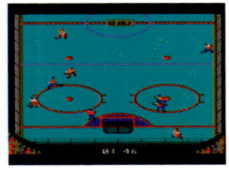

U. S. Gold siempre se llevó bien con el deporte y, si encima, es deporte americano, mejor todavía. En esta ocasión el hockey, mismo juego que luego fue también lanzado en 1994 para Game Gear. Admite un jugador o dos, y podemos escoger entre veintidós países para jugar un partido amistoso, temporada o unos *playoffs*, personalizando los tiempos de cada parte. Como curiosidad, hay que decir que entre las grandes naciones del hockey sobre hielo (EE. UU., Rusia, Canadá, etc.) está incluida España. Ver para creer.

Champions of Europe

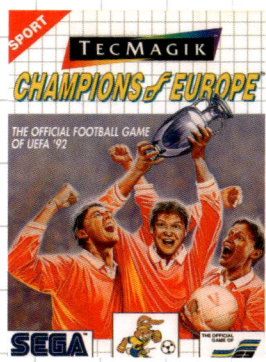

(TecMagik, 1992) · PAL · Sport · Uno o dos jugadores.

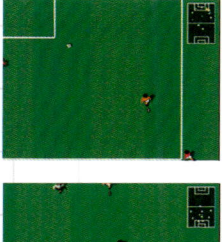

El idilio Sega-Europa, extendiendo la vida de la consola 8-bits de Sega de manera inesperada y exitosa, dio lugar a este tipo de juegos que solo nosotros, los enviciados al fútbol de Europa, podíamos valorar en toda su justa medida. El año en que Dinamarca, de manera insospechada, se hacía con la Eurocopa 92, se lanzaba coincidiendo con tal evento este juego por parte de TecMagik, la desarrolladora con sede en Birmingham que estableció una asociación con el Grupo de Desarrollo Internacional de U. S. Gold. Fue el único juego oficial. El juego divertía, pues podíamos elegir cualquier nación europea e ir pasando encuentros, como toda la vida (incluso seleccionar equipaciones o árbitros). Se podía jugar con un jugador o dos (esto último uno contra uno, ya sea en partidos amistosos o siendo el rival en el torneo del jugador principal). Un juego que no llegó a ser *Super Kick off* en cuanto a fama o prestaciones, pero que tuvo excelentes críticas y un resultado jugable a la altura. Otro gran juego de deportes y fútbol para Master System.

Cheese Cat-Astrophe Starring Speedy Gonzales

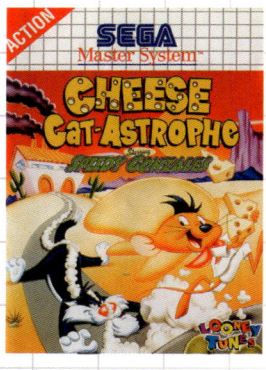

(Sega, 1995) · PAL · Acción · Un jugador.

La legendaria Cryo Interactive realizó este juego para Sega en el ya algo lejano 1995 junto con, cómo no, sus correspondientes versiones portátiles y 16-bits. Es un plataformas de toda la vida para un solo jugador en el que el gato Silvestre y Speedy Gonzales deberán vencer a un surrealista enemigo que ha secuestrado a la novia del simpático ratón. Un entretenimiento sin más, no muy bien valorado, aunque considerado, a pesar de todo, divertido. Un cartucho extraño, sin duda, que se une al resto de personajes famosos de la época que la 8-bits de Sega pudo disfrutar en su catálogo.

Chapolim x Dracula: Um Duelo Assustador

■ **(Tec Toy, 1993) · PAL · Acción · Uno o dos jugadores.**

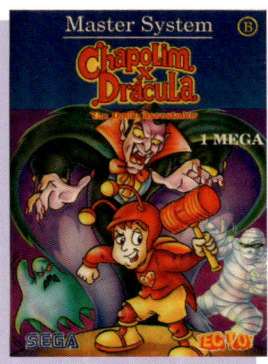

Roberto Gómez Bolaños, alias Chespirito, tiene un gran problema y a la vez un gran mérito: es mexicano, y todo el mundo siempre nombra al gran Cantinflas; pero, por otro lado, y a pesar de ese coloso, ha logrado que todo el mundo lo reconozca. Y cuando decimos todo el mundo queremos decir de verdad todo el mundo: ¿quién no conoce *El Chavo del Ocho* o *El chapulín colorado*? Pues precisamente este juego de, cómo no, Tec Toy, trata sobre este personaje inolvidable. Lo que tiene mérito es que esta vez el *rebranding* o modificación lo llevan a cabo del juego *Ghost House*, publicado por Sega en 1986, y por tanto más desfasado técnicamente, pero que, no obstante, saben añadirle cierto colorido, dinámicas peculiares (más objetos, principalmente), buena música y un encanto especial, aunque un tanto repetitivo. Una anécdota: nunca fue lanzado en México, el lugar original donde Bolaños y sus series fraguaron su éxito.

Choplifter

■ **(Sega, 1986) · NTSC/PAL · Shooting · Uno o dos jugadores.**

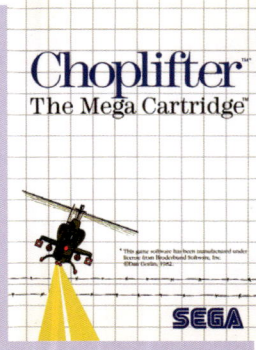

Este juego no solo se lanzó como versión *remake* del *Choplifter* de Broderbund (1982), obra de Dan Gorlin, uno de los pioneros programadores, sino que Sega lo lanzó tanto para NES como para Master System en este 1986. Es un caso único, pues primero salió en el mercado doméstico y luego a recreativos, cuando lo normal era al revés. Es una franquicia famosa en su momento, buscada, que tuvo muchas adaptaciones (famosa fue la de Atari en 1988), también por parte de Sega, como su *Air Rescue* (1992), ya comentado, tanto para la placa System 32 como para mercado doméstico.

Chuck Rock

(Virgin Games, 1992) · PAL · Arcade · Un jugador.

Como ya hemos apuntado en otros juegos de esta lista, hoy quizá muchos, por no decir la mayoría, no sabrán quién es Chuck Rock. Pero en su momento, junto con personajes como Cool Spot, fueron icónicos en los videojuegos. Desde su exitoso lanzamiento en 1991 para compatibles, no tardó en dar el salto a Mega Drive, Game Gear, Mega CD y nuestra querida Master System en 1992, uno de los años de auge de la 8-bits de Sega. El juego, desarrollado por Core Design y uno de esos estudios del principio que todo lo que tocaban lo hacían oro, Virgin Games, convenció a la crítica y al público.

Nos ponemos en la piel de un cavernícola peculiar que deberá sortear, en las típicas plataformas de la época, toda clase de obstáculos en sus cinco niveles. Pero, ojito, que tenía también sus estrategias defensivas e incluso pequeños puzles. Toda una joya amable en su diseño y planteamiento, gráficamente convincente y muy divertido.

Chuck Rock II: Son of Chuck

(Core Design, 1993) · PAL · Plataformas · Un jugador.

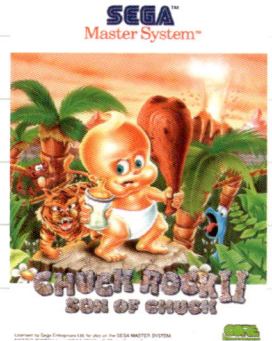

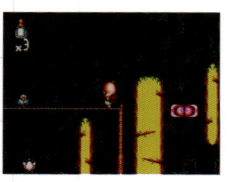

Cuando algo tiene éxito, entonces y ahora, pues no ha lugar: segunda entrega que te crio. Y es el caso de la segunda entrega de las aventuras cavernícolas de Chuck, de nuevo con Core Design y Virgin Games detrás de su desarrollo. Pero en esta ocasión nos envuelve una originalidad al más puro estilo *Super Mario World 2: Yoshi´s Island* (Nintendo, 1995): con el hijo de Chuck con más protagonismo que su propio padre Chuck. Junior, que varía sus ataques, pero tendrá un *gameplay* muy parecido, es un bebé cabezón muy divertido, tan característico de la época. Se alabó mucho su música, con toques de *jazz*. Una vez más fue para un solo jugador, algo que quizá podía haberse cambiado al tratar aquí de padre e hijo.

Cloud Master

(Sega, 1989) · NTSC/PAL · Acción · Uno o dos jugadores.

Publicado por Sega, pero desarrollado por Opera House, es la típica adaptación de recreativa (el original es de Taito), para Master. ¿Os suena ese niño sobre una nube con aspecto simiesco, aunque en su portada no se aprecia muy bien? Pues sí: está basado en la leyenda del Rey Mono, la misma leyenda que inspiró a Akira Toriyama para su famoso manga *Dragon Ball*. El juego en sí, empero, no es de acción, sino un matamarcianos clásico que consiste en nuestro protagonista enfrentándose, sobre las nubes y sobrevolando colinas, a toda clase de seres. Como todo juego de este género, no es fácil, aunque sí corto (cinco fases que no llegan ni a los veinticinco minutos de juego). Pero es rápido, ágil y resultón gráficamente, que es lo que se pide a esta clase de juegos. Y, además, con posibilidad de dos jugadores alternos. ¿Qué más se puede pedir?

Columns

(Sega, 1990) · NTSC/PAL · Family · Uno o dos jugadores.

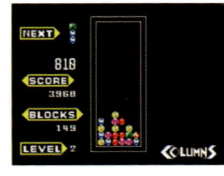

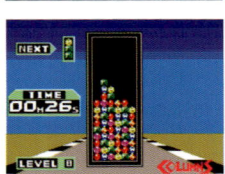

Tras el éxito de *Tetris*, en 1989 se creó este juego que fue vendido a Sega por el propio creador original, Jay Geertsen, al año siguiente, y eso que consiguió pasear la franquicia por lo más granado del momento. Sega lo hizo *arcade* y, cómo no, en versión para plataformas domésticas, dándole el aspecto actual de piezas de bisutería en vez de piezas a secas. Tuvo un muy buen éxito, y así la compañía japonesa pudo competir contra el *Tetris* de Nintendo con una franquicia basada en una mecánica jugable muy deseada. El titulo tuvo recorrido en sucesivas continuaciones.

Cool Spot

■ **(Virgin Interactive, 1994) · PAL · Arcade · Un jugador.**

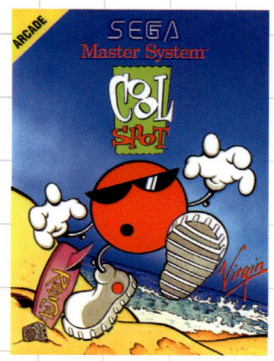

Que este juego protagonizado por una chapa —algo surrealista, desde luego, aunque una chapa molona—, llegó a causar sensación es algo que solo los que vivimos aquella época sabemos. Las contraportadas de las revistas, también de las promocionales de grandes cadenas (Canadian), etc., lo publicitaban sin parar, especialmente su versión 16-bits, verdaderos dibujos animados para la época por su plasticidad, un pseudo 3D donde lucía esta mascota de 7 Up muy bien. Sobre todo, se asociaba a la época veraniega y calurosa, pues como se puede apreciar, está muy ligado a esta estación. Tras su éxito en Mega Drive y Super Nintendo, fue normal su adaptación a las 8-bits. Los gráficos de la Master se perfilaron para distinguir mejor los fondos, y fue un *port* tachado de genial.

La historia nos sitúa en la *piel* de esta chapa que lanza burbujas de refresco mientras se mueve con solvencia por fases de plataformas. Gráficos y estilo simpático y colorido para un juego que, como decimos, fue en su momento todo un pelotazo. Lo curioso de este juego, además, es que tuvo una continuación para Mega Drive en el 95 y luego para Sega Saturn y PSX en el 96. Casi nada. Otro de los grandes juegos del catálogo.

Crash Dummies

■ **(Flying Edge, 1993) · PAL · Acción · Uno o dos jugadores.**

Esta serie de juegos, basados en los muñecos de prueba de accidentes de coches y una famosa línea de juguetes de la época, llegaron a tener relativo éxito, y la versión PAL 8-bits se lanzó antes incluso que la versión Mega Drive. Se trataba de que nuestros personajes pasaran mil y una calamidades para conseguir dinero (chocar con automóviles, bolas de fuego...). Con la misma mecánica jugable de Game Gear, pero superiores *sprites*, sonido y color, el juego fue muy bien considerado, con grandes notas que destacaban sus excelentes gráficos y jugabilidad. Aunque se hizo mención de que era un poco de repetitivo, también se destacaba como muy divertido y como gran juego para tener en cuenta del catálogo de Master System.

Cosmic Spacehead

(Codemasters, 1993) · PAL · Plataformas · Un jugador.

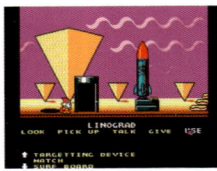

Cosmic Spacehead es el *remake* de *Linus Spacehead´s Cosmic Crusade* (Codemasters, 1992) para NES, juego que fue a su vez secuela de otro, *Linus Spacehead*, incluido en el recopilatorio *Quattro Adventure* de NES, en el que formó un conjunto con *Boomerang Kid*, *Super Robin Hood* y *Treasure Island Dizzy*. Es un juego de plataformas donde debemos realizar una serie de tareas que nos permitan avanzar, incluyendo minijuegos y carreras espaciales. Era un poco fácil, y los controles eran extraños al principio, pero luego se disfrutaba mucho. Considerado por la prensa un juego gráficamente excelente, colorido y desenfadado, incluyendo buenas melodías. En su momento fue tachado de notable y sobresaliente juego. Está valorado, pese a su escasa fama como cartucho en su lanzamiento, como un gran juego, tanto jugable como técnicamente. Otro tapado más del catálogo de la 8-bits de Sega.

Cyborg Hunter/Chouon Senshi Borgman

(Sega, 1988) · NTSC/PAL · Acción · Un jugador.

A nosotros, estos juegos con portadas que recuerdan a esas cajas antiguas de juego de mesa de rastrillo o de bolsilibros nos encantan. ¿Os lo hemos dicho ya? Pero a lo que vamos: el juego nos ponía a los mandos de Paladin, un cazarrecompensas que caza... cíborgs. De ahí el título. En realidad, así es como se llamó en Occidente, con una portada de carácter occidental, puesto que el juego original está basado en el anime de los ochenta *Sonic Soldier Borgman* (Horikoshi, Ono, Yoritsune, Kato, Nippon TV: 1988).

El cartucho se basa en grandes áreas (A-G) con cinco niveles unidos por ascensores cada una, todo lleno de cíborgs y patrones que hay que aprenderse (especialmente, los jefes finales). Lo curioso era esa especie de monitor que siempre estaba presente, como en 3D, así como el que Sega obligaba a tener un segundo mando que había que pulsar para acceder al intercambio. Nunca la falta de botones del mando de Master se vio aquí más claro. Un juego adictivo, pese a ser poco variado.

Daffy Duck in Hollywood

(Probe Entertainment, 1994) · PAL · Acción · Un jugador.

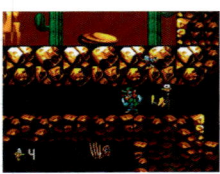

Otro juego tardío de la factoría Warner, en esta ocasión desarrollado por los chicos de Probe Entertainment y cuyo protagonista es el pato Duffy o, como le decimos por aquí, el pato Lucas. A estas alturas no hace falta decirlo: buen sonido, buenos gráficos estilo dibujos animados y excelentes animaciones. Amén de todo esto, trampas de pinchos muy puntiagudos, saltos imposibles y un largo etcétera de lugares comunes de las plataformas. Una vez más, la versión Master tenía diferencias con su hermana mayor de 16-bits, pero esencialmente era lo mismo: el pato Lucas contra unos seres malvados que han robado una especie de Óscar de la animación del famoso Yosemite Sam, y lo hace a través de escenarios ambientados en Hollywood (wéstern, horror, aventura...), de ahí el título. Armado con una pistola de burbujas, viviremos surrealismos *made in Warner* (con una varita mágica invoca a una especie de hada-pata). Un juego bien recibido por los usuarios 8-bits (hoy caro de conseguir), de bastante larga duración y con la dificultad de antaño (solo tres vidas).

Dead Angle

(Sega, 1989) · NTSC/PAL · Arcade · Un jugador.

D

El cartucho, basado en el *arcade* del mismo nombre de Seibu Kaihatsu, nos pone en la piel de un detective que debe recuperar a su chica, que ha sido secuestrada por un matón de la mafia. El juego era del 88 y el *port* fue casi al instante. En la versión 8-bits se salta algunas fases, muchas armas faltan y el escenario no es destruible, así como otros cambios lógicos por la diferencia de potencia. A pesar de esto y de un arranque irregular en la prensa especializada, es considerado unos de los grandes *shooters* de la consola, a pesar de sus fallos y modestia.

Danan: The Jungle Fighter

(Whiteboard, 1990) · PAL · Acción · Un jugador.

Otro de esos juegos que se veían en el catálogo de Sega Master System que solían incluirse en todos sus juegos y te decías: «¿Qué es esto? ¿Qué maravilla misteriosa será lo que acompañe, en forma de juego, a esta portada?». Sin duda, era uno de los morbos de la época, que no es como hoy con Internet, y el descubrir e investigar eran un gran aliciente. En concreto este juego era el típico también que se conseguía por alquiler o por algún amigo que, sorprendentemente, lo había conseguido.

El juego, plataformas de acción, tiene, no obstante, ciertos diálogos con personajes, invocaciones, niveles de subida, exploración, etc.; toques roleros, vamos (nada más hay que fijarse en el nombre de la empresa desarrolladora), en donde nuestro protagonista debía saltar, escalar, vencer a múltiples enemigos en este mundo de fantasía heroica al más puro estilo Conan, destacando sus invocaciones de animales (armadillo, águila y gorila). Un juego gracioso, curioso, de esos que te hacían soñar gracias a la edad que entonces teníamos.

Deep Duck Trouble Starring Donald Duck

(Sega, 1994) · PAL · Acción · Un jugador.

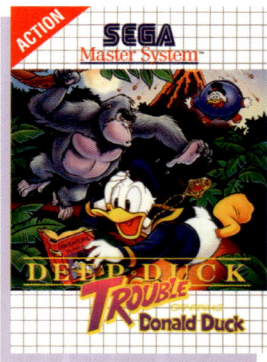

Juego fácil, que se pasaba en poco más de una hora o menos. Nosotros, que por aquel entonces no éramos muy duchos en esto de las plataformas, así lo hicimos al alquilarlo un fin de semana.

Mostraba unos gráficos bastante coloridos, con un tono pastel ligeramente diferente a la que sería la otra gran aventura del pato Donald en Master System, y que veremos más adelante. No obstante, los juegos de Disney de la época eran sinónimo de algo bien hecho y de calidad, aunque Aspect no pudo llegar al nivel del juego de 1991.

Desert Speedtrap Starring Road Runner & Wile E. Coyote

(Probe Entertainment, 1993) · PAL · Acción · Un jugador.

Exclusivo para Game Gear y Master System, este juego de acción nos pone en la piel del Correcaminos para escapar del implacable Coyote. Fue un juego definido como difícil, pero, a pesar de todo, fue muy bien valorado, tanto en el apartado técnico como jugable. Es otro ejemplo de franquicia famosa y exclusiva para la 8-bits, un juego excelente de aparición tardía. La conjunción cartoon/personaje famoso de animación siempre funcionó bien en la pequeña de sobremesa de Sega.

Dick Tracy

(Sega, 1991) · NTSC/PAL · Acción · Un jugador.

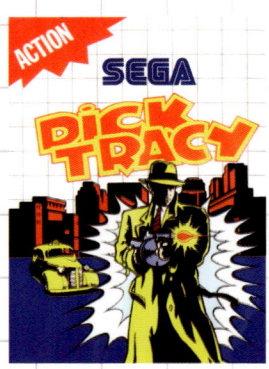

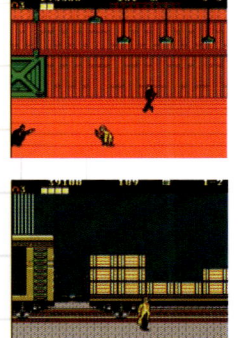

Otro juego en el que Mark Cerny es programador y diseñador para Sega (supuestamente, para la versión 16-bits, puesto que cada juego fue lanzado en diferentes plataformas por diferentes estudios), desarrollado en este caso para Sega por BlueSky Software, encargados también de *Joe Montana Football* (1990) de la 8-bits y un sinfín de juegos deportivos para Mega Drive. Era el típico juego de *scroll* horizontal, donde Tracy debe abrirse paso por el escenario y contra jefes finales, incluyendo también fases semiocultas que solo se abrían tras recoger determinados objetos. Otra licencia cinematográfica de éxito de la época lanzada para esta consola de Sega, resaltando así de nuevo su importancia comercial.

Desert Strike

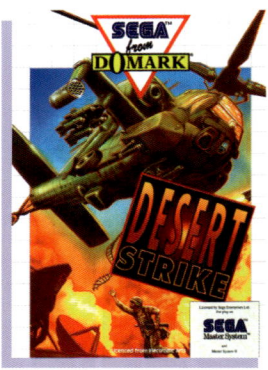

(Domark, 1993) · PAL · Shooter · Un jugador.

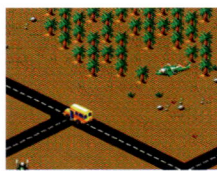

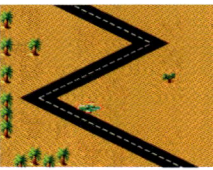

En su momento no había nadie que no conociera *Desert Strike*, donde nos poníamos a los mandos de un helicóptero Apache para rescatar y vencer al enemigo, inspirado en la famosa guerra del Golfo. Domark hizo un grandísimo trabajo adaptando su clásico a la doméstica 8-bits de Sega. Consiguieron los chicos de The Kremlin, que siempre trabajaron muy bien para Domark con la Master System (*Prince of Persia*), meter los mapeados y la experiencia jugable, incluyendo la combinación de los dos botones del mando de Master System para posibilitar mayor variedad jugable. Gran *port* de un gran clásico del momento, un juegazo.

Disney´s Ariel the Little Mermaid

(Tec Toy, 1996) · PAL · Acción · Un jugador.

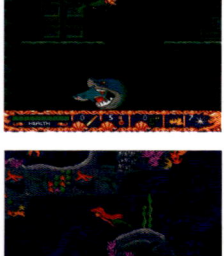

Otro juego adaptado de la Game Gear cuyo resultado es un juego menor. Lejos del portadón de Mega Drive, en portada aparecen los dos protagonistas del juego. Ambos se manejan igual en fases submarinas tipo *Ecco the Dolphin*, buscando objetos para que se abra la salida de nivel. Técnicamente discreto en gráficos y sonido, la jugabilidad tampoco es gran cosa. Decepción frente a otros juegos de la compañía del ratón, que casi siempre hace juegazos, pero que aquí falla estrepitosamente. Licencia para aprovechar el tirón de la película, al menos se agradece el esfuerzo de Tec Toy para llevar cosas osadas para su mercado, incluso cuando ya estamos en unas fechas como 1996. Prepárate para pagar bien en el mercado del coleccionismo si quieres hacerte con él, cosa por otra parte que suele ser la regla general si quieres hacerte con las versiones Tec Toy de los juegos.

Disney´s Aladdin

(Sega, 1994) · PAL · Acción · Un jugador.

La Segunda Edad de Oro de Disney en cine, con títulos casi consecutivos como *La sirenita*, *La Bella y la Bestia*, *Aladdín* o *El rey león*, tuvo, por supuesto, su adaptación en el mercado del videojuego doméstico. Hoy como ayer, los pelotazos del cine tienen su traducción en forma de videojuego multiplataforma. Así, este *Disney´s Aladdin* se lanzó en Mega Drive, Super Nintendo, PC, las portátiles… Lo curioso es que todas fueran versiones excelentes, y las peleas sobre cuál era mejor, sobre todo en las 16-bits, fueron de órdago. Nosotros jugamos años después a la versión PC, extraordinaria, pero este juego que aquí comentamos nos supuso una obsesión total por intentar conseguirlo (nos lo pasamos múltiples veces tras alquilarlo). En realidad, también fuimos al cine a verla, tuvimos un álbum de cromos totalmente relleno… Pero eso no os interesa.

Lo que cuenta la película es de sobras conocido, no es necesario repetirlo. Los gráficos, muy coloridos y agradables, así como una música afortunada para la pequeña Master System, consiguieron encandilar. El cuidado mercado europeo por parte de Sega (por lo menos, en apariencia), Sega y el esfuerzo de Disney, claro, hicieron que este juego lo pudiéramos disfrutar. La licencia era de Virgin Games, que tantos y tan buenos juegos hizo para la Disney en la época, aunque para Master System, y Game Gear, la licenció Sims, estudio interno de Sega. Excelente juego.

Disney´s Bonkers Wax Up!

(Tec Toy, 1998) · PAL · Plataformas · Un jugador.

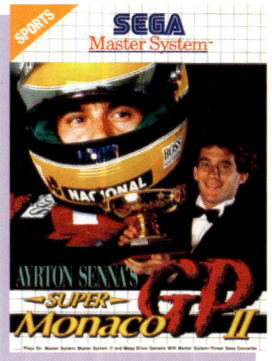

Basado en una serie de animación en su momento famosa, el juego es el típico plataformas en el que el protagonista tiene que buscar la salida, en este caso de una mansión, si encuentra ciertos objetos. La jugabilidad no está nada mal, pero hay muchos objetos curativos, tenemos una barra muy grande y es difícil morir. Sin embargo, puede llegar a durar bastante. Y audiovisualmente igual, también está bastante conseguido. ¿Su problema? Las ralentizaciones y ciertos fallos tanto en este apartado audiovisual como en el jugable, todo fruto, una vez más, de ser una adaptación de Game Gear.

Disney´s The Jungle Book/Le Livre de la Jungle/ Das Dschunglebuch/El libro de la selva

(Virgin Interactive, 1994) · PAL · Arcade · Un jugador.

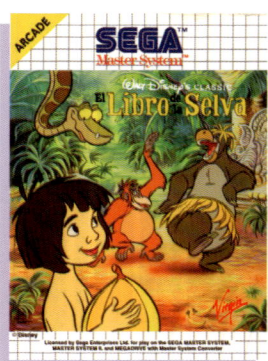

El libro de la selva, basado en la película del mismo nombre, tuvo una adaptación inesperada en formato videojuego, tanto para Mega Drive como para Master System y Game Gear. Las consolas Nintendo e incluso el PC tuvieron su propia conversión, como ya ocurriera con *Aladdín*. Una vez más, el buen hacer de Virgin con Disney se imponía, e incluso se vendieron *packs* con la consola y este juego (fácilmente reconocible, pues tanto para 16-bits como para la 8-bits tuvo grandes portadas). Es el típico plataformas para un jugador de la época, donde debemos ir avanzando, esquivando enemigos, en sus estupendos once niveles. Es un cartucho que fue un buen juego, muy exitoso en todas sus versiones, aunque carece, lógicamente, del impacto del de Mega Drive, considerado por muchos uno de sus grandes juegos de todos los tiempos, a pesar de sus problemas (David Perry, creador de *Earthworm Jim* y *MDK* comenzó como responsable, pero no pudo terminarlo a tiempo, siendo sustituido).

Disney´s The Lion King/Le Roi Lion/Der König der Löwen/El rey león/Il re leone

(Virgin Interactive, 1994) · PAL · Acción · Un jugador.

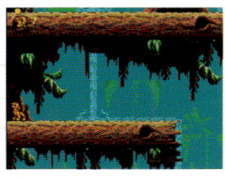

Con la colaboración del mítico estudio Westwood Studios, Virgin Interactive lanzaba otro juego de famosa licencia cinematográfica de Disney que acaba de arrasar en cines: *El rey león*. La película, inspiradísima en *Kimba, el león blanco* del maestro japonés Osamu Tezuka, estaba ese año de estreno, no pudiendo faltar versión en Master System (NES la tendría un año más tarde). No sorprendió lo mismo que *Disney´s Aladdin*, pero era un plataformas interesante que se desarrollaba en diez niveles, muy colorido y muy a tener en cuenta en su momento. Un estupendo juego, muy serio.

Double Hawk

(Sega, 1990) · PAL · Shooting · Uno o dos jugadores.

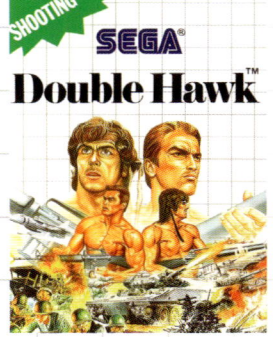

Del dragón doble pasamos ahora a las águilas dobles. El pelotazo de las recreativas *Cabal* (Taito, 1988), no tuvo *port*, pero salió este clon que tenía buenos gráficos, geniales combates finales y modo doble de la mano de Opera House, creadores de *Cloud Master*. Como sustituto de toda una leyenda como *Cabal* y para quitarnos las ganas de una adaptación de la recreativa original, no se podía pedir más. De los pocos que entendieron que este tipo de juegos era mejor a dobles, y cuyos desarrolladores lo dieron todo para que la potencia técnica no fuera una excusa a lo largo de sus cinco actos. Un tapado de la consola, un juego excelente muy recomendable y cuya carátula es toda una declaración de intenciones ochentero-noventeras.

Double Dragon

Sega, 1988) · NTSC/PAL · Arcade · Uno o dos jugadores.

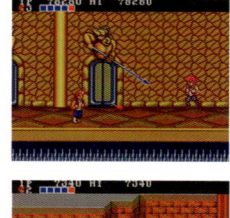

Sorprendentemente, Master tuvo también títulos de *beat 'em up*, puestos de moda en los salones recreativos (y por las imponentes SNK y Konami). Y no cualesquiera, sino títulos grandísimos, famosísimos y, en este caso, una obra maestra, una adaptación magistral. Este juego lo tuvimos en propiedad los que esto escribimos y, literalmente, nos levantamos las uñas jugando todo el fin de semana. Un sábado por la mañana, en un famoso centro comercial de nuestra ciudad (y que todos conoceréis, porque entonces casi que solo había ese), lo compramos con gran interés, pues era el primer comprado tras los juegos que venían regalados con la consola (recordemos: *Alex Kidd in Miracle World*, en la memoria, y *Sonic the Hedgehog* en cartucho, sin carátula). Podéis, pues, entender la expectación (y también cariño) que le pusimos y que le tenemos. Una anécdota: mientras esperábamos el autobús de vuelta con nuestros padres, otro niño se acababa de comprar… ¡*Street Fighter II* para Super Nintendo! Tuvimos un poco de envidia, pero, como decimos, se nos quitó en todo ese fin de semana de vicio.

Fuera de anécdotas, *Double Dragon* es la historia de un secuestro, en concreto de la novia de uno de los protagonistas, y deberá ir a rescatarla. Este argumento simplón y típico, lleva a la posibilidad de uno o dos jugadores (como es típico también en la época, el segundo jugador de rojo frente al azul del principal), pero lo que es más importante: dos jugadores a la vez en pantalla. El juego, sí, era en 8-bits y, sin embargo, era *a dobles*. Había bastantes

enemigos en pantalla, variedad en los escenarios (la ciudad, el bello bosque con su río y puentes), aunque no muchos enemigos y solo cuatro fases, aunque largas. Las tres primeras tenían continuaciones infinitas y únicamente la última se podía perder la partida, aunque había un famoso truco de la época que permitía también las continuaciones infinitas mediante ingeniosa combinación de botones.

Los movimientos estaban muy bien a pesar de la rusticidad del mando de la Master para estos menesteres. Así, se podían usar el primer botón, el segundo y ambos combinados para crear una patada en el aire espectacular con giro, amén

del botón de dirección que los llevaba a uno u otro lado.

Fantástica adaptación de la saga clásica, que estaba triunfando en salones, colorida y gráfica/jugablemente satisfactoria (incluyendo el modo dos jugadores), aunque algo fácil por eso de las continuaciones (pero muy divertido, pues los jugadores podían pegarse entre sí, incluyendo un duelo final por la chica, que es así como escogía ella novio, en un aquelarre final que hoy sería visto como escandaloso, machista…).

Superior a las adaptaciones de *Street of Rage* que poseería Master System, en nuestra opinión. Un grato recuerdo y uno de los mejores del catálogo de la pequeña gran 8-bits de Sega, pues al fin y al cabo Arc System Works, el estudio que realizó esta versión para la compañía japonesa, son especialistas en la acción y los encargados de las adaptaciones de toda la vida (*Double Dragon Trilogy*, *Ghouls´n Ghosts* y *Michael Jackson´s Moonwalker* para Master System, los recientes *Double Dragon 4*, *Dragon Ball Fighter Z*, *BlazBlue*, *Guilty Gear*, etc.). Magistral.

Dr. Robotnik´s Mean Bean Machine

 (Sega, 1993) · PAL · Puzzle · Uno o dos jugadores.

Y aquí tenemos un juego protagonizado por alguien que por entonces ya era reconocible por la comunidad de Sega como uno más de los suyos: el Dr. Robotnik (cuyo

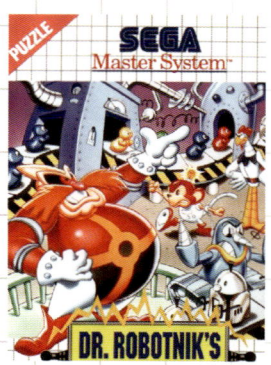

nombre también es Dr. Eggman). El juego, *Dr. Robotnik´s Mean Bean Machine*, es un juego de esos de los de *uy, casi* porque casi lo compramos, estuvimos muy interesados. Utiliza el diseño de su famosa serie de animación, que arrasó en la época, *Las aventuras de Sonic, el erizo* (Bohbot, Butterworth, Heyward, London y Meredith, Varios: 1992-1993), y que luego tuvo más temporadas con otros creadores e historias. Es una especie de *sonicficación* del famoso juego de Sega *Puyo Puyo*, por lo que funciona y muy bien. Y encima, posibilidad de uno contra otro. De lo mejor del catálogo.

Dragon Crystal

(Sega, 1991) · PAL · Aventura RPG · Un jugador.

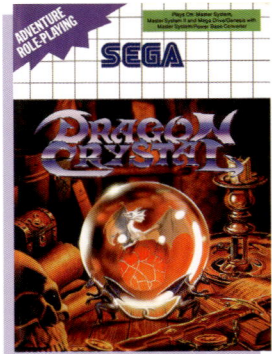

Este juego es el único juego de estilo *roguelike* de la 8-bits de Sega, un juego sobre un héroe que, tras entrar de camino a casa en una tienda de antigüedades, despierta en un mundo mágico... con un huevo de dragón al lado que le sigue a todos lados (sí, como leéis). Obviamente, el huevo terminará por eclosionar y aparecerá un dragón a tu lado... que no te ayuda en los combates (un combate estilo *Zelda*, para que nos entendamos, con armas, objetos y todo lo demás). Eso unido a que es, como decimos, un *roguelike* (con treinta mazmorras laberínticas que se generan aleatoriamente con cada nueva partida), lo convierten en un juego algo tedioso y no muy accesible. Lo más original: el tener que conseguir alimentos de vez en cuando para no ir perdiendo vida.

Dragon: The Bruce Lee Story

(Virgin Interactive, 1994) · PAL · Arcade · Un jugador.

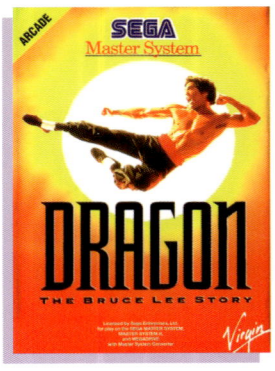

Otra película de estreno y otro juego basado en la misma para el mercado occidental de 8-bits por parte de Sega, en esta ocasión sobre la historia del famoso maestro de artes marciales y actor de cine de acción Bruce Lee. Lo curioso es que, mientras la versión Mega Drive es una versión de lucha, la versión Master System es un plataformas de acción. No obstante, y a pesar de este sonado cambio, estamos ante un juego muy convincente en lo técnico y, lo más importante, en lo jugable, quedando un cartucho complementario al de 16-bits considerado como muy, muy bueno.

Dynamite Duke

(Sega, 1989) · PAL · Acción · Un jugador.

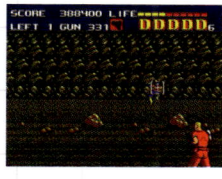

Sunritsu desarrolla un juego que, ya desde la portada, es toda una declaración de intenciones del surrealismo videojueguil ochentero-noventero y que es, además, otra adaptación de un *arcade* para la 8-bits de Sega, fuente inagotable de *ports* desde los salones recreativos. El juego es un juego del género *shooter on rails*, aunque con limitaciones (la mira va de izquierda a derecha únicamente). Si bien se puede manejar con el Sega Control Pad o el Control Stick, en esta época no existían los dos *sticks* simultáneos, por lo que había que pulsar un botón para manejar la mirilla y soltarlo si lo que querías era manejar el personaje. Un soldado con un brazo biónico y hordas de científicos locos en un juego corto (cinco misiones), discreto audiovisualmente, pero con un 3D simulado más que convincente.

Dynamite Dux

(Sega, 1990) · PAL · Acción · Un jugador.

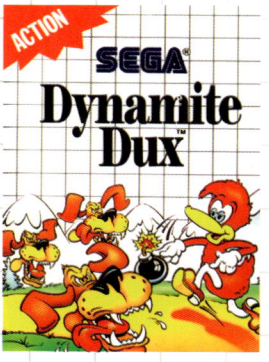

Whiteboard, para Sega, traslada a la 8-bits el éxito *arcade* de este pato estrambótico que tiene que luchar contra otros enemigos (es un *beat 'em up*), todo con un aspecto de *cartoon* muy interesante, al menos la placa original, pues lógicamente en Master System los *sprites* no son tan grandes y se realizaron unos cambios, como menos enemigos en pantalla o armamento, así como cambios argumentales o de nombres. El juego es igual de desenfadado y divertido en sus cinco fases, pero como muchos otros juegos en Master System, llegaba la decepción: a diferencia del *arcade*, no es para dos jugadores. Si perdonas esto, gusta.

Dynamite Headd

(Tec Toy, 1994) · PAL · Plataformas · Un jugador.

Tercer juego *Dynamite* para Master System. De nuevo Tec Toy tiene a bien producir otro juego exclusivo para su mercado (original de Treasure para Sega) que, en principio, era exclusivo para Mega Drive, luego también para Game Gear. Y otra vez, claro está, el género de moda, las plataformas, en este caso para un jugador. Los de la época recordamos a este simpático polichinela cabezón, con gráficos coloridos y planteamiento sencillo, pero original (hasta dieciocho cabezas cada una con sus características, algunas negativas y otras positivas, como nuevos ataques o poder entrar en ciertos lugares). Como ya va a ser lo normal por estas fechas, aquí no era de Master a Game Gear, sino de Game Gear a Master. No obstante, la excelente adaptación de la portátil de Sega beneficia a nuestra querida 8-bits, si bien es cierto que queda algo corta técnicamente para lo que es Master System.

E

E-Swat

(Sega, 1990) · NTSC/PAL · Acción · Un jugador.

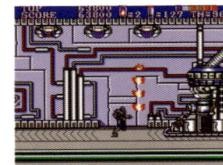

Conocido a veces con un prefijo o sufijo escrito *Cyber Police* (e incluso, a veces, como *Eswat*, todo seguido), fue uno de los típicos *arcades* de Sega llevado a sus consolas. Es un juego de *scroll* lateral, un *run and gun* que recuerda, y mucho, a un *Shinobi*, pero con disparos, así como a *Altered Beast*, por aquello de que empezamos disparando y dando patadas para, una vez llegados a convertirnos en capitán, recibir nuestro molón traje cibernético que hace magias. Satisfactorio, éxito sin muchos aspavientos, es tremendamente corto, cinco fases, pero aceptable audiovisualmente, especialmente su música. ¿Lo malo? Una vez más, que el modo cooperativo del *arcade* aquí no existe.

Earthworm Jim

(Tec Toy, 1996) · PAL · Plataformas · Un jugador.

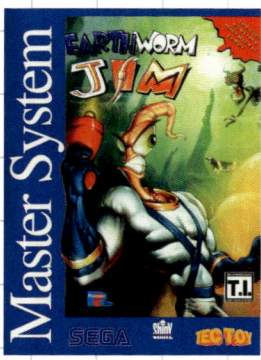

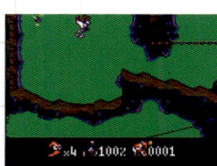

Otra franquicia mítica para nuestra Master System. En este caso, y van ya unos cuantos, exclusivo para los suertudos poseedores de la 8-bits de Sega en Brasil. La genialidad de David Perry no tuvo muy buen salto a las 3D, pero en píxel fue una fiebre. La versión Game Gear era como la de Game Boy (aunque a color); es decir, técnicamente pobre, difícil de manejar y de *sprites* pequeños. Y es que, es evidente, las versiones, aunque diferentes cada una, de Mega Drive o Super Nintendo en todo su esplendor 16-bits en 1994, coloridas, poderosas, con una recordada y divertida banda sonora que hace uso de grandes clásicos de la música culta (Beethoven) por parte de Tommy Tallarico y sus compañeros, así como la excelente versión PC, pues dejaban esta de la portátil en evidencia. ¿Y por qué decimos esto? Pues porque eso es lo que dijeron algunos, pues otros, como las revistas británicas del sector (y algunas norteamericanas), calificaron el *port* de sobresaliente, igual que luego el de Master System (que bebía de dicha versión, una vez más, haciendo el recorrido inverso). Y no solo lo dijeron revistas Sega, sino también independientes. Una vez más, el inicio del medio y la disparidad de opiniones van de la mano, sin un criterio claro para decidir qué era bueno y qué no, aunque se valoró su esfuerzo técnico y sonoro teniendo en cuenta que viene de la portátil y eso se deja notar en los gráficos minúsculos Para los usuarios, aun sabiendo que no era como las versiones *mayores*, este juego sí que era una compra para tener muy en cuenta. Hoy se considera un juego sobresaliente en 16-bits, pero muy notable en 8-bits. Clásico *a posteriori*.

Ecco the Dolphin

■ **(Sega, 1994) · PAL · Acción · Un jugador.**

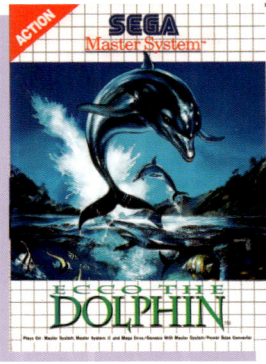

De este juego se puede afirmar perfectamente que es uno de los juegos más extraños paridos por la industria; una historia familiar, casi simpática, que termina en una epopeya surrealista de la que no os queremos destripar nada. Sí deciros que el juego fue un lanzamiento de éxito en Mega Drive, con unos gráficos y BSO excelentes (sobre todo por sus adaptaciones a Mega CD), y que aquí se convierte a las 8-bits de maravilla (incluso se inventan, por necesidad jugable, un *tercer botón* gracias a la combinación de los dos únicos botones de Master). Usando a Ecco, el delfín protagonista, navegando por todas direcciones (las ocho direcciones de una cruceta), tenemos que salir a respirar, usar el sónar y dar

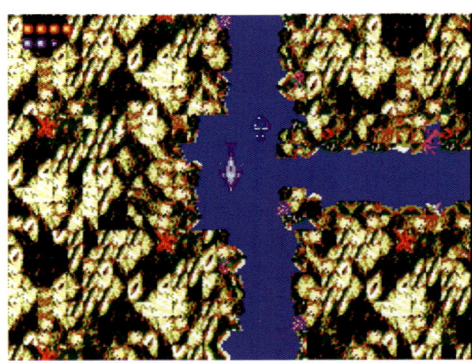

vueltas como un bendito mientras luchamos contra toda clase de peces y resolvemos puzles; hablamos, pues, de un juego que, para muchos, es uno de los primeros videojuegos *experiencia* de la historia, pero para otros… Su elevada dificultad es demencial, no da nada al jugador. Los que aquí escribimos recordamos haberlo jugado y haber estado perdidos. Por supuesto, en esos tiempos, y con esa edad (12 años), apenas logramos pasar del primer nivel. Tuvo continuaciones en la 16-bits de Sega y adaptación Game Gear. Otro de esos juegos patrimonio Sega, de eso que se ha llamado Sega Ages, un estilo especial y único de concebir los juegos de la industria. Pero, ante todo, excelentes, como esta adaptación, todo un prodigio de los programadores.

Ecco: The Tides of Time

 (Tec Toy, 1996) · PAL · Acción · Un jugador.

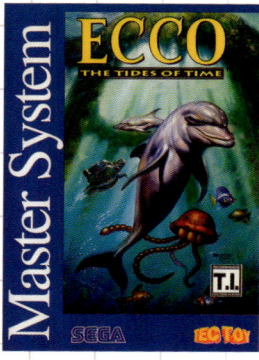

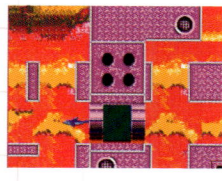

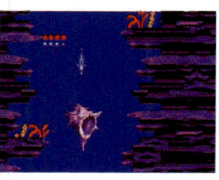

Este juego fue la secuela para Mega Drive de su primera parte, titulado incluso *Ecco the Dolphin 2* en Japón, y en cuya consola de 16-bits es una bestia gráfica y sonora, incluyendo efectos pseudo 3D. Argumentalmente, era una continuación directa, con algunos elementos nuevos. Por desgracia, como siempre en las versiones de Tec Toy, es una adaptación desde Game Gear, por lo que los efectos 3D están recortados, los gráficos son similares a su primera parte (aunque algunos animales marinos han mejorado su realismo), colores limitados y puzles más accesibles. Incluso hay partes de la historia cambiadas completamente. Una pena que no se aproveche más el sistema, pues el cartucho es un cartucho de cuatro megas; no obstante, todo lo que hizo grande a su primera entrega se mantiene intacto, que ya es algo. La sensación que queda es que sabe a poco, pero lo compensa con una duración más que notable.

Enduro Racer/Super Cross

(Sega, 1987) · NTSC/PAL · Deportes · Un jugador.

El hecho de que todavía hoy, en las nuevas consolas, salgan, en sus respectivas plataformas de descargas, juegos de este tipo, demuestra que la fórmula (un motorista corriendo hacia delante a toda velocidad esquivando obstáculos), funciona. Adictivo como él solo, está basado en la recreativa de Sega del mismo nombre, una variación, digamos, de *Hang-On*, ante su éxito (donde uno eran carreras en asfalto, aquí son carreras en *enduro*, esto es, sobre barro y agua). Empero, si la versión salones era con una visión desde la zona trasera de la moto (con una máquina-moto diseñada para ella), aquí tenemos una visión isométrica, con algunos añadidos (*buggys*, aparte de motos, compiten con nosotros y nos estorban). Con cinco circuitos un tanto repetitivos, era a pesar de ello un juego muy rápido, lo cual daba como resultado un juego sencillo, divertido y directo. Más no se puede pedir.

F

F1

■ **(Domark, 1993) · PAL · Deportes · Uno o dos jugadores.**

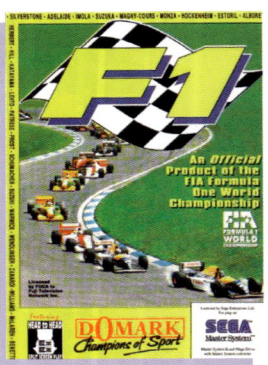

Lankhor se sacaba de la manga para Domark esta versión de su propio *Vroom* (1991), otro juego de carreras de Fórmula 1. Se lanzó para todas las plataformas Sega de la época excepto Mega CD. ¿Lo mejor? Que contaba con licencia oficial, incluyendo nombres, escuderías y circuitos. Así, podemos jugar con los genios del momento excepto el gran Senna, que como ya ha quedado dicho estaba comprometido con otro juego Sega en exclusiva. Impecable gráficamente y con la posibilidad de pantalla partida. Un sorpresón en su momento y un juego genial.

F-16 Fighter /F-16 Fighting Falcon

■ **(NEXA Corp. 1986) · PAL · Shooter · Uno o dos jugadores.**

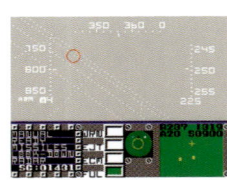

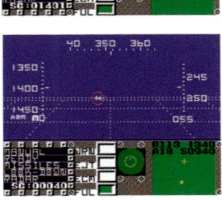

Otro de esos juegos que fue lanzado tanto en cartucho (a partir de 1986) como en la fracasada The Sega Card (en 1985). Es conocido por dos nombres, según tenga o no la coletilla final. Desarrollado por NEXA en el 84 para MSX, el resto de los mercados lo pudo disfrutar a lo largo de 1987 e incluso los noventa. Era el típico juego de disparos de aviones, en esta ocasión un F-16, pero con el aliciente de estar producido por el gran Yuji Naka (algunos dicen que incluso programado, si bien no hemos podido saber este dato a ciencia cierta). Gráfica y técnicamente no es de los más cañeros, sin ser ni mucho menos pobre (hablamos de 1985), pues se buscaba compatibilidad con la SG-1000, pero adolece de un control un tanto rústico y poco satisfactorio.

Fantastic Dizzy

(Codemasters, 1993) · PAL · Plataformas · Un jugador.

Pues toca ahora comentar un juego estrambótico de Codemasters para Sega, otro más al catálogo de ese estilo. Y, ojo, que tuvo varios juegos para varias plataformas. Como sea, esta aventura para un jugador nos pone en la piel de Dizzy, un huevo al que un malvado malo ha secuestrado a su novia; una historia clásica muy conocida en EE. UU. Es una especie de juego de plataformas con toques de puzle. Un juego simpático y bien recibido en su momento.

Fantasy Zone

(Sega, 1986) · NTSC/PAL · Shooter · Un jugador.

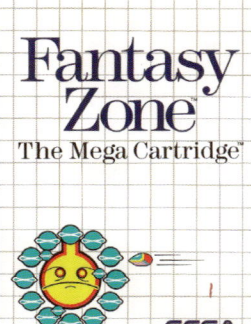

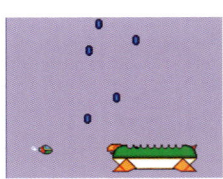

Hoy quizá no suene mucho esta saga, pero en su momento fue una referencia muy famosa. En principio fue, cómo no, un juego de salones recreativos y, cómo no también, era el típico juego de disparos de la época de naves o matamarcianos, si bien esta nave tiene un toque humorístico, tanto ella en su diseño como los lugares donde se desarrolla la acción. Opa-Opa, nuestro héroe, deberá luchar contra los enemigos interplanetarios con desenfado e incluso giros argumentales. Divertido y colorido juego, cuyo esquema es tratar de avanzar y destruir, realizando giros y usando hasta dos tipos de ataque diferentes (incluso puede tocar el suelo, saliéndole unos piececillos). La nave, por si no fuera suficiente, puede conseguir mejoras a lo largo del recorrido o comprándolas en las tiendas del juego. Mención especial para la música, obra, una vez más para Sega, del genial Hiroshi Kawaguchi. NES tuvo versión y, después, mucho después, llegaría *Super Fantasy Zone* para Mega Drive. Uno de los más inolvidables juegos del catálogo de Sega Master System... lo creas o no.

Fantasy Zone II

(Sega, 1987) · NTSC/PAL · Shooter · Un jugador.

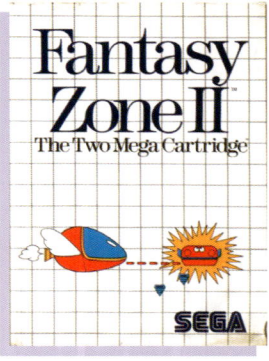

Y llegó la segunda entrega, en este caso en 1987. En otras latitudes tuvo el burlón subtítulo de *The Tears of Opa-Opa* (Las lágrimas de Opa-Opa). Como en la anterior entrega es un juego de disparos, pero original, gracias a su colorido y momentos desenfadados. Algunas fases tienen dos versiones, en un esquema parecido al de *Sonic CD*, y según hagamos un número de fases u otras tendremos hasta tres finales diferentes (también influyen los objetos que vamos adquiriendo). Otra grata sorpresa, incluyendo de nuevo las melodías de Hiroshi Kawaguchi, repitiendo las sensaciones de estar ante una grandísima adaptación, casi precisa del *arcade* original, tal como ocurrió con su primera entrega.

Fantasy Zone: The Maze

(Sega, 1987) · NTSC/PAL · Acció · Un jugador.

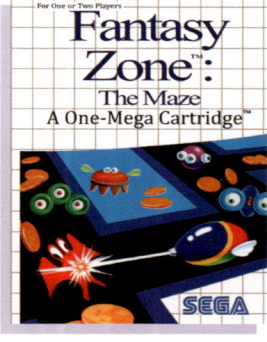

Tercera entrega, también conocida como *Opa-Opa*, que nos llegó al mercado occidental. La cuarta entrega, *Galactic Protector*, ya no saldría de Japón, lo mismo que una quinta que quedó en el limbo, sin lanzar. En esta ocasión es como una adaptación psicodélica de *Pac-Man*; sí como habéis leído, pues ahora la jugabilidad es así, pasando de niveles a través de laberintos. El prota es el mismo y tal, pero ahora se ha cambiado el *gameplay*, en un giro inesperado e inexplicable. Una tercera entrega muy rara, aunque viendo que lo desarrolla Whiteboard para Sega no debería extrañarnos.

Férias Frustradas do Pica-Pau

(Tec Toy, 1995) · PAL · Plataformas · Un jugador.

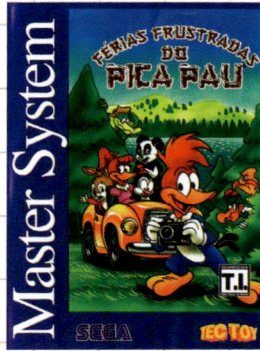

Pues sí, amigos, un juego de *El pájaro loco* (creado por el legendario Walter Lantz) sobre unas vacaciones con toda su pandilla. Es un juego simpático realizado por Tec Toy tanto para Mega Drive como para Master System. Ver las imágenes de este cartucho de cuatro megas es ver un juego colorido y simpático donde el pájaro loco deberá esquivar obstáculos y enemigos en el típico juego de plataformas para rescatar a sus colegas secuestrados (un panda, un conejo...).

El título en portugués juega con el título traducido al portugués de la famosa película de Chevy Chase *¡Socorro! Llegan las vacaciones* (*National Lampoon´s Vacation*, Harold Ramis, 1983), que tuvo bastante éxito en el país carioca, inclusive sus continuaciones, pues como recordamos todos los amantes del cine de palomitas de los ochenta, fue una tetralogía. Vamos, que se usó como el consabido *como puedas* en España (*Estafa como puedas, Aterriza como puedas, Agárralo como puedas*...).

Una curiosidad para buscar, tanto para el catálogo de 16-bits como para el de 8-bits. Otro juego que no se lanzó fuera de Brasil a pesar de la fama del personaje.

FIFA International Soccer

(Tec Toy, 1993) · PAL · Deportes · Un jugador.

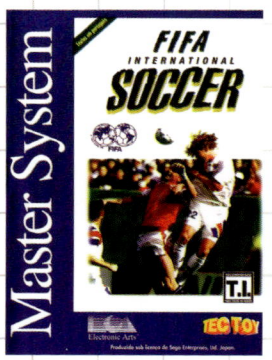

Vamos a echarnos un FIFA; ¿cuántas veces se ha dicho esto? Aunque en esta época estaba lejos de la fama actual de la franquicia, ya comenzaba a competir con los grandes títulos que, no olvidemos, pudimos disfrutar en Master System en cuanto a fútbol se refiere. Este primer juego de la saga fue muy valorado, y se agradeció en términos generales sus licencias, animaciones... Gráficamente, pues fue una maravilla, tanto en este, menos, como en las versiones *mayores*, mucho más, donde hasta 76 naciones eran seleccionables (y eso que la licencia del mundial fue para U. S. Gold y su juego sobre USA´94). La versión 8-bits, con la participación, cómo no, de Tec Toy, fue excelentemente valorada... pero solo para un jugador.

Fire Forget II

(Titus Software, 1990) · PAL · Arcade · Un jugador.

Otro juego con toques futuristas. Su primera entrega no llegó a salir para Master System, así que tenemos el segundo sin pasar por el primero. Nuestro vehículo volador debía esquivar a numerosos terroristas que pretendían reventar una conferencia mundial de paz y, claro está, eso no lo vamos a permitir.

Utilizaba en sus cinco fases un efecto gráfico de profundidad muy vistoso, así como fue en su momento uno de los primeros juegos de la historia en ser lanzado para dos consolas. Tuvo excelentes críticas, tanto por su apartado técnico como jugable, alcanzando la denominación de juego altamente adictivo (en el buen sentido, claro), por parte de la prensa especializada. Otro tapado del catálogo, desarrollado por parte del estudio francés responsable de muchos juegos de este tipo de acción y carreras.

Fire & Ice

(Tec Toy, 1996) · PAL · Plataformas · Un jugador.

Otro juego de plataformas, para DOS y Amiga, considerado un juegazo absoluto y lanzado en 1992, y que tuvo versión exclusiva en Master System y Brasil (gracias a Tec Toy y Graftgold Creative Soft.). Aunque pueda parecerlo, no tiene nada que ver con la franquicia de George R. R. Martin, sino con un simpático personajillo, una especie de lobo o coyote, que debía *plataformear* para encontrar una serie de llaves. No pudimos disfrutarlo en Europa, donde estaba planeado su lanzamiento para todas las consolas Sega en 1994, al ser cancelado su lanzamiento en zona PAL debido a que las ventas en nuestro continente estaban disminuyendo en 8-bits (no digamos en 1996). Un juego que no llega al nivel de las versiones de compatibles, pero que es considerado una genialidad.

Forgotten Worlds

(Sega, 1991) · PAL · Acción · Un jugador.

Sunritsu Denki vuelve a la carga para surtir a Sega de otro juego, en esta ocasión adaptando este juego original de Capcom. Nos poníamos en la piel de supersoldados que debían acabar con una especie de diablo en un mundo futurista, incluyendo una especie de demonios que eran sus lugartenientes.

Diseñado por Yoshiki Okamoto, el genio de Capcom (*Pang*, franquicia *194X*, *Three Wonders*, etc.), famoso por ser el hombre tras juegos como *Street Fighter II*, *Resident Evil*, *Devil May Cry 2*, *Genji: Days of the Blade*, *Folklore* e incluso algunos *Zelda* y *Mega Man* en labores de productor ejecutivo, entre muchísimos más, el juego era un título de campanillas en la época. Hay que apuntar que costó la friolera de cinco millones de dólares y, aunque no llegó a ser número uno por la gran cantidad de juegos de este estilo en salones (de ahí que Okamoto buscara la originalidad en su control), sí tuvo recorrido en múltiples plataformas, siendo el original alabado por su impresionante nivel técnico.

La versión Master System se lanzó en exclusiva en Brasil y mercado PAL Europa. El problema, una vez más, es que este juego vuelve a convertirse para un solo jugador (cuando el original era a dobles), siendo, más allá de cambios jugables debido a la imposibilidad técnica del mando de la 8-bits de Sega, el principal cambio con respecto a la recreativa y las locuras rotatorias que permitía la palanca y su potencia. Por este motivo, y aunque el juego original estuvo considerado siempre como divertido y entretenido, este *port* tuvo disparidad de opiniones: para algunos no fue muy bien valorado, ni como *port* ni como juego en sí, mientras que para otros es la mejor versión 8-bits del mercado, con grandes gráficos y jugabilidad robusta. Desde luego, un enigma. ¿Qué escoges tú? Solo puedes opinar si lo juegas.

G

G-Loc: Air Battle

(Sega, 1992) · PAL · Shooting · Un jugador.

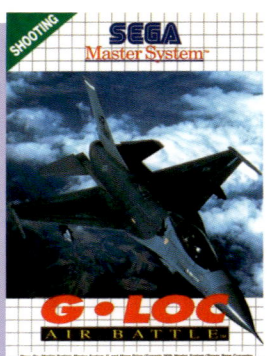
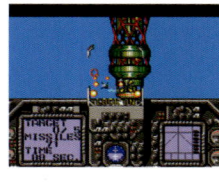

Al inicio de 1992 nos llegaba a Master System esta adaptación del clásico recreativo de Yu Suzuki, el ya nombrado genio de Sega. Se trataba nada más y nada menos que un *spin-off* de la gran saga After Burner, que, como también ya hemos visto, es de nuevo del maestro japonés. Ocho fases exigentes, pero siempre convincentes, pues manejar una nave y disparar a todo lo que se moviese era un género muy en boga. Lógicamente, la espectacular visión del *arcade* original, en donde nos metíamos en la cabina, no lo tuvimos en la 8-bits, aunque a decir la verdad tampoco en las 16-bits, si bien en esta al menos se puede alternar primera-tercera persona.

Gain Ground

(Sega, 1991) · PAL · Acción · Uno o dos jugadores.

Este juego es un curioso juego que, una vez más, proviene de una conversión de recreativa. El cartucho usa el típico personaje que, visto desde arriba, se mueve en *scroll* vertical, no horizontal. El argumento narra una clase de torneo entre los más grandes guerreros del mundo y de la historia, desde la Antigüedad al futuro (y una especie de Era Final exclusiva de la versión 8-bits). El personaje, siempre en grupo, tiene que ir disparando por el escenario; pasa de nivel si logra sobrevivir uno de ellos y salir por la parte superior de dicho escenario. Pero, además, estos están llenos de obstáculos en el terreno, por lo que tiene un gran componente estratégico. Largo, con muchos niveles y, ojito, con cooperativo (el jugador uno, obligatoriamente es un hombre; el jugador dos, una mujer), una vez más Master System tiene elementos exclusivos: la Era Final, más personajes, más movimientos y, curioso, unos diseños más anime y menos occidentales que la versión recreativa. Veinte personajes, cincuenta niveles y horas de reto por delante solo o acompañado.

Galactic Protector

■ **(Sega, 1988)** · NTSC · Acción · **Uno o dos jugadores.**

Pues hablamos, nada más y nada menos, que de la cuarta entrega de la franquicia Fantasy Zone, que se quedó en esta ocasión sin lanzamiento fuera del territorio japonés. Si la tercera entrega supuso incluso un cambio de *gameplay*, aquí tenemos un juego más estándar, de disparos, gráficamente discreto (sin el colorido de otras entregas), pero con igual simpatía y humor (el planeta con cara que aparece en la portada también aparece en el juego), debiendo proteger a base de disparos tres planetas de escombros espaciales. Lo bueno es que pueden jugar uno o dos jugadores simultáneos, si bien el mando tradicional aquí no vale, sino que debe jugarse con el Sega Paddle Control HPD-200, por el estilo rotatorio del juego. Es posible que fuera uno de los motivos para no lanzarse internacionalmente, por este escollo. De todas maneras, una vez más, esta (hoy) desconocida franquicia le funciona a Sega.

Game Box Serie Esportes Radicais

■ **(Tec Toy, 1996)** · PAL · Deportes · **Uno o dos jugadores.**

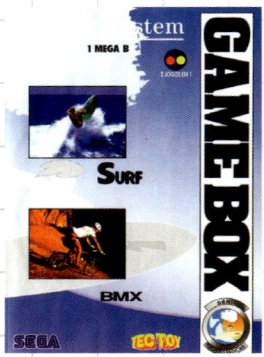

Otro de la serie, pero en esta ocasión, como se dice en su título, dedicado a los juegos radicales o extremos: surf y BMX. Mientras los otros eran juegos que sí se habían lanzado, aquí son, digamos, extraídos de otros, principalmente de California Games. No dejaba de ser una idea ingeniosa, no por engañar al público haciéndole pasar por juego nuevo lo que no era, sino porque le recopilaba única y exclusivamente aquellos deportes del mismo tipo en un solo cartucho. por juego nuevo lo que no era, sino porque le recopilaba única y exclusivamente aquellos deportes del mismo tipo en un solo cartucho.

Game Box Serie Esportes

(Tec Toy, 1994) · PAL · Deportes · Uno o dos jugadores.

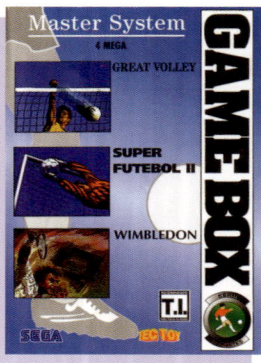

Tec Toy adaptó, a modo de recopilatorios, algunos juegos de deportes en una línea llamada Game Box, también lanzados por Sega en Portugal. Incluso los títulos los traducía al portugués, al menos algunos, pero no eran nada más que varios juegos ya lanzados en uno solo: *Great Volley*, *Super Futebol II* (que es como se conoce en Brasil a *World Cup Italia '90*; la primera entrega seria *World Soccer)* y *Wimbledon*. De hecho, incluso la portada se podía contemplar en su estuche. Nada que decir, pues son juegos que, o bien ya hemos visto en este epígrafe o vamos a ver. Un ahorro en su momento; hoy, difíciles de encontrar.

Game Box Serie Corridas

(Tec Toy, 1994) · PAL · Deportes · Uno o dos jugadores.

No, no hace referencia el título a La Maestranza o a Manolete, sino a carreras, aunque basándose en una traducción un tanto extraña de *race* (en portugués, carreras es *carreiras* y velocidad, *rapidez*; por lo menos, que nosotros sepamos). Ahora se incluyen *Super Cross*, *Super Monaco GP* y *World Grand Prix*. Era una oportunidad única de hacerse, por el precio de uno, con unos juegazos del mundo de la velocidad como *Super Cross*, *Super Monaco GP* y *World Grand Prix*.

Game Box Serie Lutas

(Tec Toy, 1994/95) · PAL · Deportes · Uno o dos jugadores.

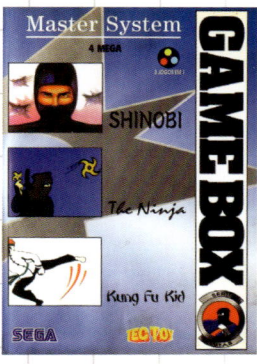
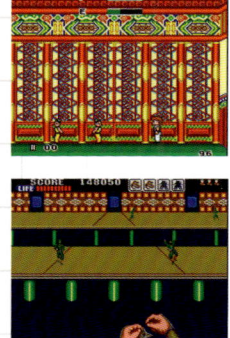

Shinobi, The Ninja y *Kung Fu Kid*. Tres juegos coherentes, cada uno con mecánicas ligeramente desiguales (entre acción, exploración y más plataformeo) para vender la temática de la lucha de artes marciales, tres grandes juegos, dicho sea de paso, en otra oportunidad de conseguirlos cuando la consola ya se hallaba en evidente crisis de lanzamientos.

Galaxy Force

(Sega, 1989) · NTSC/PAL · Arcade · Un jugador.

Al principio pensado para salones recreativos, Master System, como también pasaría con Mega Drive, tuvo su particular *port*, en esta ocasión distribuido por Activision en EE. UU. Considerado como uno de los mejores *arcade* realizados por Sega, y por tanto de la historia, es una adaptación muy exacta en todos los aspectos, y eso que el juego simula escenarios pseudo 3D, dándolo todo por parte de nuestra querida 8-bits (aunque es cierto que es *on rails*, como el original, siempre más asequible de programar). Todas las versiones del juego fueron extraordinariamente recibidas, y desde luego que el juego lo merece. Anécdota: se dice que Michael Jackson recibió una cabina de este *arcade* como regalo por parte de Sega cuando el rey del pop visitó las instalaciones japonesas de la marca en su momento (o, al menos, eso dijo Yuji Naka en un tuit de 2010).

Gangster Town

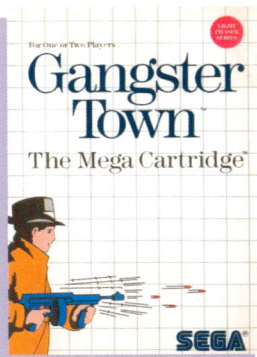

(Sega, 1987) · NTSC/PAL · Acción · Uno o dos jugadores.

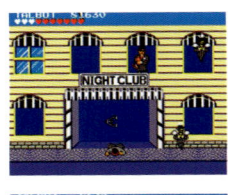

Otro juego para la pistola de Master que, por suerte, permite más de un jugador. El crimen ha sido tomado en los locos años veinte y debemos, como agentes del FBI, acabar con todo lo que se mueva. Interesante el que sea un juego que permita que dos jugadores avancen por todas las fases, incluyendo jefes finales, fases de carreras… Un juego curioso que le da vidilla a la pistola, un periférico que, como ya sabemos, no tuvo mucho recorrido.

Gauntlet

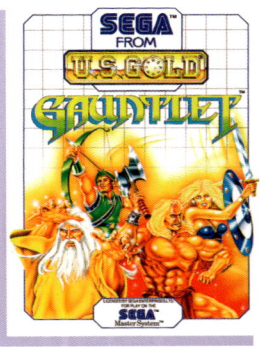

(U. S. Gold, 1990) · PAL · Acción · Uno o dos jugadores.

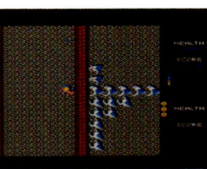

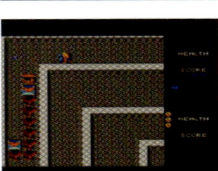

Otro juego de recreativa y otro juego adaptado para consolas Sega. Y, para muchos, es esta versión la más cercana a la experiencia original. Está basado en *Dungeons & Dragons*, y es el típico juego de ir pasando mazmorras y mazmorras laberínticas, siendo nuestro objetivo el encontrar la salida. Y siempre, desde una vista cenital. Podemos elegir a cualquiera de los cuatro personajes que aparecen en la portada y, además, es cooperativo, pues de hecho es como mejor se juega. Audiovisualmente no está mal, tiene hordas de enemigos sin ralentizarse y voces digitalizadas, aunque los escenarios pueden ser repetitivos. Como gracia jugable tenemos pociones, medallones, etc., pudiendo perder vida con el paso del tiempo (debemos conseguir comida si no queremos que suceda). Como anécdota hay que decir que es un juego-puzle o juego-reto, esto es, ver cuánto aguantas. A su dificultad se le añade una leyenda que siempre le acompañó: ¿tiene fin? Dicen los expertos que a partir del nivel ocho empieza a generar aleatoriamente niveles. ¿Tiene cien niveles? ¿O son quinientos doce, tal como especifica la contraportada? Un misterio que ríete tú del de los ovnis.

George Foreman´s KO Boxing

(Sega, 1992) · PAL · Deportes · Uno o dos jugadores.

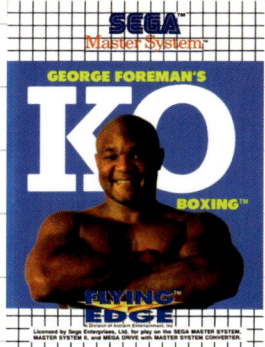

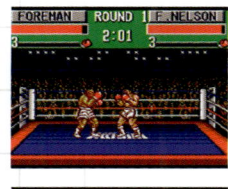

George Foreman fue uno de los grandes, dos veces campeón mundial de los pesos pesados y medalla de oro olímpico. Los más jóvenes lo recuerdan porque en la teletienda estadounidense vendía parrillas para *comida saludable*, lo que sea que significara eso, y porque protagonizó esta icónica portada para el videojuego por parte de Flying Edge, de Acclaim. Como veis, es injusto, porque fue un gran deportista, pero así ha quedado marcado para una generación.

Este cartucho se lanzó para las 16-bits, pero también para las 8-bits. A diferencia de su hermana mayor, esta versión para nuestra Master System se basó en *James Buster Doublas Knockout Boxing/Heavyweight Champ* (Sega, 1990), y por tanto sus virtudes y defectos son los mismos que este. Fue bastante criticado en todas las versiones pues, ciertamente, ya era aprovechar demasiado el juego base, aunque como decimos es una de las portadas más icónicas y recordadas. Al menos, eso sí dejó para la posteridad.

Ghost House

(Sega, 1986) · NTSC/PAL · Acción · Un jugador.

En 1986 asistimos al primer intento de Sega de hacerse con el incipiente gusto por lo vampírico en los videojuegos: *Ghost House*, basado en el *arcade* de Sega del 82 *Monster Bash*. Lo curioso de este juego no es que pudiera imponerse a *Castlevania*, que no lo hizo, sino que hacía un uso primitivo del The Sega Card de Master System, aunque luego se tuvo que lanzar en el popular cartucho tras su fracaso. Es un juego resultón gráficamente, muy vistoso, y que supone el inicio para algunos especialistas también del género del *survival horror*. Sea como fuere, el mayor interés está en su compositor, Hiroshi Kawaguchi, en otro trabajo para la compañía nipona del que es uno de los genios Sega de la Edad de oro: *Space Harrier, Alex Kidd: The Lost Stars, After Burner, Sonic the Hedgehog, Virtua Fighter 3* o responsable de producir la música tanto de *Yakuza 3* como de *Yakuza 4*.

Geraldinho

(Tec Toy, 1995) · PAL · Acción · Uno o dos jugadores.

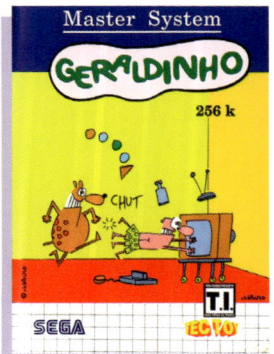

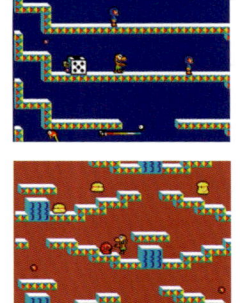

Tec Toy vuelve a modificar un juego, en esta ocasión Teddy Boy (Sega, 1986) de Master System para poder ofrecer al mercado brasileño un producto basado en el cómic del mismo nombre que se publicaba en la *Folha de São Paulo* por parte del dibujante Glauco Villas Boas. Es un juego técnicamente mediocre para 1995, pero que al tratarse de un juego de acción y disparos, divertido, de un personaje muy conocido en Brasil, sea muy recordado... y coleccionable.

Ghostbusters

(Sega, 1987) · NTSC/PAL · Acción · Un jugador.

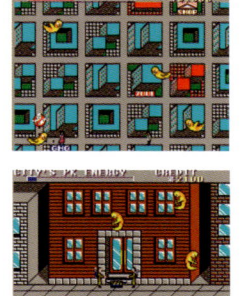

Otro juego que conocimos los que esto escribimos gracias al alquiler y que durante mucho tiempo pudo conseguirse en los establecimientos, dada la fama de la franquicia en la que se basa. La enormemente popular melodía principal del filme era tatareada por quienes esto escriben cada vez que intentaban superar el cartucho.

Lanzado para todas las consolas del momento, incluyendo el duelo NES-Master System, Compile fue el encargado de hacer la versión para Sega. El prestigioso y polémico David Crane (los juegos protagonizados por Bart, de Los Simpson, *Night Trap*, *Outlaw*, etc.) fue el hombre que Activision escogió cuando le pidieron realizar el juego de la franquicia y el concepto del que partirían el resto de las versiones, por así decirlo. Claro está, se trataba de capturar a los fantasmas por la ciudad, usando nuestro armamento cazafantasmas. La versión para las consolas 8-bits tuvieron añadidos, pero la versión Master System respetaba más del juego original. El juego en sí fue bien recibido; de hecho, fue un superventas en todas las plataformas, pero irregularmente adaptado dependiendo de si salía en tal o cuál consola u ordenador. Cartucho que forma parte de los recuerdos de videojugador de la niñez.

Global Defense/SDI

(Sega, 1987) · NTSC/PAL · Shooter · Un jugador.

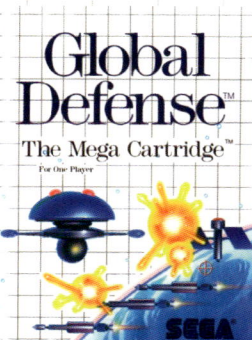

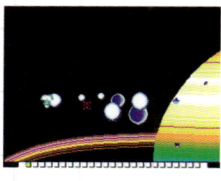

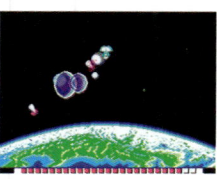

Conocido en Japón como *Strategic Defense Initiative (SDI)*, es el típico *shooter* de *scroll* horizontal de los *arcades* de la época. Es un juego futurista espacial, por lo que esquivar mil y un enemigos será el pan de cada fase, siendo lo interesante que cada una se dividía en partes de ataque y de defensa. Un juego curioso que muestra a esa Sega que traspasaba desde los salones a su consola doméstica con total naturalidad como parte de su estrategia de negocio.

Ghouls´n Ghosts

(Capcom, 1990) · NTSC/PAL · Arcade · Un jugador.

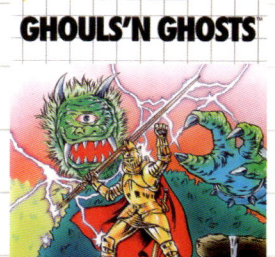

La versión Master System fue un gran trabajo de programación. Se mueve un poco más lento que la recreativa original, lo que lo hace más *fácil* (mucha versalita en la palabra *fácil*), pero es muy satisfactorio. Como hecho diferencial, debemos comentar que existen tiendas repartidas por las fases con ciertos cofres, algo único en el *gameplay* de este legendario juego (*Alex Kidd*, *Wonder Boy III*... parece que en la 8-bits de Sega estaban obsesionados con las tiendas).

Un juego para un jugador, reconocido mundialmente (la historia de un caballero que ha de recorrer mazmorras llenas de terroríficas criaturas y que al recibir un toque pierde su armadura y queda en calzoncillos), uno de los más difíciles de todos los tiempos al igual que lo fue su primera entrega en salones (otra leyenda: *Ghosts´n Goblins*, 1984) y que, gracias a Sega y al éxito de Master, pudimos disfrutar en nuestros hogares. Era una de las carátulas más destacadas del minicatálogo que se podía encontrar en el interior de cada estuche de Sega Master System, pues llamaba mucho la atención. Un cartucho maravilloso que deja en pañales los supuestos títulos difíciles de hoy en día. Capcom empezaba a ser leyenda en los salones y este *port* estuvo a la altura. Joya del catálogo sin discusión.

Global Gladiators

(Virgin Interactive, 1993) · PAL · Arcade · Un jugador.

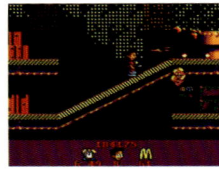

Si no es el juego con los mejores gráficos de Master System, ahí estará. Creemos recordar que fue el último juego que compramos para nuestra Master System II, en concreto en época veraniega (atraían sus gráficos y carátula ilustrada) y, de nuevo, es otro ejemplo de lo que Virgin era capaz de hacer en su época, si bien es cierto que no fue a *dobles*, por mucho que los dos personajes se intercambiaran al más puro estilo *Astérix*. A cambio, su apartado técnico tuvo margen para ofrecer un gran espectáculo. Una vez más, aparecía en el mercado PAL, y con fecha tardía, un grandísimo juego de plataformas que se convirtió en uno de los mejores del catálogo.

Eso sí, su historia es para darle de comer aparte, y nunca mejor dicho: Mick y Mack son convencidos por Ronald McDonald (sí, el payaso de la marca de hamburguesas…) para luchar contra la contaminación, tema de moda a mediados de los noventa tras la exitosa, en términos generales, Conferencia de las Naciones Unidas sobre Medio Ambiente y Desarrollo (Río de Janeiro, 1992). Es el típico juego de buscar objetos por el escenario y cuyo número, una vez conseguido, nos permite avanzar. Armados con una especie de pistolas lanza-objetos, el jugador se encontraba con doce niveles bastante detallados, grandes, con personajes y sonido que se acercaban al tope que puede dar esta consola, como top es también este juego. No es su versión 16-bits (recordada por estar dirigida ni más ni menos que por Dave Perry), pero es un imprescindible del catálogo, tanto a nivel técnico como jugable, lo más cercano a jugar a Mega Drive, si nos permitís tal osadía. Espectacular.

Golden Axe

(Sega, 1989) · NTSC/PAL · Arcade · Un jugador.

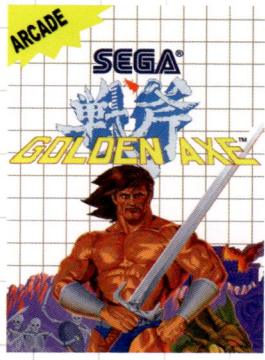

Un juego lanzado en salones en junio, con toda la intención, una vez más por parte de Uchida y su grupo. Un juego clásico, clásico, un símbolo otra vez del gran patrimonio de Sega. Nosotros siempre fuimos de su versión recreativa por lo que, era normal, nos hicimos con el cartucho para nuestra Master System II, comprándolo con gran emoción. Nos llevamos un chasco grande porque, a diferencia de *Strider*, esta versión 8-bits tenía buenos gráficos, fases, etc., que, junto con el exclusivo *Golden Axe Warrior* en su catálogo, lo hacía muy atractivo. Pero esta versión 8-bits… no era a dobles. Es decir, no es como el ya nombrado *Double Dragon*, un ejemplo maestro del catálogo, sino que se alternaban las fases del bárbaro con el enano, sin posibilidad de dos jugadores a la vez y sin poder escoger en ningún momento a Tyris Flare (de hecho, para diferenciarse del pelotazo *Double Dragon,* incluyeron armas fijas en el original). Por suerte, a los pocos años jugamos a la versión PC y nos resarcimos de la decepción, del mazazo juvenil-video-jueguil. ¿Qué queremos decir con todo esto? Que no fuimos los únicos, y si tú también lo tuviste o lo jugaste, sabrás que eso fue su gran hándicap. Nintendo fue más inteligente con *Final Fight* pues, al no poder lanzarlo cooperativo, se inventó *Mighty Final Fight* para NES, camuflando tal imposibilidad bajo la apariencia de un juego diferente y desenfadado. A pesar de todo, hay que agradecer a Sega su intento serio de trasladarlo al hogar.

Y es que este título fue todo un pelotazo *arcade*, aquellos juegos que Sega dominaba como nadie, un juego de lucha original, basado en un mundo fantástico-medieval, el segundo de los juegos de este tipo para Sega creado por Makoto Uchida. La fase inicial, las magias, los enanos que sueltan botellas, el descanso en la hoguera con su divertida tonadilla, el tema principal, ese final… legendario es poco. ¿Y qué nos decís de las extraordinarias ilustraciones, a pesar de que la versión 8-bits no fue la más afortunada carátula? Como otros juegos de la época, la versión doméstica hizo que se convirtiera en un juego fácil y corto (no había que echar más monedas, solo reiniciar la máquina), pero si quieres saber por qué esta afición actual a los videojuegos debes jugarlo, sea la versión que sea.

Gráfica y jugablemente, a pesar de que ha transcurrido un tiempo, sigue estando muy bien, pero muy alejado de la versión Mega Drive y de salones, lógicamente. Las animaciones son sorprendentes y su sencillez jugable anima a repetir y repetir, si bien no puedes esperar muchos enemigos en pantalla. Un ejemplo de recreativa para todos, y un ejemplo de nuevo de la adaptación de los grandes pelotazos recreativos de Sega a versión doméstica, si bien, por todos los fallos mencionados, hacen que su mejor adaptación solo fuera posible en las 16-bits de Sega.

Golden Axe Warrior

(Sega, 1991) · NTSC/PAL · Aventura RPG · Un jugador.

Ya no salió un *Golden Axe* 2, como en Mega Drive, pero la fortaleza de las 8-bits en Europa y su mercado tan competitivo *obligó* a lanzar una segunda entrega. A diferencia de *Sonic, the Hedgehog 2*, también juego especial para Master System, aquí no está el 2 en el título, y sería un especial más bien, al estilo de *Sonic, the Hedgehog Chaos*. Uno de los juegos más buscados en su momento y más desconocidos a la par, toda una joya oculta, uno de esos títulos extraños, de boca a boca, de descubrir por casualidad en alquiler, de unidades justas y precisas.

El RPG o rol no estaba muy en boga en Europa, donde la mitad no sabía inglés, que era el idioma en el que solían llegar los juegos (de Japón a Europa vía EE. UU., claro), por lo que más allá del mundo anglosajón, era un género desconocido, y de rol solo conocíamos los de mesa… y pare usted de contar. Inspirado claramente en *The Legend of Zelda* de NES, tenemos pues un juego en perspectiva isométrica y desplazamiento por distintas mazmorras, solo que los enemigos, poblados y *lore*

es el de la famosa saga del bárbaro. Como en *Zelda*, tenemos que recorrer varias mazmorras para ir consiguiendo poderes (resistencia al agua, fuego, etc.) y poder así luchar contra Death Adder. Eso sí, a diferencia del juego de Nintendo es más acción que de pensar, así como la música es menos omnipresente. Algo tedioso eso de tener que entrar siempre en el menú (solo tenemos dos botones, obviamente), pero es colorido, variado, muy largo y divertido. Y semilibre. Sorprendentemente, o quizá no, es uno de los mejores del catálogo, un *spin-off* de una grandísima franquicia, *Golden Axe*, que esperamos con ansías sea recuperada (o cedidos los permisos) por parte de Sega. Un exclusivo potente.

Golfamania

(Sega, 1990) · PAL · Deportes · Un jugador.

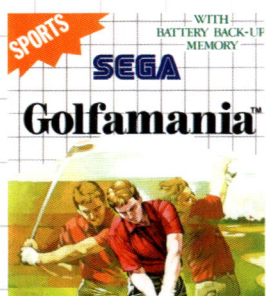

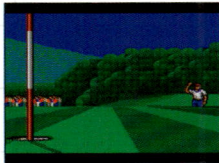

Los juegos de golf y Master System siempre han hecho buenas migas. Es más: los juegos del *pasado* siempre han hecho buenas migas con el golf y, aunque todavía se siguen lanzando, se puede decir que hubo cierta fiebre por estos juegos, siempre cumplidores y entretenidos. En esta ocasión un juego que permitía crear tu propio jugador (al que se repartía la experiencia que íbamos ganando) y que usaba salvado de partidas de la RAM (de ahí eso de la portada de WITH BATTERY BACKUP MEMORY). Si a eso le unimos que permitía modo práctica, torneo, etc., estamos ante un juego excelente, como se aprecia en las altísimas notas conseguidas por el juego en las revistas especializadas del momento.

Golvellius: Valley of Doom

(Compile, 1988) · NTSC/PAL · Acción · Un jugador.

Original de MSX, con posterioridad se lanzó en el resto del mundo bajo el título ya dicho. Satoshi *Pac* Fujishima (uno de los grandes de los ochenta, hoy en Fupac) desarrolló este juego de rol en 1987 y, posteriormente, y tras el éxito de *The Legend of Zelda* de NES, Sega buscó en este título su propio juego de acción y rol para un jugador, lanzándolo en 1988 para su 8-bits, Master System.

Un portadón para esta rareza japonesa de rol de acción que, como ya hemos dicho en otros del mismo género, ya fuera porque los de este tipo venían sin traducir o ya sea porque no se entendían bien (se decía que *The Legend of Zelda* fracasaría por tener demasiado texto en pantalla), se estampaban en Europa y, en general, en Occidente. Hoy es una joya rara de encontrar. Si deseas hacerte con él, prepara la cartera.

GP Rider

(Sega, 1993) · PAL · Deportes · Uno o dos jugadores.

A riesgo de ser pesados, una vez más tenemos que indicar que este cartucho es una recreativa versionada a la 8-bits de Sega. Juego técnicamente robusto, con una excelente sensación de velocidad y cooperativo dos jugadores, permite disfrutar quince circuitos en tres modos (Torneo, Arcade y Grand Prix), siempre teniendo que correr una primera vuelta para decidir nuestra salida de la parrilla de salida. Como curiosidad hay que decir que siempre mantiene, aun en solitario, la pantalla partida, lo que permite tener un gran control del circuito y poder jugar dos a la vez sin perderse.

Great Baseball/The Pro Yakyuu Pennat Race

(Sega, 1987) · NTSC/PAL · Deportes · Uno o dos jugadores.

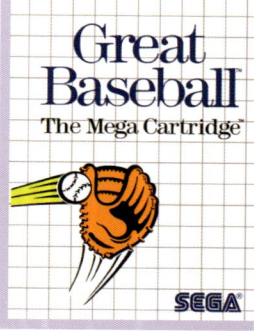

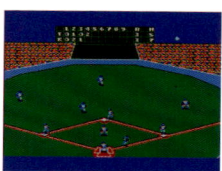

Sega se sacó de la manga, para su primigenia Master System, una colección con la coletilla *Great* para lanzar todo tipo de juegos deportivos y dar variedad al catálogo. Como curiosidad, hay que aclarar que se lanzó este mismo juego mejorado en Japón al año siguiente. Aunque algo tosco, era divertido, apañado jugablemente (uno o dos jugadores y con veintiséis equipos, nada más y nada menos) y cumplía con su cometido. Muchos de estos juegos de la línea *Great* saldrían también para la Mega-Tech, la cual fue una consola para salones recreativos basada en la estructura de Mega Drive, donde los créditos no daban vida, sino tiempo. No te lleves las manos a la cabeza, que Nintendo hizo lo propio con su PlayChoice-10. Permitían jugar a las consolas... sin tenerlas.

Great Basketball

(Sega, 1987) · NTSC/PAL · Deportes · Uno o dos jugadores.

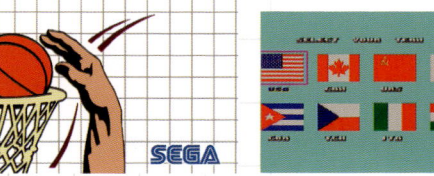

Otro del sello *Great* de Sega, en esta ocasión baloncesto. Como el anterior, favorecía el multijugador con dos *pads*, dando vidilla al catálogo. Con unos divertidos y cálidos gráficos, el juego proponía una especie de campeonato mundial entre ocho equipos, aunque no había modo torneo, solo series de *playoff* hasta la final. El problema es algo de frustración en la dificultad y la falta de control sobre el equipo entero. No obstante, se considera un gran juego de baloncesto para las 8-bits de la época, y en concreto para Master System, no muy amplia en ese campo en su catálogo.

Great Football/Sports Pad Football

(Sega, 1987) · NTSC/PAL · Deportes · Uno o dos jugadores.

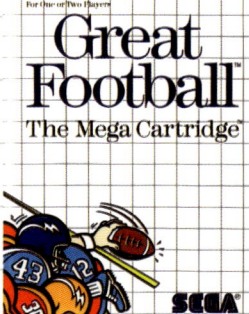
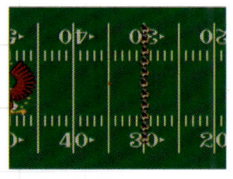
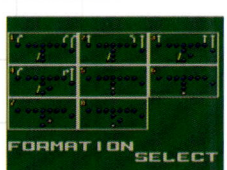

La serie Great, tan poco conocida, tan ignorada, sigue dando sorprendentes y entretenidas sorpresas al catálogo de la pequeña de sobremesa de Sega. En esta ocasión la sorpresa es que existe un juego de fútbol, sí, pero el llamado americano. De nuevo, el gran acierto de la posibilidad de uno o dos jugadores, así como gráficos sencillos, pero coloridos y que llaman la atención de, al fin y al cabo, lo más jóvenes de la casa, fueron marca de la casa.

La falta de juegos de fútbol americano del catálogo y que este juego, sin ser malo del todo, no es de los más completos (doce equipos, seis por conferencia, varias formaciones, vista cenital, etc., de acuerdo, pero en cambio el tamaño del campo es exagerado, posee un irregular control, carece de esenciales de este deporte como el poder elegir tu receptor, no incluye el tiro a pie, fallos de IA...), demostraba que los programadores no sabían, a ciencia cierta, cuál era el espíritu de este deporte. En EE. UU., como en Europa el fútbol/balompié, un título así, tan insatisfactorio, puede ser mortal para una consola. Es por eso por lo que muchos dicen que este título, así como los pocos juegos de fútbol americano para Master System frente al buen número que poseía NES, pudo ser uno de los culpables del poco éxito de la 8-bits de Sega en el país del Tío Sam. Un buen juego deportivo... pero malo en el deporte que decía representar.

Great Golf/Masters Golf

(Sega, 1987) · NTSC/PAL · Deportes · Hasta cuatro jugadores.

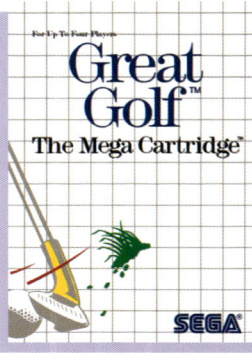

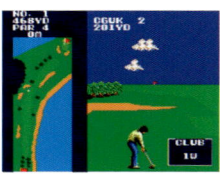

Seguimos con la franquicia Great de Sega. Criticado por su sistema de sonido, aunque tenía unos gráficos correctos, el juego funcionaba, cumplía bien su propósito. Hasta cuatro jugadores podían jugar compartiendo mandos, y elementos como la postura, el viento, etc., debían tenerse en cuenta. Dentro de la desigual línea Great, está considerado como de los mejores. Y es que el golf, en Master System, y esto se va a seguir comprobando a lo largo de todo este epígrafe dedicado a la biblioteca de juegos de la consola —no nos preguntéis por qué— funcionaba. Hemos de decir que solo las versiones japonesas y norteamericanas admitían sonido FM (una peculiaridad de las placas japonesas, como habréis leído en el apartado dedicado a los periféricos); de todos modos, la mayor parte del tiempo el juego carece de un auténtico sonido.

Great Ice Hockey

(Sega, 1987) · NTSC · Deportes · Uno o dos jugadores.

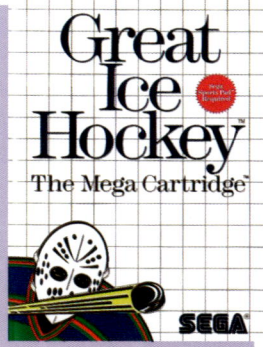

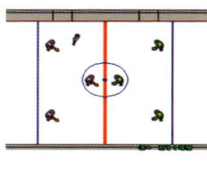

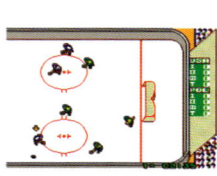

Otro de los grandes deportes estadounidenses lanzados en Great para contentar a propios y extraños, de nuevo con su modo para dos jugadores, gráficos de buena paleta (aunque en esta ocasión con predominio del blanco), etc., etc. Ahora se requiere del Sega Sports Pad como gran novedad, lo que coarta sin duda el potencial número de usuarios. Siete equipos, elección de dificultad, entre otras opciones menores, que, junto con las célebres y tristes peleas de *hockey*, intentan dar la experiencia de este deporte al usuario tal como se ve en la tele. Bien valorado, únicamente tuvo lanzamiento en EE. UU.

Great Volleyball

(Sega, 1987) · NTSC/PAL · Deportes · Uno o dos jugadores.

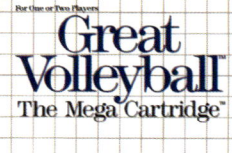

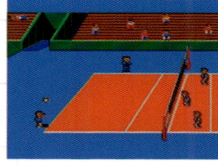

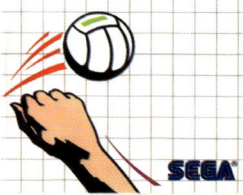

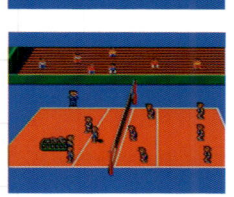

Otro juego más de este peculiar sello deportivo que pretendía, con su modo a dos jugadores, variedad, etc., dar heterogeneidad al catálogo de las 8-bits. Valorado de manera mediocre, de agradables, desenfadados y coloristas gráficos, adolece de cierta tosquedad jugable. Contiene modo práctica, de acuerdo, y tiene hasta ocho países para amistosos o torneo, empero no es suficiente para convencer a todos. De todos modos, el juego con el tiempo ha ganado adeptos, y teniendo en cuenta la escasez de títulos de este deporte, merecía la pena, aun con todas sus limitaciones.

Hang-On

H

(Sega, 1985) · NTSC/PAL · Arcade · Un jugador.

El famoso juego de carreras del maestro Yu Suzuki, que pretendía ser un homenaje más o menos encubierto al campeón Freddie Spencer, debía tener conversión a la 8-bits. Y así fue. La sensación de velocidad está conseguida y la jugabilidad no puede ser más sencilla: dándole hacia arriba en el *pad* subimos de marcha, botón 1 para freno duro y botón 2 para acelerar; todo, mientras intentamos ir al siguiente punto de control antes de que se acabe el tiempo. Sin embargo, a diferencia de la versión Mega Drive, *Super Hang-On*, no tiene un modo solitario en el que nos podamos enfrentar a varios rivales y comprar piezas. Esto, junto con modelos y escenarios repetitivos (cuatro fases en cuatro momentos del día distintos que, tras un rato cumpliendo *checkpoints*, se reinician) y carencia del citado modo original hace que no tengamos incentivos para seguir intentándolo después de cierto tiempo. Por cierto, la modificación del original *arcade* a un sistema menos potente como era SG-1000 recibió el nombre de... *Hang-On 2*. Cosas que pasan.

Heavyweight Champ/James Buster Douglas Knockout Boxing

(Sega, 1990) · NTSC/PAL · Deportes · Uno o dos jugadores.

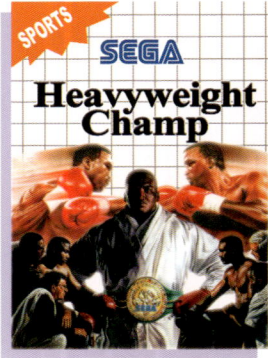

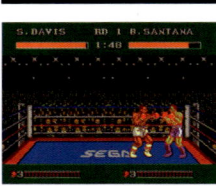

El mundo del boxeo también tiene su lugar en el catálogo de Master System, pues es uno de los géneros, junto con el de la conducción, que más se vendían en su momento, incluyendo la adquisición por parte de Sega de grandes nombres. Este género fue de los pioneros. Algunos divulgadores del videojuego, como Loguidice y Barton, dicen que fue el introductor del género de lucha *beat 'em up*.

En fin, que la franquicia con el nombre tal cual tuvo su lanzamiento en 1976 y luego en perspectiva de primera persona en 1987. Así que Sega quería seguir aprovechando un nombre potente en el género boxístico. Este cartucho es la adaptación para Master de *Final Blow* o, mejor dicho, la versión de fuera de EE. UU. de *James Buster Douglas Knockout Boxing*. Se acogió con indiferencia. Los que escribimos esto lo compramos en su momento, en 1993, y sus movimientos algo lentos y torpes, así como la dificultad, hicieron que nos dejara un poco fríos. Y ojo, que costaba 6095 pesetas.

Un juego que podía complicarse, con la sorprendente posibilidad de repartir experiencia entre nuestros boxeadores, con grandes *sprites* y amplia paleta que, no obstante, pecaba de algo repetitivo, a pesar de su elenco de jugadores y la posibilidad de 1 versus 1. En otros lugares del mundo, como Brasil, tuvo el nombre de George Foreman.

High School! Kimengumi

(Sega, 1986) · NTSC · Aventuras · Un jugador.

El divertidísimo manga de Motoei Shinzawa, del mismo nombre (1980/82-1987), tuvo su adaptación al videojuego cuando justo se estrenaba la versión en serie anime. En esta ocasión un *port* de la versión MSX2, un juego de aventuras, lanzado en diciembre del 86. Su peculiar estilo humorístico, su portada, su exclusividad japonesa y su estilo *manganime*, lo hacen un juego muy coleccionable, sin duda.

Hokuto No Ken

(Sega, 1986) · NTSC · Lucha · Uno o dos jugadores.

Este juego es la versión original japonesa para Mark III del juego que en PAL se denominaría *Black Belt*, ya para Master System. El manga, de moda posteriormente, aquí en Occidente era desconocido (luego editado como *El puño de la Estrella del Norte*), por lo que se decidió cambiarlo todo en este mercado. No obstante, este juego, por diseño, gráficos y música, es mucho mejor que el que aquí vimos. Solo hay que comparar las portadas y se entiende todo. El juego nos pone en la mano (mejor dicho, en el puño) de Kenshiro contra Raoh pasando por el combate contra Shin, lo cual es un arco argumental bastante grande del manga (superior en calidad al famoso anime de la época, que también era magistral). Por otro lado, la jugabilidad es la típica de este tipo de género y de aquella época, es decir, desplazamiento lateral mientras nos van atacando de izquierda a derecha y de derecha a izquierda, aderezado con un combate final.

Una joya que se puede conseguir a buen precio, diseñada, nada más y nada menos, que por Yuji Naka, al que ya hemos nombrado con anterioridad al comentar *Black Belt*.

Hoshi Wo Sagashite

(Sega, 1988) · NTSC · Aventura gráfica · Un jugador.

Este juego ha sido traducido por la comunidad seguera, pues nunca salió del país del sol naciente. Es la típica aventura conversacional, hoy muy de moda, llamadas novelas interactivas y tal, pero aquí mucho más parecido a una aventura gráfica en primera persona (abrir, ver, mover...). El protagonista busca un regalo para su novia y encontrará un huevo del que saldrá esa extraña criatura que aparece en portada. Colorido, largo y simpático, es una de esas rarezas que merece la pena conocer. Ah, y compatible con el FM.

Home Alone

(Sega, 1993) · PAL · Acción · Un jugador.

Probe Entertainment, luego Acclaim, hizo este juego sobre la famosa franquicia cinematográfica y navideña que arrasaba en cines, que convirtió a Culkin en un niño prodigio, una estrella total. El juego, claro, fue lanzado para todas las plataformas habidas y por haber y, excepto en el argumento, no se parecen en nada unos con otros. Básicamente, el juego se basa en el niño esquivando a los dos ladrones de la película con una cuenta atrás mientras encuentra la típica salida de nivel; cosa, por cierto, nada fácil. La versión Master System tenía más de treinta niveles y hasta seis clases de casas.

Es la típica licencia basada en una película de éxito, nada destacable, ni jugable ni audiovisualmente, pero hoy es objeto de deseo y puede alcanzar fácilmente un buen precio en tiendas de coleccionismo retro.

I

Impossible Mission

(U. S. Gold, 1990) · PAL · Plataformas · Un jugador.

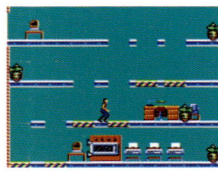

Mucho antes de que Tom Cruise hiciera películas relacionadas con la famosa serie que todos estamos pensando (*Mission: Impossible*), este juego aprovechaba, descaradamente, la franquicia de manera no oficial. Así, éramos un agente secreto que debía sortear, de manera plataformera, mil y un escollos, incluyendo resolver puzles en un tiempo límite que se va restando conforme caemos. Si nos veíamos obligados a empezar, se reiniciaban muchos escenarios, robots...

Considerado el original de Epyx como uno de los mejores de su tiempo, con varias secuelas, la versión Master System fue la última en aparecer, de nuevo para mercado PAL, Australia y Brasil, y convenció la fluidez de sus animaciones y aspecto general. Una excelente adaptación, considerado un juegazo para nuestra querida 8-bits, y otro trabajo genial de programación de U. S. Gold para Sega.y compatible con el FM.

Indy: Indiana Jones and The Last Crusade: The action Game/Indiana Jones e a Última Cruzada

(U. S. Gold, 1990) · PAL · Acción · Un jugador.

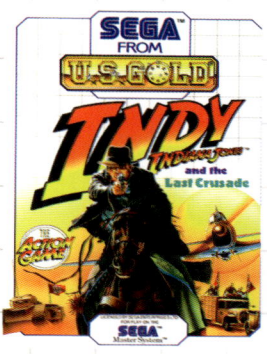

El pelotazo que fue en su momento la nueva película de Spielberg debía tener adaptación para todas las plataformas del momento. La historia de Indy, desde joven a adulto, buscando el Santo Grial, es de sobras conocida. Es un juego de plataformas de acción (en el título nos lo indica claramente, para que no lo confundamos con sus famosas y magistrales aventuras gráficas para PC) donde manejaremos, básicamente, el látigo, así como algún que otro salto. Sin embargo, el juego es pobre en su concepción (se supone de exploración, plataformas y acción) y pobre en su ejecución, cosa que comparte con NES, así como sus gráficos son de una paleta muy, muy limitada. ¿Y el sonido? Tras una intro con una reproducción del famoso tema de John Williams sonando glorioso gracias al sintetizador, pasamos a fases con apenas efectos y poco más.

En definitiva: un juego que no hace honor a su nombre, un juego que puede ser tildado de frustrante (quienes esto escribimos lo alquilamos en su momento y nos partían la cara con una facilidad pasmosa), hecho para aprovechar el tirón de la famosa saga cinematográfica y poco más.

James Bond 007: The Duel

(Domark, 1993) · PAL · Acción · Un jugador.

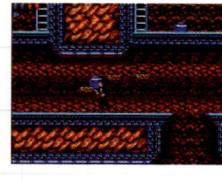

Con la portada para Timothy Dalton, aunque su última aparición como Bond fue en 1989, Domark/The Kremlin nos presenta un juego exclusivo de consolas Sega (Master System, Mega Drive, Game Gear), que nos hace ser un James Bond que debe ir rescatando rehenes, acabando con jefes finales y disparando a todo lo que se mueva, que para eso tiene licencia para matar. Tuvo buena valoración, era divertido y nos ponía a los mandos de un cartucho que, al pasar de los tiempos, se ha quedado como el único de licencia James Bond de la consola. Una curiosidad que, no obstante, entretiene y cumple.

J

James Pond 2: Codename Robocod

(U. S. Gold, 1993) · PAL · Plataformas · Un jugador.

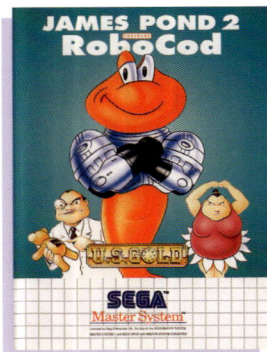

¿Una especie de pescado en la armadura de Robocop y con un nombre que, además, hace un juego de palabras con James Bond? Pues sí. Los juegos, hoy en día, se han puesto demasiado serios, y no parece haber cabida para triples AAA en los que los protagonistas sean criaturas extrañas. Y sí, fue un pelotazo, aunque hoy no lo parezca. Esta es su segunda entrega tras el éxito que cosechó su primera parte (esta segunda salió para todas las consolas Sega). Incluso hubo una tercera entrega.

El juego, uno de los mejores del catálogo de Mega Drive, raya aquí también a gran altura: jugabilidad adictiva (buscar la salida del nivel a través de abrir puertas, vencer a jefes, recopilar pingüinos, usar la armadura para llegar a sitios inaccesibles, etc.) y apartado audiovisual top que nada envidia a sus versiones de hermanas mayores (la animación del protagonista, el tamaño y variedad de los *sprites*, el acabado, la música, etc.). Y, por si fuera poco, con una más que ajustada duración. ¿Qué más se puede pedir? Un imprescindible del catálogo.

Jurassic Park

(Sega, 1993) · PAL · Acción · Un jugador.

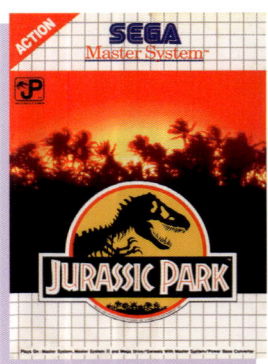
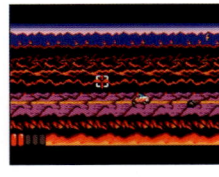

El bombazo de 1993 del legendario Spielberg, no simplemente revolucionó los efectos especiales, sino también el *merchandising*, algo que no se veía desde *La guerra de las galaxias* (Star Wars, George Lucas, 1977). Así que era de esperar que un juego basado en el largometraje se acabara lanzando. Y, entre las consolas afortunadas, claro está, dado su éxito en Brasil y Europa, estaba Master System, que no se perdía, por suerte para los usuarios de la misma, el lanzamiento de ninguna buena franquicia cinematográfica. De plataformas centrado en la acción, solo podíamos manejar a Grant, pero teníamos niveles de conducción como extra. Criticado por sus controles, sonidos y mecánicas repetitivas fue, sin embargo, alabado por sus gráficos, aunque, en términos generales, muy criticado. Y eso que el propio Spielberg prestó mucha atención a quiénes se cedían los derechos e incluso se implicó en reuniones con algunos estudios.

Joe Montana Football

(Sega, 1990) · NTSC/PAL · Deportes · Uno o dos jugadores.

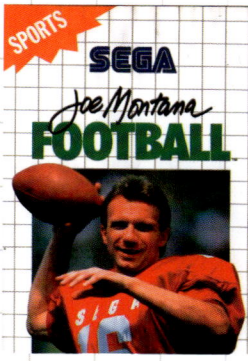

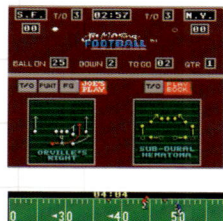

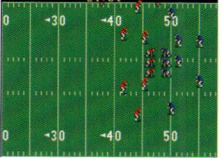

EA, siempre tan atenta al deporte, pues saben que ahí te aseguras negocio, sobre todo cuando se hace bien, lanzó este juego para todo lo de Sega. El juego aprovechaba el tirón del gran Montana (casi dos millones de euros por un contrato de cinco años al jugador, ojo, por parte de Sega América, que hizo subir a Sega Japón por las paredes), pero no de las licencias NFL, de las que carecía, lo que le hacía perder un poco de fuelle. Aun así, sería una franquicia Sega importante.

Llegó a tener varias secuelas, tal fue su buen éxito. La versión 8-bits no posibilitaba once contra once, sino nueve contra otros nueve, siendo además que los colores eran el típico *Blue versus Red*, algo un poco raro. Además, no se pueden cometer faltas, elegir pateos, etc., etc. Eso sí, tienes diferentes modos de dificultad, posibilidad de jugar con ciertas diferencias tácticas y gráficos (más bien animaciones) apreciables.

Uno o dos jugadores para jugar al fútbol americano, menos simulador y más acción, pero muy divertido y adictivo, considerándose un gran juego que llegó a tener un buen recorrido comercial.

Kenseiden/Hwarang-ui Geom

(Sega, 1988) · NTSC/PAL · Acción · Un jugador.

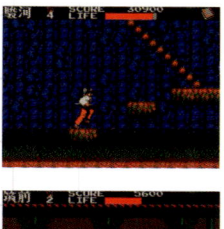

En este juego debemos recorrer diferentes escenarios del Japón feudal para llegar a Edo, todo mientras luchamos contra monstruos y jefes finales del folclore japonés. Es el típico juego de avanzar matando a todo lo que se mueva, e incluye armas, aprendizaje de técnicas, desafíos (en los *dojos*) y elección de destinos (incluso podremos saltarnos jefes finales a voluntad, aunque nos perderemos sus premios). Sin embargo, aunque pareciera muy estratégico (elegir un destino sí y otro no, aprender técnicas, luchar contra jefes para aprender sus técnicas o esquivarlo, etc.), al final no lo es tanto. Además, se le une un sistema de impacto raro y ciertos combates, digamos, injustos (su dificultad es muy, muy elevada). A pesar de ello, su apartado técnico, para la época, es cañón, lo mismo que su BSO, muy apreciada. Ciertos fallos le impiden destacar como una joya del catálogo. Muy recomendable.

King´s Quest: Quest for the Crown

(Parker Brothers, 1989) · NTSC · Aventura gráfica · Un jugador.

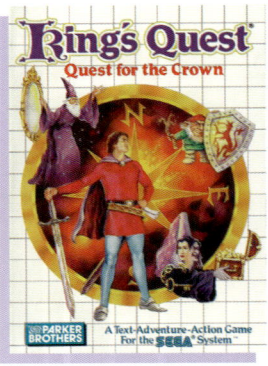

Nombre famosísimo de los juegos de aventuras (la quinta parte es uno de nuestros juegos favoritos, jugado en PC). Sierra, la compañía original del juego, y que tantas aventuras de calidad nos trajo en aquellos años (saga Gabriel Knight, por ejemplo), desarrolló el juego original para IBM, pero tuvo distintos relanzamientos ampliando la historia y las posibilidades, siendo esta la versión definitiva, también conocida como *King´s Quest I*. La versión Master System fue encargada a Parker Brothers, los mismos que hicieron la adaptación de *Montezuma´s Revenge*. Comparte puzles y momentos del juego original, aunque otros elementos fueron modificados, como por ejemplo el guardado por contraseñas, si bien conserva la no linealidad del juego original. La gracia es que utiliza su propio motor de tipo *acciones en pantalla*, que es el método del gran enemigo de Sierra: LucasArts. Nombre importante de la industria para el catálogo.

Klax

(Tengen, 1991) · PAL · Puzle · Un jugador.

Klax era otro que pretendía quitarle el trono a *Tetris*, tarea cuando menos compleja. Pese a enfrentarse a tal titánica tarea, *Klax* consiguió aportar cosas, consiguiéndose un clásico de los salones recreativos, con excelentes críticas para todas las plataformas en las que se trasladó el original. Así, van cayendo bloques de colores y cuando tres bloques del mismo color coinciden, desaparecen y se nos dan puntos. Como vemos, es una mecánica que hizo fortuna. Los programadores Dave Akers y Mark Stephen supieron dar un giro sin darlo. El *arcade* sí tenía un apartado bastante vistoso y apañado, aunque sin grandes aspavientos, y pese a que la versión 8-bits fue menos *chillona* de lo acostumbrado, no os creáis que fue moco de pavo, y lucía muy bien, muy exacta. Eso sí, sus casi cien niveles eran más un sacacuartos que una realidad (otra cosa era la versión doméstica, que, aunque no portátil, proponía horas y horas de entretenimiento). Por tanto, no esperemos grandes cosas en lo técnico... excepto diversión y diversión. Casi nada.

Krusty´s Fun House

(Acclaim/Virgin, 1991) · PAL · Plataformas · Un jugador.

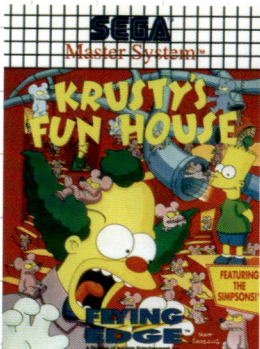

Si hay un juego que haya creado frustración a quienes escribimos este libro, es este juego. Pero no porque no hayamos podido pasarlo, por su dificultad o por ser muy largo, no, sino porque nunca pudimos conseguirlo a pesar de que, tras ver las capturas y análisis en las revistas, nos tenía totalmente enganchados. Aun hoy, lo reconocemos, no hemos podido coleccionarlo, pese a que todo se andará.

Pero como a ti, lector, te interesan poco nuestros traumas, pasamos a contarte de qué va: las ratas han invadido la casa de la diversión de Krusty, así que vamos a tener que acabar con ellas. Utilizando la típica mecánica de plataformas en *scroll* horizontal, debemos guiar a las ratas hasta su destrucción (hoy, un juego políticamente incorrecto). Aparecen también otros personajes de Los Simpson, pero como algo testimonial, y todo adornado con las melodías del clásico David Whittaker, compositor de *Xenón, Shadow of the Beast* y el ya nombrado *Bubble Bobble*.

Muy entretenido, colorido y desenfadado, la versión Master System nos llegó a Europa en verano de 1992, precisamente el momento en el que lo descubrimos en una *Hobby Consolas* de la época. Su lanzamiento se produjo para todos los sistemas, y fue muy bien acogido, aunque esta versión, inesperadamente, no mostró una paleta tan robusta como nos tenía acostumbrada la 8-bits en otras ocasiones.

Kung Fu Kid/Makai Retsuden

(Sega, 1987) · NTSC/PAL · Acción · Un jugador.

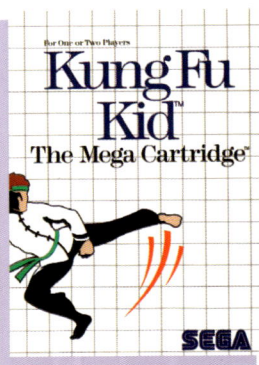

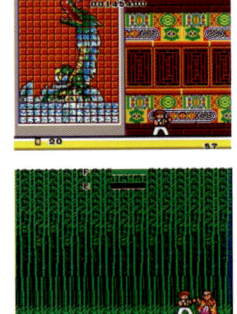

Una secuela de un juego de la SG-1000 que en versión japonesa tenía un título y aspecto mucho más desenfadado que lo que en las portadas de Occidente se destilaba. Aparte de este detalle, los gráficos y el sonido son, en nuestra opinión, notables, con variedad de situaciones y de enemigos y jefes (vampiros, campesinos, ranas, etc.). Nuestro personaje debe avanzar por los niveles golpeando a los enemigos que no paran de venir por todos lados. Además, tenemos un salto normal y otro doble. El cartucho podría haber sido una de las joyas del catálogo temprano de la consola si no llega a ser porque los enemigos tienen siempre los mismos patrones, una IA nula (a veces chocan entre ellos), el diseño de la jugabilidad hace aguas por culpa del salto del protagonista (el juego se puede pasar entero saltando sin que te toquen) y por ser tremendamente corto (vamos a darle veinte minutos de duración siendo generosos).

L

Land of Illusion Starring Mickey Mouse

(Sega, 1993) · PAL · Acción · Un jugador.

Nada más que la ilustración de la carátula, donde un personaje tan carismático como Mickey Mouse se muestra en afortunada composición, colorido, alegre y, encima, de un videojuego, que siempre gusta y gustará a los niños, tenía el éxito estaba asegurado. ¿No lo compraríais vosotros? Tras el éxito de *Castle of Illusion*, Mickey Mouse volvía a la carga con otro juegazo lleno de plataformas, buena música, amplia paleta y diversión. No era el clásico instantáneo que fue su primera entrega, e incluso tenía en cierto modo ciertas mecánicas más accesibles, pero es otra joya del catálogo. Otro de los grandes.

Laser Ghost

(Sega, 1991) · PAL · Shooting · Un jugador.

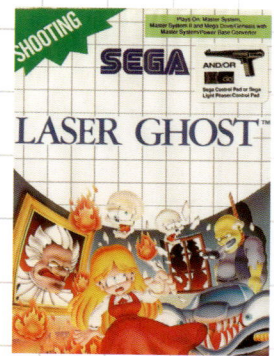

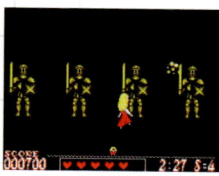

Como en la portada se indicaba, se recomendaba (no era obligatoria) el uso de la pistola Light Phaser para hacer la experiencia cercana a la recreativa. Pero eso sí, sin ella, el juego pierde muchísimo, convirtiéndose en uno del montón. En él manejamos a una joven que debe de escapar de una mansión encantada y mientras ella anda nosotros disparamos a todo lo que se mueve. Gráficamente discreto, con un sonido para nada malo, la variedad, la duración y el reto no es lo suyo. Excepto, insistimos, que lo juegues con pistola, donde se convierte en una rareza única.

Les Schroumpfs/The Smurfs

(Infogrames, 1995) · PAL · Plataformas · Un jugador.

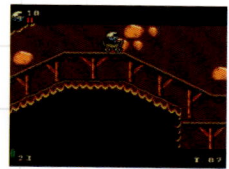
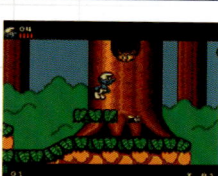

Intentar conseguir hoy este cartucho es tarea casi imposible. Convertido en juego de culto, su precio se dispara como el caviar o la trufa silvestre. Los aficionados a Los Pitufos, que se cuentan por miles, sobre todo en el país vecino, hacen el resto. Es un típico juego de plataformas realizado por la gran Infogrames (*Alone in the Dark*) aunque Bit Managers, uno de los estudios españoles pioneros en esto de los videojuegos, fue la encargada de desarrollar la versión Master System, versión que se lanzó también para otras consolas, pero ninguna ha llegado a suscitar esta fiebre coleccionista.

Es un juego de plataformas tradicional, corto, pero variado, con muchos escenarios, agradable de jugar, con gráficos top, coloridos y nítidos, y muy simpático. No es un diez en nada, pero sí un seis o siete en todo.

Legend of Illusion Starring Mickey Mouse

(Tec Toy, 1998) · PAL · Plataformas · Un jugador.

Más Mickey Mouse, el último, de la saga *Illusion*, juegos que pusieron a Master en lo más alto del género y a Disney consagrada. Mickey debe salvar al reino de un mal que lo acecha y para ello deberá recorrerlo para encontrar la legendaria agua de la vida. Con gráficos *made in Disney* (y movimientos que nos recuerdan a los otros juegos de la serie), el juego es otro *port* Game Gear-Master System programado por y para el mercado brasileño. La versión portátil fue alabada por sus ingenuos gráficos y planteamiento aventurero, aunque algo escasa en sonido o jugabilidad como consecuencia de la traslación, casi tal cual, de los controles portátiles.

Dejándolo todo como estaba y haberle añadido un mejor control y hubiéramos tenido un juego de plataformas más afortunado. Aun así, es un juego que hay que tener, independientemente de que sea el más flojo de la trilogía.

Line of Fire

(Sega, 1992) · PAL · Shooting · Un jugador.

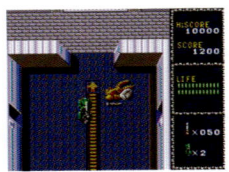

Este juego de disparos, originalmente lanzado en salones en 1989 (y que incluía las típicas pistolas de disparos para uno o dos jugadores), tuvo su propio lanzamiento en Master System, la única consola Sega que lo recibió. De ser un *shooter* al uso pasó a ser uno en *scroll*. El *arcade*, con su visión de disparos tan típica luego de Sega (*The House of the Dead*), tenía un pase, aunque no fue un gran éxito, pero la versión 8-bits no fue especialmente bien considerada y eso que Sanritsu Denki siempre trabajó bien. Valorado irregular no por el juego en sí, sino porque la diferencia con la recreativa era demasiada. No soportó la pistola de Sega, un despropósito, aunque sí las gafas 3D, si bien al parecer solo a través de una serie de combinaciones… Un juego extraño, sin duda.

Les Schtroumpfs: Autour du Monde

(Infogrames, 1996) · PAL · Plataformas · Un jugador.

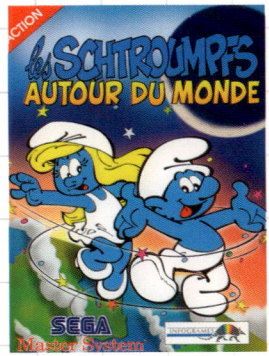

Otro juego de Los Pitufos, que en esta ocasión adapta episodios famosos de la serie, y otro juego de los imposibles de conseguir para los coleccionistas de videojuegos. Una vez más, estamos ante una aventura plataformera repleta de simpatía y diversión, nada ambiciosa, pero sí digna con la franquicia que adapta.

Lemmings

(Psygnosis, 1992) · PAL · Puzzle · Un jugador.

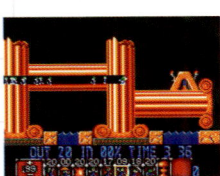

A lo mejor hoy se dice *Lemmings* y nadie sabe lo que es. Pero si decimos que en su época llegó a ser un equivalente a otros nombres potentes (tipo *Pac-Man* o *Pang*), os haréis una idea de lo que suponía tener este juego en el catálogo. Diseñado por DMA Design (hoy Rockstar North) y publicado por Psygnosis (otra grande que se esfumó tras su espectacular fama en la etapa 32-bits), la versión Master System la llevó a cabo Probe Software, los creadores de *Alien[3]*.

¿Y en qué consiste este juego? ¿Por qué tanta afición, todavía hoy, con miles de fanes? Era un juego de habilidad y/o puzle muy original, pues consistía en llevar a estas extrañas criaturas de un punto a otro esquivando para ello incontables obstáculos. En general, el juego siempre fue considerado un clásico, una obra maestra de su género que tuvo, también por regla general, excelentes adaptaciones. El de Master System, a pesar de sacrificar los fondos y, obviamente, carecer del ratón con el que se movía el juego original, se considera un verdadero milagro de la programación, un juego excelentemente convertido. Con más de cien niveles, hay aquí juego para horas y horas…

Lord of the Sword/Lord of Sword

(Sega, 1988) · NTSC/PAL · Aventura RPG · Un jugador.

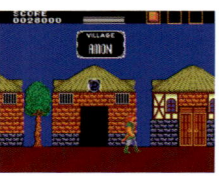

Otro de esos juegos que se descubrían, ya fuera a través del catálogo o ya fuera por un alquiler inesperado, por el boca a boca, por un amigo... Sí, esto lo estamos repitiendo mucho, pero queremos que entendáis, los que no hayáis vivido esa época, que nos movemos en este nivel, con prácticamente sin revistas o muy pocas, sin Internet, sin ni siquiera el prestigio que hoy tienen los videojuegos. Este juego, encima, tenía un problema ya dicho anteriormente en estas páginas: era rol. Y eso conllevaba que estuviera en inglés, que fuera complejo, difícil... Todos estos escollos no eran óbice para ser lanzado, incluso en el mercado PAL España, pues una consola en auge y con éxito en nuestro país como Master System y Master System II necesitaba catálogo. Pero otra cosa eran sus ventas...

Basado en un mundo de fantasía heroica, Landau deberá vencer al temible demonio Lord Ra Goan, y para ello estará bien pertrechado, recorriendo villas, castillos... Es parecido a otros de la competencia de la época (NES), pero no tiene contraseña de continuaciones, así que hay que vencer a los jefes para que nos den vidas...

M

Machine Gun Joe

(Sega, 1987) · NTSC · Shooter · Un jugador.

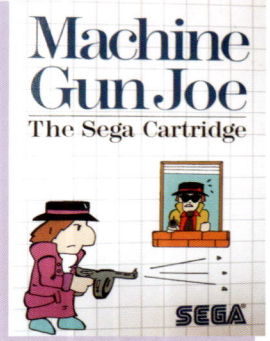

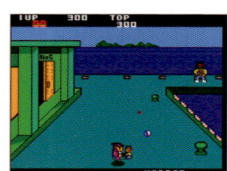

A veces conocido o publicado con el añadido *Comical*, quedan claras sus intenciones; *shooter* desenfadado y humorístico con un protagonista de gabardina y ametralladora que recorre escenarios típicos de las pelis de los ochenta mientras se ríe de los gánsteres y algunos de sus tópicos: calles, un billar, el cementerio, arañas y cerdos que te atacan... Gráficamente es resultón y jugablemente sencillo: el típico *shooter* estático con el personaje en la parte baja disparando a todo lo que se asoma por la pantalla, solo moviéndose de izquierda a derecha. Es cortísimo, pero no lo parece por su principal pega: extremadamente difícil. Desenfado... y *hardcore*.

Mahjong Sengoku Jidai

(Sega, 1987) · NTSC · Juego de mesa · Un jugador.

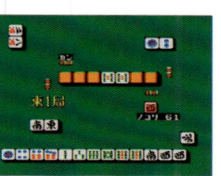

Fue esta versión exclusiva de Asia, aunque hay que decir que la sosa portada de Hong-Kong no tiene nada que ver con la simpática portada japonesa. Es un cartucho, en todos los aspectos, muy simple, pues es para jugar a este famoso ajedrez japonés y poco más. Como curiosidad nos gustaría comentar que este juego, en el que en la portada se aprecia un FM bien grande, en realidad no es compatible con este accesorio.

Marble Madness

(Virgin Interactive, 1992) · PAL · Arcade · Un jugador.

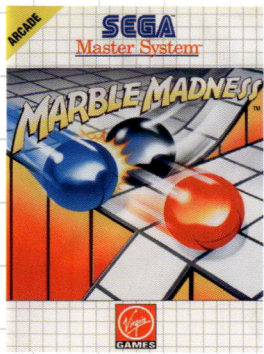
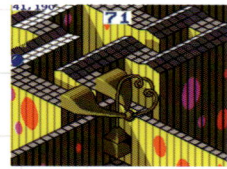

De nuevo Mark Cerny como programador en un juego, hablamos del original, que le llevó a la fama y que, como tal, tuvo su correspondiente versión Master System muchos años después. El invento, *tonto*, consiste en hacer mover una pelotita por la pantalla, recorriendo escollos, para hacerlas meter en el objetivo en un tiempo limitado. En los salones fue un éxito; de hecho, fue una revolución a su manera, como antes lo habían sido otros de estilo puzle tipo *Tetris*, y el *port* fue valorado como excelente, aunque el *pad* hace de las suyas. Sencillo, sí, pero divertido.

Master of Darkness

(Sega, 1992) · PAL · Acción · Un jugador.

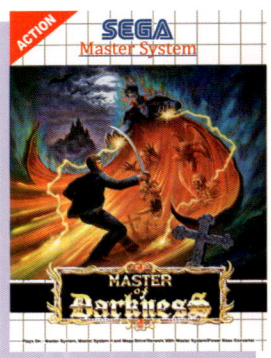

En 1992 tenemos, para Master System (y para Game Gear, cosa muy normal entonces), un juego hoy de culto, *Master of Darkness*. Era muy bueno en sus gráficos y ambientación, pero fue criticado por intentar ser una copia de los Castlevania, entonces el nombre referente para este tipo de juegos. En el prototipo se le puso la coletilla *Vampire*, pero el hecho de que el malo sea Drácula... Como sea, sus desarrolladores (la mayoría hoy todavía se desconoce quiénes eran o en qué trabajaron antes o después de este juego), sacaron el máximo partido al *hardware* de la consola, con un sonido a cargo de Yoko Wada y, sobre todo, de Takashi Horiguchi, con unos temas que recuerdan a otra de sus grandes composiciones, *Ninja Gaiden* (aunque las de Wada recuerdan a su trabajo en *Air Rescue*).

Como en el juego de Konami, nuestro objetivo es vencer al malvado conde Drácula, en esta ocasión por parte del Dr. Ferdinand, que ha de poner fin a la matanza que se está perpetrando en Londres y que, erróneamente, se atribuye a Jack el Destripador.

Trece pantallas en las que cada una nos lleva a lugares de pesadilla, con jefes tenebrosos y monstruos por doquier, desde fantasmas a zombis. Podemos usar armas principales y secundarias, sobre todo cuchillo, hachas y pistolas, así como recoger las armas sueltas del suelo, al más puro estilo moderno. Revistas como *SegaPro* lo catalogan, en junio de 1993, como un juego notable, y la mayoría de la prensa estuvo de acuerdo: juego notable con detalles incluso sobresalientes, gracias a unos gráficos, puesta en escena y duración/dificultad muy trabajada. Para muchos fue el mejor juego de la consola en años, con versión Game Gear (titulada *Vampire: Master of Darkness* en EE. UU. y llamado *The Wake of Vampire* en Japón) y recopilatorios en años posteriores.

Sin embargo, en Mega Drive, no tuvo versión. Para qué, si salió el anhelado, el famoso *Castlevania*...

Otra gran portada, otro gran título que llegó a Europa en la mayor cúspide de Master System en el continente cuando Sega estaba metida en Mega Drive, y otro ejemplo de la fortaleza y variedad del catálogo de la 8-bits de Sega, donde el terror también tenía cabida. Uno de los punteros y mejores del catálogo.

Marksman Shooting-Trap Shooting-Safari Hunt/Marksman Shooting & Trap Shooting

(Sega, 1986) · NTSC/PAL · Shooter · Un jugador.

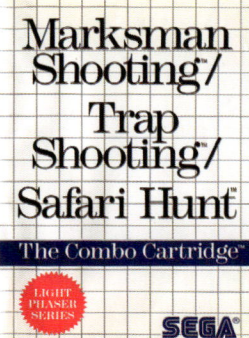
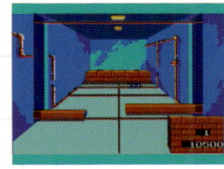

Otro juego, en realidad varios, para la pistola láser. En esta ocasión un recopilatorio que incluía varios juegos de disparos para la misma. No existían por separado. En EE. UU. no se incluía *Safari Hunt*, pero en Europa sí, juego que solía ir con otros *packs*. Misterios de la época. En definitiva, es un intento de dar juegos a los sufridos poseedores de la pistola y, en estos inicios, para competir con *Duck Hunt* de NES.

Masters of Combat

(Sega, 1993) · PAL · Acción · Uno o dos jugadores.

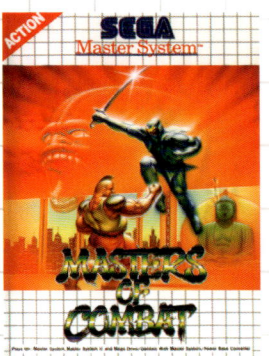

Con un lanzamiento exclusivo para Europa (y Brasil) en diciembre de 1993, lo empezamos a disfrutar a lo largo de 1994. Sí, porque era sorprendente: cuando la Master System empezaba a ralentizar sus lanzamientos, de repente apareció este juego, y no cualquier juego, sino ¡un juego de lucha! En ese momento estaban más de moda que nunca y su desarrolladora, SIMS, una vez más, ayudaba a su *madre* Sega aportando aún más variedad al catálogo. Lo descubrimos los que esto escribimos en un alquiler, cómo no, y nos sorprendió gratamente, a pesar de que, lógicamente, no podía ser tan complejo técnicamente como otros cartuchos de las 16-bits. No era muy largo, pero entretenía, con este peculiar torneo de luchadores, eso sí, algo escaso de plantel.

Maze Hunter 3-D/Maze Walker

(Sega, 1988) · NTSC/PAL · Acción · Un jugador.

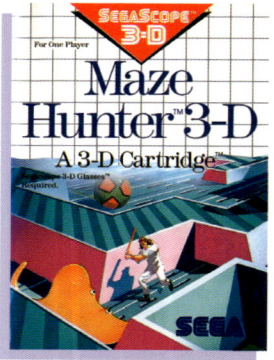
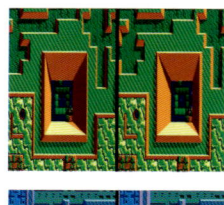
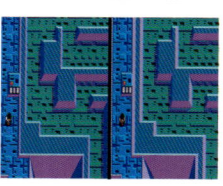

Otro juego para aprovechar la riada de periféricos de la compañía japonesa, esta vez el Sega Scope. En una historia digna de la ciencia ficción, a nuestro protagonista, que se ha enfrentado a multitud de mazmorras por todos los lugares habidos y por haber, le falta el mayor reto que existe: superar el Laberinto. Y allá que va, armado con solo un palo, a superarlo. Si bien el juego no es la gran cosa (una especie de *Gauntlet* venido a menos, con muchas mazmorras, vista cenital y objetos aleatorios mientras buscamos una salida de nivel), el acabado, para ser un juego de la 8-bits (siempre que vaya acompañado de las gafas), sorprende, con un conseguidísimo efecto 3D y unos movimientos suaves y bien acabados. Otra rareza del gran y variado catálogo, que demuestra con este tipo de juegos que sigue siendo un gran desconocido.

Megumi Rescue

(Sega, 1988) · NTSC · Acción · Un jugador.

Otro cartucho compatible con el FM y exclusivo de Japón. Su planteamiento es cuando menos surrealista: se trata de rescatar a personas en un edificio ardiendo. Con la ayuda de nuestros compañeros, al protagonista debemos ir manteándolo para llegar a la zona superior y conseguir el objetivo. Simplón y divertido, con unos gráficos igual de simplones, pero encantadores. Ha quedado muy desfasado, pero se le perdona. Pura nostalgia.

Mercs

(Sega, 1992) · PAL · Shooting · Un jugador.

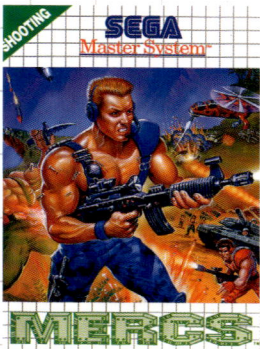

En realidad, *Mercs* es una secuela de Capcom de su propio juego titulado *Commando* (1985), obra del gran Tokuro Fujiwara, pero que no se nota en absoluto. La conversión de Master System de este clásico del *run and gun* no tiene, una vez más, multijugador (un error tremendo que no paraba de repetirse en muchos otros cartuchos de la consola), pero tiene un modo extra a cambio. No obstante, tiene defectos gráficos, formato de representación distinto y problemas para igualar el frenetismo del título original. Pero conserva la esencia del juego que es, al fin y al cabo, de lo que se trata en una conversión. No es un mal juego, sino diferente al original. Otro nombre importante de la época en el catálogo.

Mickey´s Ultimate Challenge

(Disney, 1998) · PAL · Puzle · Un jugador.

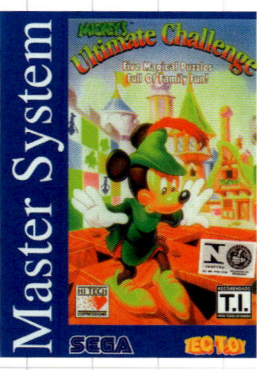

Este es otro juego que adolece de los mismos defectos que muchos de los juegos lanzados en el mercado brasileño: es un *port* de Game Gear que, con el cambio, hace que Master tenga más resolución y poco más. Y eso se nota también en el *gameplay*: Mickey sueña con un castillo tras leer un cuento de hadas y aparece en él. Para salir deberá superar el reto, de ahí el título, en forma de puzles, algunos de ellos con personajes Disney (como Juanito, Jorgito y Jaimito). Sin embargo, aunque el acabado es aceptable, los puzles no son un reto (como decimos, es un sistema de juego pensado para una portátil), pero entendible, puesto que su público objetivo son los más pequeños. La gracia de este juego, empero, es la siguiente: aunque desarrollado para la portátil de Sega salió en Brasil para Master en 1998, lo cual lo mete en la historia pues es, posiblemente, el último juego salido para la 8-bits en ese mercado y, por ende, en todo el mundo.

Michael Jackson´s Moonwalker

(Sega, 1990) · NTSC/PAL · Arcade · Un jugador.

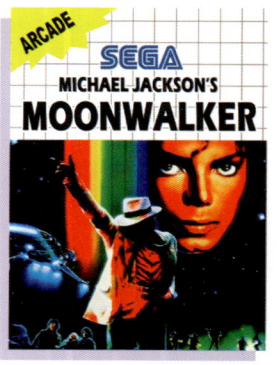

Un caluroso agosto, y tras el éxito de la película del mismo nombre, Sega y la mítica U. S. Gold, como distribuidora, deciden crear un *arcade* famosísimo que, cómo no, tendría su correspondiente versión para Mega Drive y nuestra querida Master System. Si bien es cierto que la versión isométrica del *arcade* exclusivamente la tuvieron las versiones más potentes de compatibles domésticos (también vista cenital), la versión 8-bits tuvo estilo plataformero/acción 2D que también fue muy vistosa y colorida. Su magnífica portada basada en el póster del largometraje del 89, así como la figura de Michael Jackson en su punto álgido de rey (más bien emperador) del pop ochentero, lo hacen un título de culto todavía hoy.

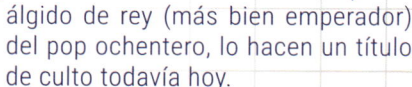

Un par de años después de su lanzamiento oficial en Europa, también en un caluroso verano, jugamos a este cartucho prestado por un amigo del colegio. La jugabilidad, sin posibilidad de cooperativo en la 8-bits, es cierto, en nada desmerecía unas muy buenas animaciones (baile, lanzamiento de sombrero), así como sonidos y músicas (del propio Michael Jackson, quien, por cierto, dicen que se implicó bastante en el juego) que engrandecían el título. Un cartucho imprescindible que deja a las claras de qué época hablamos, de qué contexto, cuando hablamos de Sega y Master System.

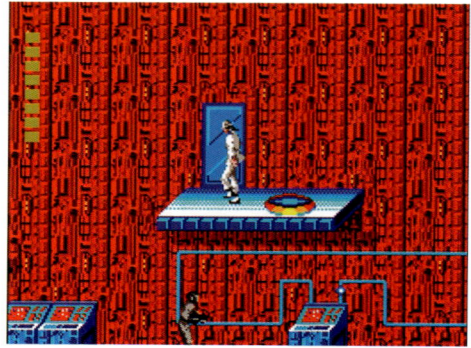

Micro Machines

(Codemasters, 1994) · PAL · Deportes · Uno o dos jugadores.

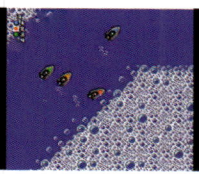

La fiebre Micro Machines no solo se impuso desde las jugueteras, sino también para los videojuegos, lanzados en todas las plataformas habidas y por haber. Los cochecitos (o helicópteros, canoas, etc.) de juguetes, recorriendo con su tamaño diminuto la realidad misma (por cajas de cereales, tapetes de billar...), encandilaron. Circuitos imposibles, pero divertidos. La versión Game Gear fue muy bien tratada, pero la versión Master System, también con su colorido y *sprites* pequeños, pero agradables, también gustó mucho, con una crítica que catalogó mayoritariamente la versión 8-bits como un juego de sobresaliente. Un éxito de la época.

Missile Defense 3-D

(Sega, 1987) · NTSC/PAL · Shooter · Un jugador.

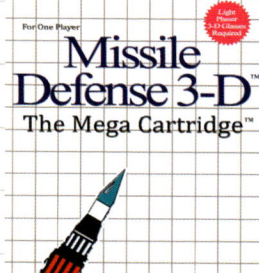
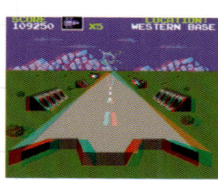

Programado y diseñado de nuevo por el gran Mark Cerny, se trata ahora de un cartucho para un jugador que podríamos catalogar de pacifista y de *revolucionario*: aquí va un juego que no solo necesita de las gafas 3D, sino además la pistola láser. Dos en uno. Nuestra loable misión es la de destruir los misiles nucleares que se han lanzado dos superpotencias de la época (¿cuáles serán? Sorpresa, sorpresa). No es que sea la octava maravilla como juego en sí; en general, de hecho, las críticas fueron mediocres y sus gráficos no eran lo más cañero (aunque no desagradables), pero en cuanto a experiencia (láser más gafas), se puso como un ejemplo fuera de toda duda. Un juego-experiencia.

Miracle Warriors: Seal of the Dark Lord/Haja no Fuuin

(Sega, 1987) · NTSC/PAL · Aventura RPG · Hasta cinco jugadores.

Con una increíble portada que hace volar la imaginación, es un juego de rol por turnos de Kogado Studio para la NEC que Sega, una vez más, licenció. Es un hito porque juegos de rol por turnos, japoneses 100 %, traducidos al inglés… con los dedos de una mano hasta entonces. En Europa también salió, obvia decirlo, en inglés, pero los frikis del lugar, los amantes de Master, se han currado hoy en día incluso traducciones al español. Eso demuestra lo querido que fue y es por los fanes, con un juego que recoge la esencia del rol de amigos en torno a una mesa, explorando y combatiendo con el típico diseño de primera persona y con decisiones que incluso afectaban a los caminos a tomar y la propia trama. La exploración, curiosa (una vista cenital sin personaje y el personaje y sus compañeros en un *aparte*) y el combate (típicos combates aleatorios por turnos), causaron furor. Por si fuera poco, y siempre que fuera alternando el mando, permitía hasta cinco jugadores y, audiovisualmente, era y sigue siendo una delicia. De esas joyas que Sega trajo a Occidente en su obsesión por aplastar a NES (que también tuvo versión).

Montezuma´s Revenge Featuring Panama Joe

(Micro Smiths, 1988) · NTSC · Plataformas · Un jugador.

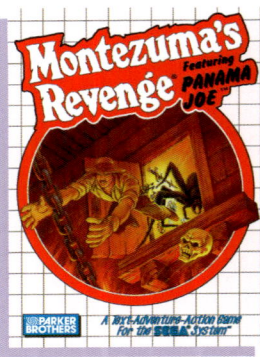

En 1984 se lanzaba este juego para compatibles producido por Parker Brothers y que, dicen, hace referencia a la diarrea que se contrae al viajar a México (sí, son así de graciosillos los de Parker). En 1988 llega pues el consecuente *port* para Master System por parte de Micro Smiths. Eso sí: audiovisualmente superior y ampliado. Es un plataformas de acción para un jugador, de paleta de color extensa, con once niveles laberínticos, cuyo atractivo radica no solo en su estilo complicado, sino en que su desarrollador tenía apenas dieciséis años cuando creó el original. Su segunda parte, o lo más próximo a una segunda parte, se lanzaría diez años después en 1998 en PC: *Montezuma´s Return!*

Mônica no Castelo do Dragao

(Tec Toy, 1992) · PAL · Plataformas · Un jugador.

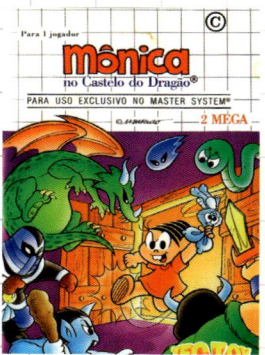

Otro *rebranding* de Tec Toy para el público brasileño. Como ocurre con otros cartuchos modificados, el problema no es esto en sí, sino que se basa en un gran juego como fue *Wonder Boy in Monster Land* (Sega, 1987). Es un juego simpático, basado en el cómic *Turma do Mônica* (por el guionista y dibujante Maurício de Sousa, publicado desde 1959-actualidad), de ahí que los textos estén en portugués. Mônica iba ataviada con su peluche para sobrepasar doce fases en las que vencer al Capitán Ugly antes de que se transforme en un monstruo. Este juego sobre los chicos del barrio del Limonero tiene la peculiaridad histórica y coleccionista de ser considerado en Brasil un clásico, con numerosas reediciones y vendido junto con la Master System Girl en su momento.

Un juego gracioso, colorido, divertido, bien adaptado a las peculiaridades de su mercado y que incluso tuvo un cómic donde Mônica viajaba al interior de un cartucho. Las características y virtudes de este cartucho son las mismas que las del juego en el que se basa.

Monopoly

(Sega, 1988) · NTSC/PAL · Juego de mesa · Hasta diez jugadores.

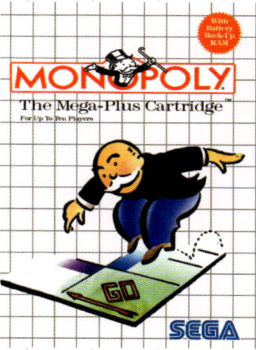
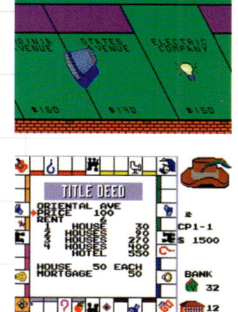

Basado en el popular juego de mesa del mismo nombre, Sega lanzaba este importante nombre de la industria del entretenimiento para trasladar la experiencia tablero a lo digital, juego que pasó por una y mil vicisitudes en su desarrollo, y que parecía no acabarse (ni pagarse) nunca. El juego del dinero, entre retrasos, pago por la licencia y demás, parecía hacerse patente en el mundo real. Desde uno a dos jugadores (aunque pueden ser hasta diez *nombres* distintos), el cartucho era como el tablero, aunque introduciendo de vez en cuando elementos animados o dibujados. Aunque algunos críticos lo tacharon de negativo por lo de inmovilista que tenía (y por su irregular sonido), otros, precisamente por ese motivo, por ser una adaptación fiel del juego de tablero, lo alabaron (estos últimos, incidiendo en su calidad gráfica y trabajo realizado). Desde luego, es toda una curiosidad e incluso podríamos decir que, en cierto modo, es un adelantado a su tiempo.

Mortal Kombat

(Arena Entertainment, 1993) · PAL · Lucha · Uno o dos jugadores.

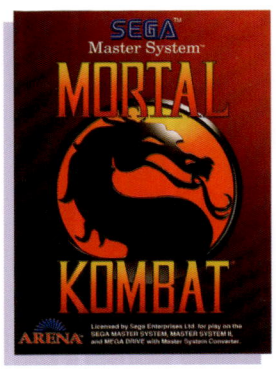

La legendaria primera entrega, cuya rompedora aparición fue en agosto de 1992, el año de las Olimpiadas de Barcelona, salió al fin en Super Nintendo y Mega Drive basada en el *arcade* del mismo nombre (y que luego saldría en PC, versión casi 1:1) a finales de 1993. Pero también, ante el éxito, se publicó en otras consolas como Master System, Mega CD, Game Gear e incluso Game Boy, sin dejar de salir en consolas posteriores en diferentes ediciones, descargas, especiales... Su violencia creó sensación, su dinamismo, sus gráficos digitalizados, su historia y un logo que debe de exponerse en las escuelas de diseño como ejemplo de cómo crear un símbolo, obra de Paul E. Niemeyer. Su nombre, con K, que Ed Boone, su creador, dijo era para incidir en lo *rarito* del juego, y este logo, decimos, se hicieron reconocibles como un Mario o un Ryu. Es posible que incluso supere en diseño al de *Parque jurásico*, también de la época, ya que recuerda a esos adornos de madera o de orfebrería china (en realidad, es el símbolo simplificado de los antiguos dioses, los dioses, valga la redundancia, del mundo Mortal Kombat).

El juego, con apenas diez meses de desarrollo, un juego de lucha pensado para competir con el rey de todos los tiempos (*Street Fighter II,* Capcom, 1991), arrasó en su recepción en los salones recreativos y en el género de lucha gracias a sus ocho megas, sus 64 bits y sus más de 300 *frames* con captura de movimientos, dando el salto por la compañía Acclaim a las consolas domésticas (bajo el sello Arena, para no entrar en disputas de exclusividad con Nintendo). Fue, sin duda, hasta entonces, uno de los más grandes lanzamientos de todos los tiempos, con anuncios de televisión innumerables, figuras coleccionables y un estreno simultáneo para todas las plataformas en lo que fue llamado por la revista americana *GamePro*, fundada en 1989, el Mortal Monday. Provocó un fenómeno sin precedentes, incluyendo un célebre cómic que apareció casi a la vez para celebrarlo, publicado entre 1994 y 1995.

La versión 8-bits, lógicamente, no llega al nivel superior de las otras consolas. Aun así, es bastante respetuosa la adaptación de Arena Entertainment. Corta de escenarios, posee todos los personajes principales, incluyendo Goro, y su correspondiente violencia. La guerra de las consolas, entendida esta como el gran duelo, sobre todo en EE. UU., de Sega contra Nintendo, también tocó a esta saga en su momento, contribuyendo a aumentar la polémica.

Nintendo había decidido adaptar *Mortal Kombat* para Super Nintendo sin gore ni sangre, a pesar de que Acclaim no se lo recomendó. La versión de Sega, tanto en Master System, Game Gear y, sobre todo, Mega Drive, fue igual a la recreativa, violencia incluida, aunque tras una combinación de botones. La versión Master no necesitaba de combinaciones; traía la sangre de serie, por así decirlo.

Un gran cartucho y un gran trabajo de adaptación porque, al menos en Europa, Master System de Sega era una consola de referencia (como todas las de Sega). Nos gustaría aquí contar con respecto a esto una anécdota sobre el juego en su versión Master System. En plena fiebre del juego, cuando todo el mundo quería una Mega Drive para jugarlo (en nuestro colegio se era mayoritariamente de Sega), apareció uno de nuestros mejores amigos (que lo sigue siendo) con una sorpresa mayúscula: el juego para Master System. Le costó un pastón, casi 8000 pesetas, mucho más del rango clásico 5995-6095 pesetas. Se hizo el amo del patio, y nosotros fuimos unos de los afortunados a los que se atrevió a prestar tal joya (que parecía mentira que se viese así). Con esto queremos incidir en que esta versión era difícil y cara de conseguir... así que imaginad ahora. Puro coleccionismo para un cartucho extraordinario del catálogo.

Mortal Kombat II

(Acclaim, 1994) · PAL · Lucha · Uno o dos jugadores.

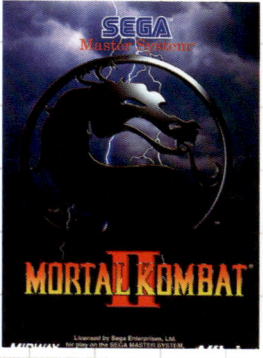
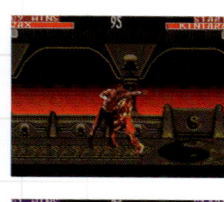

En estas fechas tan lejanas, ya solo salían juegos para Europa y Brasil. Y esta conversión era imprescindible, dado el éxito de su primera parte. El juego era más de lo mismo, sí, pero más y mejor, y más oscuro y enrevesado. Las críticas de las revistas tras publicarse la versión de recreativas fueron extraordinarias, quizá la cumbre de la serie en lo que unanimidad de halagos se refiere. Ed Boon y John Tobias, sus creadores, reconocieron después el haberse sentido presionados. El enorme éxito de la primera parte en versión doméstica (más de seis millones de copias), hizo que Acclaim aspirase a crear un mundo a lo Star Wars, con un emperador por encima de Kang, el jefe final del primer juego, así como más mundos y reinos.

El juego en nuestra querida Master System tiene limitaciones, claro (dos escenarios, cierta brusquedad en algunas transiciones y no hay *babalities* y *friendships*, las dos grandes novedades de la saga), pero tenemos a cambio nada más y nada menos que ocho personajes (más cuatro ocultos), grandes *sprites*, todos los movimientos, *fatalities* nuevos e, incluso, ¡la voz de *fight!* digitalizada antes de iniciar los combates! Una conversión más que digna que es, por derecho propio, uno de los mejores juegos del catálogo de la 8-bits de Sega. Eso sí, si quieres comprarlo hoy en día, prepárate a soltar pasta...

Mortal Kombat 3

(Tec Toy, 1995) · PAL · Lucha · Uno o dos jugadores.

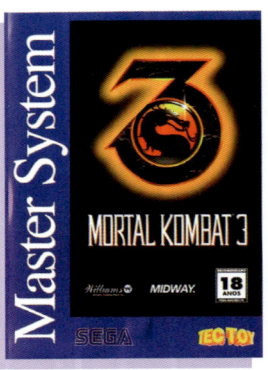

Como no podía ser de otra forma, será ya el mercado brasileño el único que disfrute de lanzamientos de este calibre. No obstante, como pasa con muchos títulos adaptados por esta compañía, se hace el camino Game Gear-Master System, lo que provoca que apenas se diferencien y no se aproveche la mayor potencia de la máquina doméstica (personajes más grandes y más resolución apenas). Si en *Mortal Kombat II* había cierto detallismo, aquí no hay fondos, voces y casi ni música, con movimientos toscos, paleta reducida y una sensación de sacacuartos evidente. Hoy es un juego deseado del catálogo, con precios astronómicos, pero que está lejos de las dos anteriores entregas, obras maestras.

Ms. Pac-Man

(Tengen, 1991) · PAL · Puzle · Uno o dos jugadores.

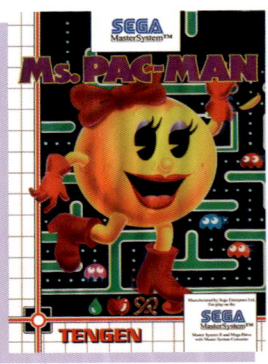
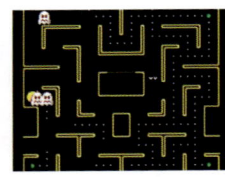

Otro juego que jugamos bien profundamente, en su momento, gracias al alquiler. Algún día habrá que hacer un homenaje al alquiler, que proporcionó, a los menos pudientes, posibilidades jugables. Como sea, el juego pretendía aprovechar, en versión femenina, el éxito de su homólogo *Pac-Man*. No hace falta que nos explayemos: si no sabes qué es el comecocos, y sus efectos de sonido, lo sentimos por ti. Lo que sí podemos decirte es que, para muchos, es la más auténtica conversión de su época, incluyendo un modo *arcade* y tres tipos de laberintos a elegir (Big, Mini y Strange). ¿Por qué una mujer? Porque el *Pac-Man* original era un lío de licencias y para poder disfrutar del estilo de juego clásico, la adaptación de la recreativa de *Ms. Pac-Man* era la trampa para poder jugarlo casi tal cual.

My Hero

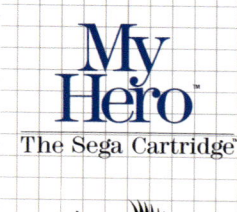

(Sega, 1986) · NTSC/PAL · Acción · Uno o dos jugadores.

Desarrollado por Coreland (hoy Banpresto) para Sega, adapta el juego de recreativas del 85. Es un temprano *beat 'em up*, el típico *yo contra el barrio* en el que debemos abrirnos paso ante macarras urbanos que, cómo no, han secuestrado a nuestra novia. Ya hemos nombrado en esta enciclopedia de *software* títulos muy buenos de este género. La gracia de este es que si ayudamos a ciudadanos se nos unen hasta que mueran, incluyendo ayudarnos contra jefes; jefes basados en ninjas, personajes de *El planeta de los simios*, etc., en plan ya locura total. Son dos jugadores, pero alternos, una pena. También se lanzó en Sega Card, y es considerado divertido y apañado técnicamente (hablamos del temprano 1986), pero durísimo, difícil como él solo.

Nekyuu Kousien

(Sega, 1988) · NTSC · Deportes · Uno o dos jugadores.

Béisbol es igual a EE. UU. Pues no necesariamente. En Japón el béisbol también ha creado siempre furor, así que Sega en 1988 lanzaba este exclusivo del mercado japonés para cubrir esa demanda. Con unos gráficos preciosistas tipo anime y un sonido que tiraba del periférico FM (una vez más, solo en el país oriental), su argumento es sencillo: campeonatos de Secundaria para ver quién es el mejor, incluyendo los típicos animadores de instituto de la grada acompañándonos. Jugablemente nos colocamos ligeramente detrás del bateador (o del que lanza), y así podemos desarrollar el partido con éxito, lo que no quiere decir que no cambien los planos al batear, etc. 49 equipos, nada más ni nada menos, a nuestra disposición para un título con algunas mecánicas un tanto extrañas a veces, muchas secuencias animadas al puntuar y que es muy complicado de conseguir. Un juego desapercibido en su momento, hoy una rareza.

Ninja Gaiden

(Sega, 1992) · PAL · Acción · Un jugador.

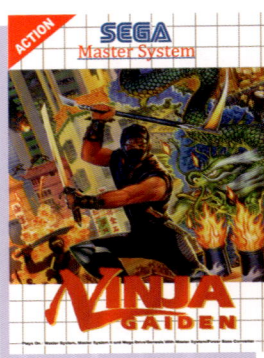

Con la licencia de Tecmo, Sega encarga a su estudio interno SIMS (fundado apenas un año antes e independiente en 2004), creadores de grandes juegos ya nombrados (*Aladdin*, *Masters of Combat*, *Master of Darkness*), la creación para Europa de esta joya en el verano de 1992, demostrando por enésima vez que es un mercado muy importante para Sega en la época.

Ahí, en ese período vacacional, encontramos un juego que no tiene nada que ver con el resto de los argumentos de la serie. En la piel de Ryu Hayabusa deberemos vencer a aquellos que han asesinado a nuestro clan, pues el mundo está en peligro si se desata el Bushido. Basado en los controles de NES, en cuanto es un plataformas de acción, se realizan saltos, ataques ninjas especiales, etc., el juego es una obra maestra. Su paleta, su dificultad, sus diseños (incluyendo otro portadón), cuidada puesta en escena, fases y una música extraordinaria obra de Takashi Horiguchi, alias Fumi, asociado siempre a SIMS, redondean un cartucho genial. Uno de los mejores del catálogo, otra joya de Master System.

Out Run

(Sega, 1987) · NTSC/PAL · Carreras · Un jugador.

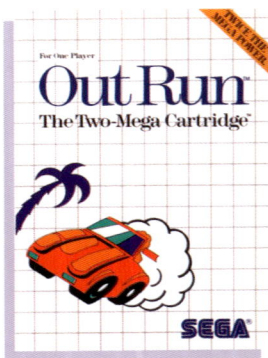

Otra franquicia de aúpa de la época, y otra genialidad de Yu Suzuki directamente de los salones recreativos a Master System. Eso sí, con esas horribles portadas anteriores al período 1989/90 de nuestra 8-bits, aunque tenían un encanto especial, hay que decirlo. No obstante, estamos hablando del primer *port* doméstico de este mítico *arcade* y sería, durante mucho tiempo, la referencia: excelentes gráficos, excelente banda sonora y excelente sensación de velocidad. Siendo la consola que es y el año que es, el resultado no puede ser mejor. Si lo comparamos con la recreativa, obviamente, hay menos colores y tamaño de los elementos, pero si lo vemos directamente, el resultado es sorprendente (incluyendo fondos y varios vehículos a la vez). Un imperdible del catálogo.

Out Run 3-D

(Sega, 1989) · PAL · 3-D · Un jugador.

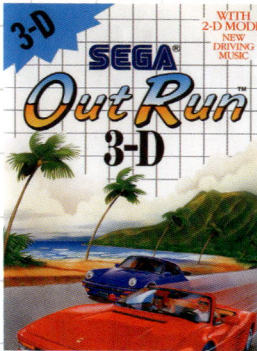

Los juegos de éxito pocas veces se quedan en uno, así que era normal otro juego de la franquicia. En esta ocasión, una versión exclusiva para la 8-bits que utilizaba las gafas 3D, de ahí que el género en la carátula no fuera Action, Sports o Arcade, sino directamente 3D. Si exceptuamos el 3D, el resto es igual, pero no es el mismo juego, que conste, tiene variaciones. Incluso la carátula especificaba que podía jugarse en 2D o que incluía nueva música, para dejarlo claro. Ya entra en cada cual valorar si son cambios suficientes.

Catalogado como menos preciso o perfecto que la entrega anterior en cuanto a su jugabilidad, no obstante, fue valorado como un juego excelente que, encima, extraía todo el potencial de las gafas. Otro juegazo.

Olympic Gold: Barcelona ´92

(U. S. Gold, 1992) · PAL · Sport · Hasta cuatro jugadores.

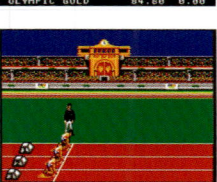

Este es un título que los avispados miembros de la gran Sega España aprovecharon para vender en *packs* junto con Mega Drive, estrategia que hizo alucinar a Sega Japón. Y es que, claro, ¿cómo no aprovechar el tirón de los Juegos Olímpicos celebrados en Barcelona y que todos los que los vivimos recordamos como uno de los grandes hitos de la España moderna? Un cartucho obligado, en donde ya desde la portada, con ese Cobi de Mariscal, se nos llena la mente de gratos recuerdos. Podemos hacer los cien metros, tiro con arco, natación y otros pocos más (solo siete); lo de los cuatro jugadores, se sobreentiende, eran alternos.

Tiene parecidos con el excelente *California Games*, y fue considerado un juego notable alto en la versión 8-bits por ser entretenido y gráficamente lucido. Algunas versiones incluyeron un Folleto de Recuerdo de Edición Limitada. Un cartucho de deportes del catálogo que había que tener muy en cuenta.

Out Run Europa

■ **(U. S. Gold, 1992) · PAL · Carreras · Un jugador.**

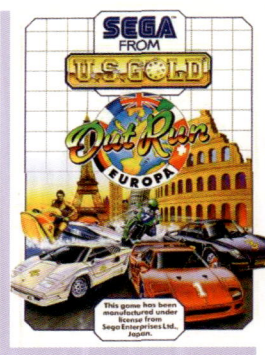

De nuevo Probe, trabajando para U. S. Gold (en España vía Erbe), lanza un cartucho con bastante retraso, y con un nombre de franquicia importante, aunque Sega aquí solo cede el nombre. Como su título indica, en esta ocasión es Europa la protagonista, así que recorreremos diferentes países (que aprovechaba, además, el tirón del mercado PAL con Master System), mientras gozamos una vez más de grandes gráficos y sonido. Es, sin duda, otro juegazo, el tercero de la franquicia, y en esta ocasión su jugabilidad es tan buena como el primero lanzado para la 8-bits de sobremesa de Sega. El tercero en seis años y no pudo ser mejor la cosa.

Operation Wolf

■ **(Taito, 1991) · PAL · Arcade · Un jugador.**

De nuevo, otro juego que intentaba utilizar la pistola de la consola y, por fin, lo hacía perfectamente. Porque claro, este juego basado en el famoso *arcade* de Taito de 1987 era de disparos y eso le venía perfecto a la pistola de luz. Nuestra misión estaba clara: como miembros de las Fuerzas Especiales debíamos salvar a rehenes en territorio enemigo, en campos de concentración... Destruiremos helicópteros, soldados por doquier, nos moveremos por la jungla y viviremos un largo etcétera de tópicos de acción en las seis apasionantes fases. Y, si lo superábamos, el propio Reagan nos felicitaba, surrealismo total; desconocemos si se modificó para este lanzamiento, habida cuenta que en esa fecha quien estaba ya en la presidencia era George Bush padre.

Jugablemente, la experiencia original se trasladó fielmente en la que fue considerada una gran adaptación y un gran trato por parte de Taito a los usuarios de Master System, pues pudimos disfrutar de un gran juego. Era un cartucho que tenía todo aquel que poseía la pistola. Por cierto, que la carátula que mostraba la versión de 8-bits de Sega era la de su segunda entrega, *Operation Thunderbolt* (1988). ¿Ganas de enredar? Uno de los títulos legendarios que todos conocíamos al dedillo su nombre.

P

Pac-Mania

(Tecmagic, 1991) · PAL · Arcade · Un jugador.

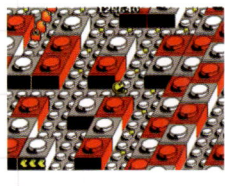

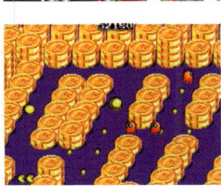

Uno más de la saga Pac-Man, pero esta vez… en 3D, que ya empezaba a estar de moda. ¿Y qué tal? Pues el efecto 3D está bastante bien conseguido, con un Pacman (o como se llame el protagonista, llamadle comecocos si queréis también) que gira sobre sí mismo y que incluso puede saltar para esquivar a los famosos fantasmas. Un *port* perfecto de recreativa, sin nada que envidiar a la conversión Mega Drive y que está considerado uno de los mejores del catálogo. Otra joya que es, en su versión 8-bits para Master System, la mejor conversión que existe.

Paperboy/Paper Boy

(U. S. Gold, Sega, 1990) · NTSC/PAL · Acción · Un jugador.

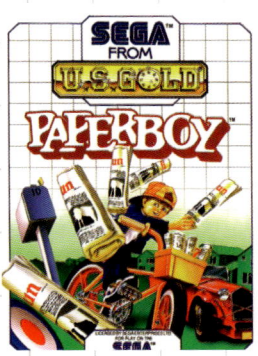

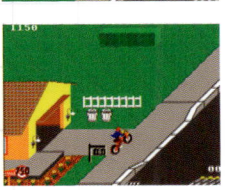

Otro nombre mítico de los videojuegos de finales de los ochenta y principios de los noventa. La historia de un repartidor de periódicos en bicicleta (excentricidad que todos veíamos en los cines en las pelis de EE. UU.), es algo que solo ahora, con los no menos juegos raros *indie*, se ha llegado a recuperar en parte; únicamente era posible entonces. La adaptación era muy, muy fiel al original *arcade* en apariencia, aunque con un sonido horrible. El control no era bueno del todo, pero teniendo en cuenta que el juego de recreativa se manejaba con lo que era, literalmente, un manillar de bicicleta, demasiado bien hicieron su traslación a Master System. Una versión digna y adictiva de este clásico de Atari.

Parlour Games

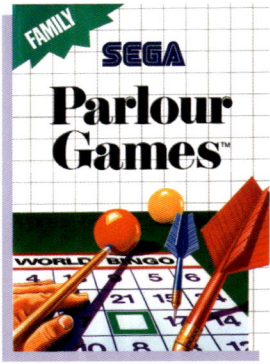

(Sega, 1987) · NTSC/PAL · Family · Hasta cuatro jugadores.

Sí, un juego de variedades de juegos, lo mismo dardos que billar que bingo. Así de extraño es este juego *familiar* que entretenía de manera digital a todos (entre cursiva lo de familiar porque una chica sexi nos servía los juegos y además son juegos de azar). De nuevo, un intento temprano de convertir un juego de mesa en virtual. Es un cartucho regular, técnicamente muy corto, pero que no necesitaba más.

Penguin Land/Doki Doki Penguin Land: Uchuu-daibouken

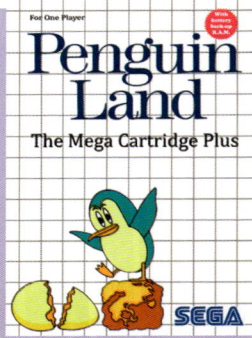

(Sega, 1987) · NTSC/PAL · Puzle · Un jugador.

Este título, continuación de uno muy conocido en Japón (una vez más, una recreativa de Sega), trata sobre, pues eso, un pingüino (no sabemos muy bien qué hace en el espacio exterior, cosa de los argumentos de los videojuegos de esta época, aunque el reciente *Mighty Goose*, juego de MP2 Games/Blastmode de 2021, protagonizado por un ganso, no es menos raro). Y no es cualquier pingüino, sino uno que debe ir sorteando niveles... con un huevo a cuestas. Por tanto, es un juego de puzles en el que nos veremos obligados a ir esquivando osos polares, piedras y zonas, evitando que el huevo se rompa (o nosotros muramos). Original, divertido, con buenas animaciones, gráficamente simpático (hay apenas cambios de color en los niveles, pero están muy bien hechos), posee más de cincuenta niveles e incluso incluye editor para crear los tuyos propios, con un máximo de quince. Es tan largo que incluso tiene recuperador de niveles y grabación en memoria. Un clásico de los puzles al alcance de la 8-bits de Sega.

PGA Tour Golf

(Tengen, 1993) · PAL · Deportes · Hasta cuatro jugadores.

Es increíble la cantidad de juegos de golf de la época. Pero es que era, y es, un deporte popular, también en videojuegos, que, entonces, era más o menos sencillo de reproducir en un videojuego. Vale, quizá no sería una experiencia 100 %, pero lo de intentar meter la pelotita en el hoyo pues, qué queréis que os digamos, actuaba a modo de puzle que entretenía mucho. En este caso, con licencia PGA, la oficial de EE. UU. EA empezaba su obsesión deportiva, aunque para Master fue Tengen quien lo versionó. Considerado el mejor juego de golf de la consola, está valorado, ojo, incluso mejor que la versión Super Nintendo (no en el plano técnico, se entiende), aunque con animaciones en ocasiones algo toscas. Pero nada que pueda ocultar el ser considerado un juegazo y una obra maestra de su género. Un destacado, lo creas o no, del catálogo.

Phantasy Star

(Sega, 1987) · NTSC/PAL · Aventura RPG. Un jugador.

Master System tiene bastante juegos legendarios y este es uno de ellos, quien inaugura esta franquicia de Sega. De nuevo, la portada occidental no hace justicia al espíritu nipón de los personajes, aunque es una portada, ciertamente, destacada. Es un juego de rol por turnos (combate en primera persona), con una música, unos gráficos y melodías que hicieron época. Largo, profundo, innovador (para algunos es el primero en poder guardar en la memoria del cartucho o en ser protagonizado por una mujer), su única pega es que vino, típico de la época, en inglés. No obstante, hoy es objeto de deseo (prepara 100 € por lo menos para hacerte con él en el mercado del coleccionismo).

Pit-Fighter

(Domark, 1992) · PAL · Lucha · Uno o dos jugadores.

Antes incluso del mítico *Mortal Kombat* se lanzó en salones este juego violento y con luchadores reales/digitalizados, ocurrencia del gran desarrollador Gary Stark. Pese a todo, la versión Master System, por sus peculiaridades técnicas, tuvo que rehacerse en estilo píxel, por lo que más allá del nombre o ser de lucha, poco tenía que ver con el original, un original que, por cierto, y a pesar de su calidad técnica pionera, siempre fue considerado mediocre tanto en su versión *arcade* como en sus adaptaciones al mercado doméstico.

Pit Pot

(Sega, 1985) · NTSC/PAL · Acción · Uno o dos jugadores.

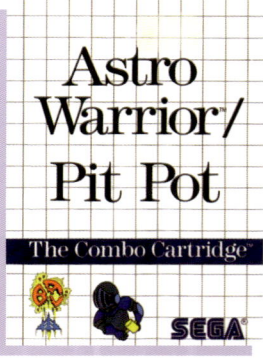

Este juego nunca se lanzó fuera de Japón de manera solitaria, siempre en conjunto con *Astro Warrior* y con cierto *capado* en algunas características secundarias (como el editor). Es el típico juego de acción de rescate de princesa de un castillo encantado y maldito. Lo gracioso es que podía jugarse a dobles, y tiene su encanto (a pesar de los pesadillescos *respawn*), con esos gráficos que parecen, vistos sin profundizar, una mezcla extraña entre *Bomberman* y el *The Legend of Zelda* clásico. En algunas consolas de Brasil llegó a lanzarse como el típico juego incluido en la memoria de la consola. Participa en la programación Toshinori Asai, hombre Sega, responsable directa o indirectamente de la producción de juegos como *Panzer Dragoon* (1997), *Sonic Adventure* (1998), *Sonic the Hedgehog 4 Episode II* (2012)… pero también como programador en algunos Megaman contemporáneos (2008-2020) y encargado del marketing de Sega.

Populous

(Tecmagik, 1991) · PAL · Acción · Un jugador.

Otra franquicia importantísima de la época para nuestra querida 8-bits, con un portadón de David John Rowe (*Speedball, Sentinel, Shadow of the Beast III*). Sí, franquicia importante porque este juego fue el primero de renombre, que le dio fama mundial, al reconocido diseñador británico Peter Molyneux, y que prefigura lo que luego sería el no menos grande *Black & White*. El distinguido creador de la saga *Fable*, hoy más gurú que diseñador, hace su primer juego de *God simulation* o simulador de ser un dios; es decir, manejábamos, como juego de estrategia en tiempo real que era, a un dios que debía influir en distintas civilizaciones. Arrasó en premios y ventas, y la susodicha versión para Master System por parte de este juego original de EA no tardó, de la mano de Tecmakig y Sega, en lanzarse dos años después del lanzamiento original. Gráficamente impecable, con vista isométrica, la música, es verdad, escasea, pero no desentona dentro del sorprendente plano técnico. En lo jugable cumple de sobra, largo, larguísimo, y adictivo, con una curva de dificultad coherente. Considerado, en todos los aspectos, una extraordinaria adaptación, el cartucho continúa ese mito que dice que, cualquier versión del *Populous* original que se adaptó, fue (y es) una obra maestra.

Poseidon Wars 3-D

(Sega, 1989) · NTSC/PAL · 3-D · Un jugador.

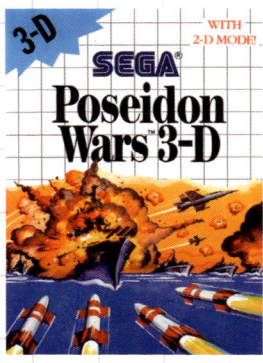
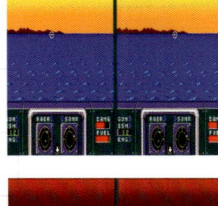

Otro de esos cartuchos para las gafas 3D... pero que permitía el 2D para atraer a todo el público. Es un caso parecido a la Nintendo DS 2D tras el fracaso de las 3D. En este caso en plenos ochenta y su moda 3D, que nunca ni hoy en día ha acabado de cuajar, pero no será por intentos. Es un título para un jugador, típico *shooter on-rails* en primera persona que tan bien se le da a Sega. Tiene su encanto, tanto jugable como gráfico, y aunque está basado en un anterior *arcade* de Sega, es bastante original. Un videojuego hoy tratado duramente por algunos al revisitarlo, muy ventajista, pero que en su época fue tachado de excelente.

Power Strike/Aleste

(Sega, 1988) · NTSC/PAL · Acción · Un jugador.

Si hoy la fiebre son los *shooters* y el rol, antiguamente eran las plataformas… y los juegos de aviones de disparos. Exclusivo para Master System (y Game Gear), en Japón tenía otro nombre, *Aleste,* y un aspecto más anime, con ligeros cambios, eliminando precisamente esa estética y un nivel (aunque, curiosamente, tuvo luego una versión MSX2 con dos nuevas fases y otras modificaciones menores). Luego, saldría un esperado *Aleste 2*, pero ya no se lanzaría con cambio de nombre en la versión internacional. Es el matamarcianos de toda la vida, incluyendo la visión vertical, esquive de enemigos y disparos, etc. Tradicional, sí, pero funciona.

Predator 2

(Arena Entertainment, 1993) · PAL · Acción · Un jugador.

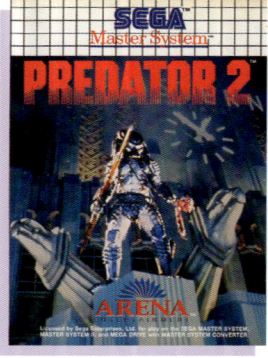
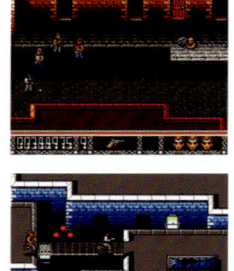

Película de éxito, como ya hemos dicho en toda esta lista, era igual a adaptación para consolas y, por suerte, también para Master System. Pero es que, además, la saga Predator (o de Alien, que tanto monta) es muy famosa en videojuegos. El subestudio Arena, que ya había mostrado su buen hacer en la adaptación para Sega de *Mortal Kombat*, fue la encargada. Era el típico juego de acción para un jugador que recorría, más o menos, los momentos de la película. Es un videojuego considerado mediocre, no en el mal sentido del término, sino como tal: ni fú ni fá. No es tan redondo ni recordado como lo fue *Alien[3]*.

Power Strike II

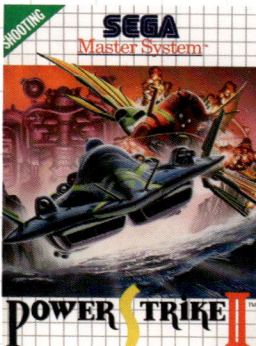 **(Sega, 1993)** · PAL · **Shooting** · **Un jugador.**

Segunda entrega del juego, exclusivo ahora para el mercado europeo, con una gran portada y basada en la entrega internacional anterior de *Aleste*. Sigue el lío de nombres y renombres, como vemos, y de nuevo es Compile quien lo desarrolla. Deja atrás el toque futurista, relativamente, pues ahora tira de un estilo más o menos *steampunk* en el que luchamos contra piratas aviadores. Es parecido a la hora de jugar al anterior, incluyendo los típicos disparos, poderes, armas principales y secundarias, escudos de protección, etc. Su único problema, como el anterior, que no admite dos jugadores.

Prince of Persia

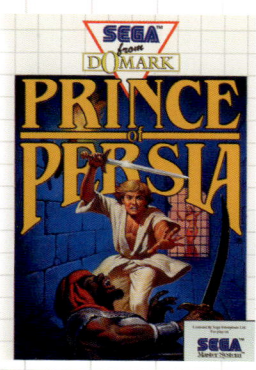 **(Domark, 1992)** · PAL · **Plataformas** · **Un jugador.**

Prince of Persia como serie de videojuegos tuvo dos etapas: una, la clásica, con una dulogía y un juego de transición, desapareciendo al poco; otra, la moderna, con otra trilogía en las 128-bits, y luego otro juego tras el cual desaparece de nuevo. Entre medias, juegos exclusivos para portátiles. Y, por si fuera poco, hubo incluso uno basado en su película. Sí, porque hasta película tiene esta saga, *Prince of Persia: Las arenas del tiempo* (*Prince of Persia: The Sands of Time*, Mike Newell, 2010). Hablamos, por tanto, de una saga con solera. Y como casi toda saga importante de la época, tiene su versión Master System; al menos, en mercado PAL. Este juego surgido de la mente del diseñador Jordan Mechner, que inaugura esa mecánica de avanzar, caer y volver a probar, fue una auténtica revolución, así que nuestra consola debía tener el suyo. Con una duración más que aceptable y un acabado gráfico y de animación más que sorprendente, manteniendo pues la esencia, no puede igualar lo que significó el original lanzado en el 89 para el Apple II; pero no desentona. ¿El argumento? Pasar el juego en menos de una hora de tiempo real mediante ensayo-error para rescatar a nuestra amada del malvado sultán. Nada más... y nada menos. ¿Te ves capaz?

Pro Wrestling/Gokuaku Doumei Dump Matsumoto

(Sega, 1986) · NTSC/PAL · Deportes · Uno o dos jugadores.

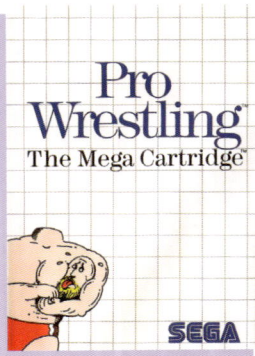

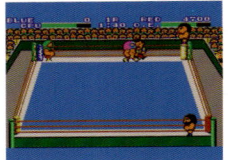

Si había un género pesadito entonces en los videojuegos era el de la lucha libre o *wrestling*. Y, cómo no, pues cartucho del género que te crio, con una portada que añadía más leña al fuego a la polémica de la época (videojuegos = niños = violencia), cartucho que suponía un soplo de aire fresco necesario para el catálogo en el 86, y era un género deportivo que se cuidaba. Basado en otros *arcades* japoneses de Sega de la época, sus gráficos de colores puros, sus personajes cabezones y la posibilidad de jugar en equipo con otro jugador, lo hacen una pieza genial, aun cuando fue recibido de manera irregular por su control (aunque hay disparidad de opiniones). Master System pre-1990 hacía más juegos de mesa virtuales que propiamente videojuegos, y posee ese encanto, en donde los cuatro equipos en juego (Crush Brothers, Orient Express, Mad Soldiers y Great Maskmen), nos darán eso desde luego: diversión a raudales e inolvidables recuerdos de infancia. Con el paso del tiempo se ha convertido en un título único de todos los lanzados, así que es muy especial.

Psychic World

(Sega, 1991) · PAL · Acción. Un jugador.

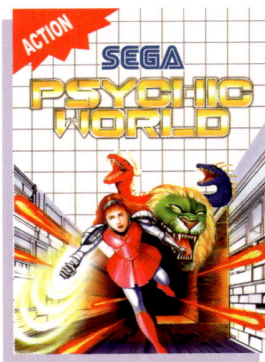

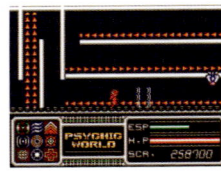

Otro juego no muy conocido y otro juego muy querido por los segueros, bastante bueno a todos los niveles. Es la historia de dos hermanas gemelas que trabajan en un laboratorio genético y que, tras un accidente, se ha permitido que todas las criaturas escapen (y que una de las hermanas fuera secuestrada por uno de esos monstruos). Gráficamente tenemos un buen y variado acabado, con enemigos de distintos tipos y resultones jefes finales. Nuestra protagonista, además, tendrá que saltar, disparar y vigilar su barra de poderes y salud en todo momento. Para muchos, es una mezcla de *Megaman* y *Metroid*, por aquello de ser una mujer la protagonista en armadura y porque, si se ve el *gameplay*, recuerda también bastante al querido personaje azul de las consolas Nintendo (solo que esta es mujer y va de rosa). Muy, muy divertido.

Psycho Fox

(Sega, 1989) · NTSC/PAL · Acción · Un jugador.

Estábamos mi hermano yo un verano caluroso cuando contábamos con 11 años, tras haber dejado hacía ya un mes la despedida atrás de los colegas del colegio, cuando decidimos bajar y alquilar un juego para pasar el trago. Hasta ahora en ese videoclub lo único que habíamos alquilado era un juego de rol en inglés y otro estrambótico sobre Los Simpson para Master y decidimos, para seguir la tradición, escoger el juego más raro y desconocido para nosotros que encontramos. Su nombre: *Psycho Fox*. Un demonio, Madfox, está sembrando el caos en un pueblo que decide, para acabar con él, mandar a un héroe: Psycho Fox. ¿Y por qué Psycho? Porque puede transformarse en distintos animales para sortear los problemas que se encuentra por el camino: hipopótamo, mono y tigre (según necesitemos fuerza, agilidad o rapidez). Por si fuera poco, nos acompaña un simpático pajarito que nos ayudará en ciertos momentos. Para nosotros, que lo jugamos al poco de su lanzamiento, fue un reto, pues costaba hacerse con el control de este curioso zorro, y una gran sorpresa, pasándolo pipa todo el fin de semana.

Para muchos, este juego de plataformas, realizado por la Vic Tokai (que tenían muchos años de experiencia realizando juegos para NES junto con Sunseibu), pleno de color, vistoso, técnicamente impecable, largo, enigmático y atrayente, con una portada no menos genial y músicas interesantes, puede ser uno de los mejores, si no el mejor, juego del catálogo de Master System. Ojo, ahí es nada. Un grandísimo trabajo de Vic Tokai y Sunseibu que inauguraba su etapa de colaboración con Sega tras obtener su permiso de publicación y, si bien es cierto que siempre realizaron juegos excelentemente valorados, ninguno llegó al nivel de este memorable cartucho.

Putt & Putter

(Sega, 1992) · PAL · Deportes · Uno o dos jugadores.

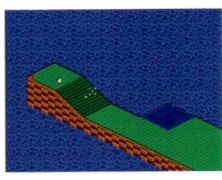

Otro juego de golf y otro juego que, los que aquí escribimos, alquilamos y estrujamos durante todo un fin de semana. Sí, porque era sencillo, gráficamente cumplidor, para dos jugadores, jugablemente adaptaba vista cenital sin más complicaciones... Vale venía en inglés, cómo no, pero era muy divertido y fácil de entender su mecánica. El cartucho tenía algo que te hacía trastear, jugarlo e intentarlo una y otra vez por sus circuitos, por su *green*, como dicen los entendidos de este deporte. No sabemos qué tiene este juego, pero era muy bueno, y así lo reflejó la crítica y el público.

Q

Quartet/Double Target

(Sega, 1987) · NTSC/PAL · Acción · Uno o dos jugadores.

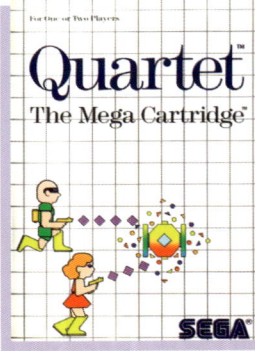

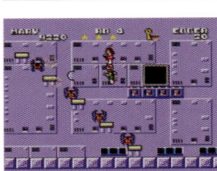

Este fue un juego de éxito *arcade*, uno más, de Sega, que permitía manejar hasta cuatro jugadores en cooperativo. En Master, obviamente, eso no es posible, dejándolo en solo dos jugadores, que no está nada mal para una adaptación doméstica de la época. Con cambios evidentes para la versión occidental (ella pierde sus rasgos japoneses por esta muchacha pelirroja que aparece en pantalla y en el menú), el juego es básicamente un *run and gun* 2D de *scroll* lateral en el que la variedad la marca el uso de *jet packs* y los jefes de fase, quienes nos permiten conseguir la llave final de nivel y avanzar. Gráficamente discreto (sobre todo las animaciones), es un juego típico del principio de la consola y un cartucho más que fiel de un *arcade* muy divertido cuando se juega en cooperativo.

R

R-Type

(Sega, 1989) · NTSC/PAL · Arcade · Un jugador.

La palabra clásico se usa muy a la ligera. No es el caso. *R-Type* fue, desde su lanzamiento, un imprescindible en el mundo de los videojuegos y de los salones y, por tanto, debía tener sus correspondientes versiones domésticas, aunque nunca hubo versión NES (y eso que la versión recreativa la distribuyó Nintendo en EE. UU.). Es el típico, una vez más, matamarcianos de desarrollo horizontal. Si bien, lógicamente, se rebajó en el plano técnico, Compile desarrolló esta versión de manera magistral, y es considerada una de las más destacadas versiones lanzadas del clásico. La esencia *R-Type* está perfectamente captada en este cartucho, incluyendo extras, que, como el ya nombrado *Power Strike II* del mismo estudio, lo convierten en un cartucho de cuatro megas, todo un hito. Aunque los *sprites* son más pequeños, todo luce bien, incluyendo el sonido FM y, a diferencia de la versión PC Engine, no necesitó dividirse en dos cartuchos, lo que se vendió como un éxito de la 8-bits de Sega. Técnica, jugable y ambientalmente impecable. Otro título que había que tener.

R. C. Grand Prix

(Sega, 1990) · NTSC/PAL · Acción · Hasta cuatro jugadores.

Pues sí, un juego de coches de radiocontrol. Usa la típica vista isométrica, con la novedad de hasta dos o cuatro jugadores alternos. Técnicamente mediocre, aunque correcto, es un juego cumplidor, sin más. Un planteamiento original no explotado suficientemente, como hará en fechas posteriores *Micro Machines* con un diseño de carreras que también buscaba lo original.

Rainbow Islands

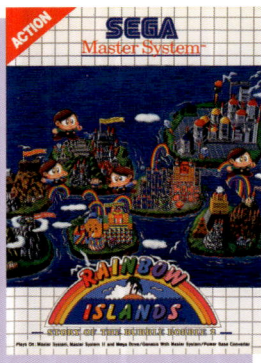

(Sega, 1993) · PAL · Acción · Un jugador.

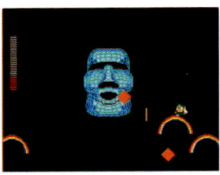

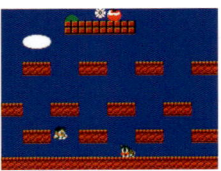

Otra leyenda de los salones recreativos que tiene su adaptación en la 8-bits de Sega, cuyo ignorado catálogo, y este juego es una muestra de él, fue espectacular. Conocido con el nombre completo de *Rainbow Islands: The Story of Bubble Bobble 2* es, en efecto, la secuela de *Bubble Bobble*. Repite el ser exclusivo para el mercado europeo y brasileño (lanzado después de la friolera de seis años de su debut en *arcade*, casi nada). Los dos dragones protagonistas de *Bubble Bobble* recuperaron su forma humana, así como los poderes de sus padres: la creación de arcoíris. Pero cuando llegan a Rainbow Islands, su lugar de nacimiento, sus habitantes han sido atacados y deben ayudarlos. El resto es historia universalmente conocida por todos los videojugadores que se precien de entendidos: diez islas, cuatro niveles cada una e ir subiendo por las nubes haciendo arcoíris. Una delicia jugable y, en este *port*, también visual.

Rambo III

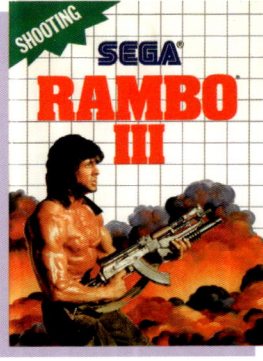

(Sega, 1988) · NTSC/PAL · Shooting. Un jugador.

La que es una de las mejores películas de acción de la historia, un pelotazo ochentero en taquillazo y presupuesto (un presupuesto descomunal que hoy hace que todavía luzca espectacular), necesitaba un juego. Y, cómo no, saldría para todas las consolas disponibles. Al año siguiente sería uno de los juegos de Mega Drive, que la acompañaría con un portadón del cine impecable. Como sea, el juego era un juego notable, un *shooter* sobre raíles que se inspiraba en el gran *Operation Wolf* y que admitía la pistola láser (con munición ilimitada). Lo mejor venía al final, cuando el juego pasa a una perspectiva 3D y se venían turbamultas de enemigos a intentar acabar contigo. Nadie se explica cómo el juego, que está basado libremente en la película, no usa más de este 3D. Imposibilidades técnicas y de programación, seguro.

Rampage

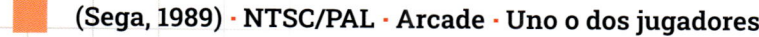

(Sega, 1989) · NTSC/PAL · Arcade · Uno o dos jugadores.

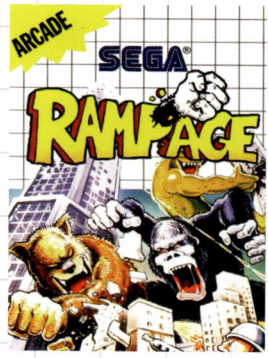

Otro juego de esos que conseguías en alquiler y te liabas a mamporros todo el fin de semana. Pero esta franquicia de Midway, aunque no os lo creáis, fue una de las más potentes de la época. Está valorada como una adaptación impecable, superior a la del resto de 8-bits de la época, un trabajo alabado de Activision y Sega, una encargada en EE. UU. y otra en Europa, para que este juego fuera digno de tal nombre. Eso de manejar bestias gigantes que van destrozando los rascacielos de la ciudad fue y es un planteamiento que causó furor (y que incluso tuvo su adaptación en los cines no hace tanto en modo *made in Hollywood*, con La Roca dándolo todo).

Rastan

(Sega, 1989) · NTSC/PAL · Arcade · Un jugador.

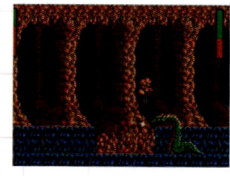

Otro juego basado en una recreativa de éxito con su correspondiente *port* a la pequeña de sobremesa de Sega y, de nuevo, una versión bastante fiel al original de Taito. Es el esperado juego de acción y plataformas de género de fantasía épica en la que nos enfrentamos a hordas infernales y enemigos no menos fantásticos. Una jugabilidad exigente y un apartado audiovisual de altura (es verdad que los *sprites* son pequeños en comparación con su enorme tamaño original o en su versión PC, pero a cambio los escenarios son variados y ricos) redondean un cartucho muy bueno. Un título que, cuando lo veíamos en los catálogos Sega incluidos en los estuches, se nos hacía la boca agua, pero que muchos nunca pudimos conseguir.

Rampart

(Tengen, 1991) · PAL · Estrategia · Uno o dos jugadores.

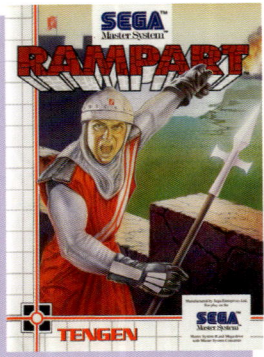

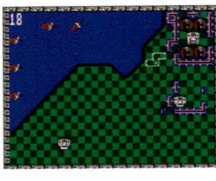

Este juego, basado en un éxito de recreativa del mismo nombre, no destaca por sus gráficos, sino que es en sí algo raro de ver y de jugar. Mezcla de juego de disparos y estrategia, nuestra misión, como se aprecia en la carátula, es defender castillos de ataques que llegarán por tierra y mar, disparando nuestro cañón para espantarlos. Mientras, en las pausas, podemos reparar y prepararnos para la siguiente oleada. Una rareza que se considera antecedente de los juegos *tower defense*. Atención coleccionistas: estamos ante otra pieza única.

Renegade

(Sega, 1993) · PAL · Acción · Uno o dos jugadores.

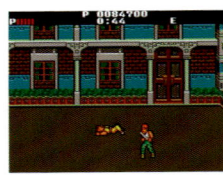

Un clásico imperdible de los *beat 'em up*. Lanzado por Taito para salones recreativos en 1986 y desarrollado por Technos, los mismos responsables del original *Double Dragon*, se trata de ir avanzando contra pandilleros que surgen a nuestro paso en clásico planteamiento del género *yo contra el barrio*. Su mecánica y calidad hizo que no tardara mucho en adaptarse a formato doméstico, aunque los usuarios de Master System tuvimos que esperar.

Basada su programación en el juego lanzado para NES, está versión es superior gráficamente, con mayor y mejor colorido, así como deja la experiencia jugable intacta. Un grandísimo *port* de Natsume para Sega, considerado el mejor que se lanzó para 8-bits y, por si fuera poco, para dos jugadores y con un portadón a la altura. Otro clásico al que pudimos disfrutar en Occidente gracias al éxito de Master System en mercado PAL.

Rescue Mission

(Sega, 1988) · NTSC/PAL · Shooter · Un jugador.

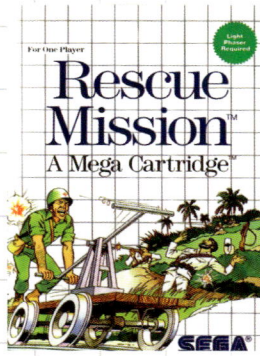

Un juego de uso obligatorio de la pistola láser en el que debemos movernos por localizaciones que recuerdan a la conflictiva selva de América Latina de la época (o algo así). Montando en nuestra dresina, debemos proteger a un médico para llegar a su objetivo esquivando bombas y disparos por doquier cruzando siempre por los raíles, claro (puedes verlo en la portada, muy descriptiva). Surrealismo puro y duro, aunque divertido, desenfrenado y entretenido. Parece mentira, pero funciona.

Road Rash

(U. S. Gold, 1994) · PAL · Acción · Uno o dos jugadores.

Un tremendo éxito recreativo de EA que de nuevo adapta la simpar U.S. Gold. Este juego, y la portada es bastante clara en este aspecto, se hizo famoso por combinar la velocidad de las carreras de motos con pilotos que podían aporrear a sus rivales para librarse de ellos. El hecho de que no se sacara todo el jugo técnico a Mega Drive hace que las versiones 8/16-bits sean bastante parejas, con buena música y buena sensación de velocidad. Una rareza que combinaba deporte y acción, muy en la línea de la época. Su éxito llevó a la inevitable segunda parte, pero ya exclusivamente para Mega Drive. Una pena, porque fue un juego bien recibido y realizado.

Robocop 3

(Flying Edge, 1993) · PAL · Acción · Un jugador.

El odiado filme *RoboCop 3* (Fred Dekker, 1993) tuvo su juego para múltiples consolas, entre ellas Master System. Con un planteamiento de plataformas tradicional basado en la acción, pero con armas estrambóticas, el juego era tan desenfrenado (y descerebrado) como la película. Entretenido para los que buscaban acción y acción, o para los seguidores de la saga cinematográfica, si bien es un cartucho considerado mediocre en todos los aspectos.

Robocop versus The Terminator

(Virgin Interactive, 1993) · PAL · Arcade · Un jugador.

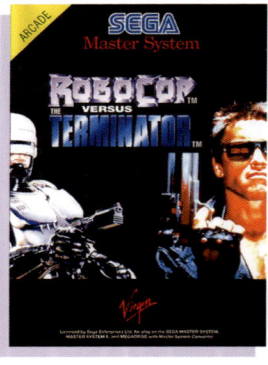

Alien versus Predator, *Superman versus Batman* y, cómo no, *Robocop versus The Terminator*. Como muchos sabréis, Frank Miller, el guionista de cómics, participó en la franquicia cinematográfica y comiquera de *Robocop*, terminando por crear un cómic que unía ideas que había tenido durante la creación de Robocop con la famosa saga de Terminator. Skynet sería la misma compañía creadora de Robocop y habría enviado a Terminators al pasado para protegerle (los rebeldes quieren acabar con él al igual que quieren acabar con los Terminators). Como sea, Robocop es un héroe que tiene todavía un humano dentro de él y se rebela contra las máquinas. Una excusa para mover a un Robocop algo lento, pero perfectamente definido por escenarios detallados, con un acabado top, a través de un juego largo, exigente, cuyas conversiones 16-bits se consideran legendarias, siendo esta de 8-bits igualmente afortunada. Un imprescindible de la acción.

Rocky

(Sega, 1987) · NTSC/PAL · Deportes · Uno o dos jugadores.

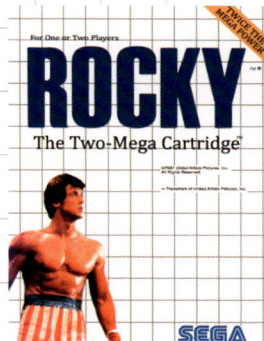

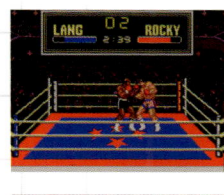

El gran personaje cinematográfico creado por el oscarizado Sylvester Stallone, mito de la infancia y juventud de la época en rivalidad con su amigo Arnold, no solamente es conocido por ser Rambo, sino también por ser Rocky, el humilde boxeador de Filadelfia que llegará a la cumbre gracias a su tesón. Una franquicia tan importante, que ya llevaba cuatro entregas en los cines, debía tener videojuego. Por eso, en este título Rocky deberá luchar contra Creed, Lang y Drago para poder vencer, mientras va ganando experiencia y mejorando. Existe modo dos jugadores: uno contra uno, claro. Algunos dicen que sirvió de base técnica, por así decirlo, de *Heavyweight Champ*. Buen juego, aceptable, con buenos detalles técnicos, pero que como juego miembro de la serie Rocky decepciona un poco.

Running Battle

(Sega, 1991) · PAL · Acción · Un jugador.

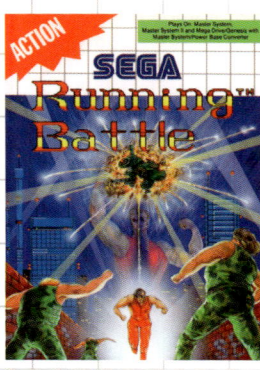

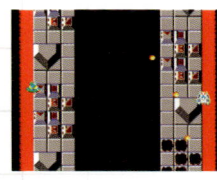

Un *beat 'em up* de manual lanzado exclusivamente para Master System en Europa que consiste en avanzar por los cinco escenarios venciendo a enemigos hasta el imprescindible jefazo final. Gráficamente desfasado para la época, con un protagonista que da unos saltos que ni los saltamontes, fue duramente criticado por su pobre acabado e irregular desarrollo. Ni siquiera permite una partida a dobles. Fallido, tenía potencial.

S

Sagaia

(Sega, 1992) · PAL · Arcade · Un jugador.

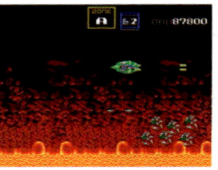

Si decimos *Darius II* quizá no les suene a muchos, pero es este mismo juego que, fuera de Japón, se renombró así, dado el desconocimiento que del original de Taito tenía el público occidental de los salones recreativos (y eso que la saga es un clásico, y tiene muchos y numerosos juegos, algunos muy recientes). La versión Master System es posterior a la de Mega Drive, siendo el típico matamarcianos con toques fantásticos y de ciencia ficción, más lo segundo que lo primero. Esta versión, exclusiva de Europa y Brasil, realizada por Natsume, es muy buena, uno de los mejores de su género del catálogo: grandes gráficos, muy cercanos al original, fluidez de control, excelente calidad de sonido y buenos efectos. El único problema es que, por falta de espacio en el cartucho, adolece de algunos jefes finales o fases del *arcade*.

Sapo Xule: S. O. S. Lagoa Poluida

(Tec Toy, 1995) · PAL · Shooter · Uno o dos jugadores.

Lanzado por Tec Toy en Brasil y luego por Sega en Portugal, este juego de disparos nos ponía en la piel de este extraño personaje que pasaba por ser una nueva versión de *Astro Warrior* (este juego nunca se lanzó en Portugal, de ahí que pudiera hacerse su lanzamiento), en otro ejemplo de reutilización de un juego base o *rebranding* por parte de la compañía brasileña. En lugar del espacio, este juego se desarrolla bajo el agua. Simpático, es entretenido.

Sapo Xulé O Mestre do Kung Fu

(Tec Toy, 1995) · PAL · Acción · Uno o dos jugadores.

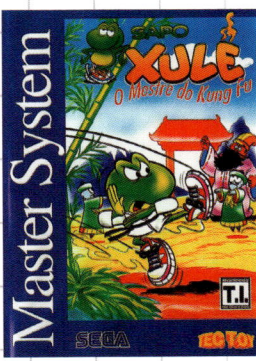

Otro estrambótico juego protagonizado por este sapo vacilón, que llegó a tener apariciones en televisión, en juguetes… En este caso, *rebranding* de *Kung Fu Kid*, de ahí que ahora nuestro simpar batracio se dedique a las artes marciales. Tan entretenido como el original, pero mucho más humorístico, con la cara guasona del protagonista en pantalla mientras va repartiendo mamporros. Colorido y resultón.

Sapo Xulé Vs Os Invasores do Brejo

(Tec Toy, 1995) · PAL · Plataformas · Un jugador.

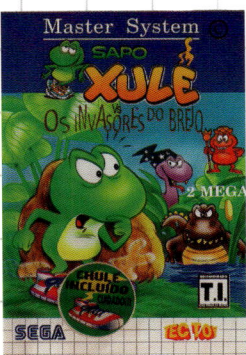

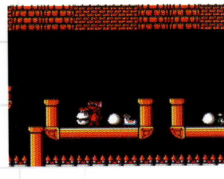

Uno de los mayores pecados, pues se trató de otro juego retocado por parte de Tec Toy, modificación del gran *Psycho Fox*, una de las obras maestras del catálogo de la Master System. Si bien es cierto que, como ser, no dejan de ser animales. Fuera de esto, lógicamente el juego funciona tal y como funciona en el que se basa, aunque *tira* de otros personajes como Lagartao o Sibila, una lagarto y una serpiente hechicera, para cuadrar el *gameplay*. No obstante, es una trilogía curiosa, la de este sapo, que hace las delicias de los coleccionistas y completistas.

Satellite 7

■ **(Sega, 1985)** · **NTSC** · **Shooter** · **Uno o dos jugadores**.

Y si de juegos del inicio, inicio, hablamos, pues tenemos que nombrar a *Satellite 7*. Este título, exclusivo de Japón y que permitía uno o dos jugadores, solo se podía conseguir en Sega Card, si bien es cierto que gracias a Tec Toy (era evidente), apareció luego fuera del archipiélago en forma de recopilatorio. Es el típico marcianitos de la época, cuyo mayor interés es su antigüedad.

Secret Command/Ashura/Rambo: First Blood Part II

■ **(Sega, 1986)** · **NTSC/PAL** · **Acción** · **Uno o dos jugadores**.

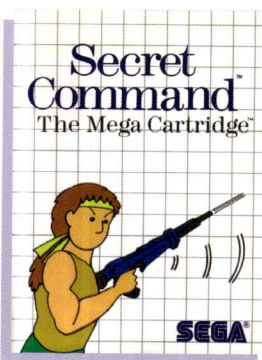

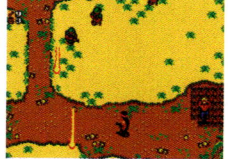

Pues sí, un juego de la gran saga cinematográfica de acción Rambo (1982-2019), protagonizada por Sylvester Stallone hasta en cinco ocasiones. En Japón se lanzó como *Ashura* y en Europa y Australia como *Secret Command*, con una portada horrorosa, aunque con cierto encanto *kitsch* (que más recuerda a la tercera que a esta), por no poseer los derechos…. de momento. Es decir, que el juego original no iba sobre Rambo, pero, al lanzarse en EE. UU., se compró la exitosa licencia, se cambiaron los nombres por Rambo y se añadió un compañero, Zane (pues tiene cooperativo), se diseñó nueva portada, se cambió la música por la de la BSO de la película e imágenes digitalizadas del actor estadounidense. En Europa es una especie de mezcla, pero nunca se utilizó la licencia verdadera. Cosas de la época. Pero tampoco erraba mucho en el nombre la versión PAL, pues es el típico juego de correr y disparar basado en otro clásico, *Commando* (Capcom, 1985), que no llegó a salir nunca para Master. Es resultón, pues la fórmula funciona, y como veis es un juego con historia. Eso, desde luego.

Scramble Spirits

(Sega, 1989) · PAL · Arcade · Uno o dos jugadores.

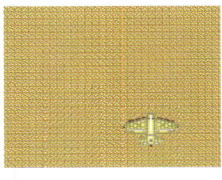

La máquina de sobremesa de 8-bits de Sega tiene un catálogo de juegos *shoot 'em up* sobresaliente, y este es otra aportación que viene a nutrir más el catálogo proveniente, una vez más, del mundo *arcade*. Gráficamente notable, tiene una jugabilidad a prueba de bombas y una BSO potente; no es un diez en nada, aunque sí un siete en todo. La duración no es muy allá, hay excesos de parpadeos y los sonidos son muy chungos, pero el hecho de ser solidísimo y con posibilidad de jugar con otro amigo en cooperativo hace que fuera una opción muy recomendable.

Sega Chess

(Sega, 1991) · PAL · Family · Uno o dos jugadores.

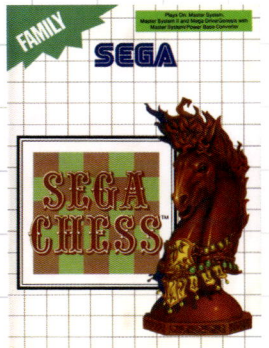

Otro nombre clásico de la época: el correspondiente juego de ajedrez que todo sistema informático incluía (con el cacareado *el hombre contra la máquina*, o contra la IA, tan publicitado en los inicios de los noventa), y el único de todo el catálogo al igual que el de *mahjong* que luego comentaremos. Bien valorado tanto jugablemente como técnicamente, podemos jugar contra amigos o la CPU (con consejos de movimientos incluidos). Se puede jugar en vista cenital, como ya había en los PC, o simulando el 3D, de manera muy espectacular. Gran juego, pues, aunque sin traducir, las reglas del ajedrez suelen ser conocidas por el gran común del público (nosotros al menos, que éramos de pequeños miembros de un club de ajedrez, las conocíamos, ¿y tú?).

Sega World Tournament Golf

(Sega, 1993) · PAL · Deportes · Hasta cuatro jugadores.

Y seguimos con el golf, una de las obsesiones de los videojuegos al inicio de esta industria. Con hasta cuatro jugadores, estos pueden participar en campeonatos, un amistoso por hoyos... Con cierta simulación 3D, en realidad es vista cenital, el cartucho hace posible superarlo gracias a varios modos de dificultad. Considerado un juego técnicamente un poco escaso a pesar de lo dicho, pero jugablemente profundo, fiel y complejo de dominar. De nuevo, como ya ocurrió en otras ocasiones con este género, es considerado un cartucho notabilísimo, sobresaliente. Golf y Master System es igual a calidad una vez más. Quién lo iba a decir.

Sensible Soccer: European Champions

(Sony Imagesoft, 1993) · PAL · Deportes · Uno o dos jugadores.

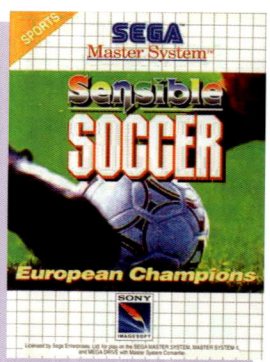

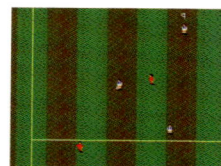

En un tiempo en el que los chavales no teníamos todo el dinero que quisiéramos para gastar en caprichos, menos en videojuegos o *marcianitos*, los juegos deportivos siempre eran apuesta segura para las marcas, por aquello de ser juegos, por definición, infinitos. Este en concreto está basado en el de 16-bits del mismo nombre de Mega Drive. Es, como siempre en esta saga, un juego no de simulación, sino *arcade*, vertiginoso y simple de manejar. Gráficamente potente, muy rápido en pantalla, carece, a diferencia de la versión de su hermana mayor, de todas las opciones de modificación de equipos, pero mantiene todos los torneos y las reglas personalizadas (aunque los nombres falsos no pueden cambiarse).

Shadow Dancer: The Secret of Shinobi

(Sega, 1991) · PAL · Acción · Un jugador.

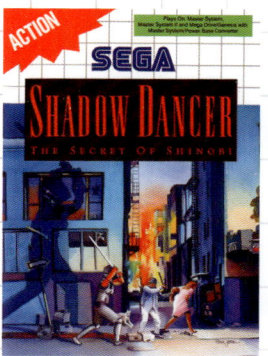

Sorprendentemente, es más fiel esta versión Master System a la recreativa que la versión de su hermana mayor de 16-bits. Eso sí, a costa de sacrificios; el más doloroso es que vamos sin perro (aunque se puede invocar). A pesar de todo, estamos ante otra entrega (o más o menos) de la serie Shinobi, aunque algo más lento que el *arcade*. Audiovisualmente cumple de sobras, con un acabado fiel al original, *sprites* grandes, escenarios detallados y efectos de sonido y música a la altura. Un gran juego que, eso sí, avisamos, como casi todos los de antaño, difícil, de avanzar paso a paso e intentarlo muchas veces (lo cual contribuye a que tenga una duración más que aceptable).

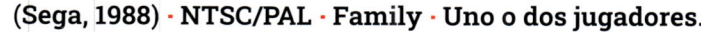

Shanghai

(Sega, 1988) · NTSC/PAL · Family · Uno o dos jugadores.

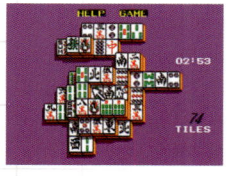

¿Qué es el *mahjong*? Es un popular juego en Asia que, para que nos entendamos, es como el ajedrez en aquellos lares, pero con piezas parecidas al dominó. Tras un sonado éxito en PC de crítica y ventas, este juego original de Acclaim se lanzó para la 8-bits de Sega. Con una visión cenital como si estuviéramos jugando sobre mesa, unos gráficos correctos para lo que se busca y poco más, todos los que entienden de esto dicen que era y es un juegazo. Claro que entonces, en inglés y con estas reglas tan ajenas (y sin internet para que alguien te lo explique), el juego era un galimatías para el jugador y el mercado español. Obra maestra de su género.

Shadow of the Beast

(Tecmagik, 1991) · PAL · Arcade · Un jugador.

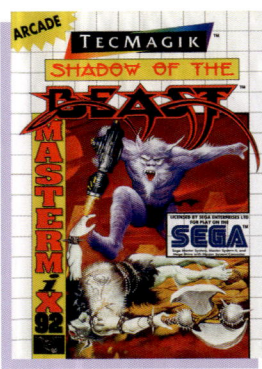

Que antaño las carátulas tenían mucha influencia en la compra, lo sabemos, y no mentimos si decimos que esta fue de las que más sensación creó. Y, además, el hecho de que fuera un poco raro contribuyó más a su fama. Es la historia de un niño secuestrado y transformado en bestia que, al presenciar la muerte de su padre, despierta de su encantamiento y se pone a luchar contra sus asesinos/captores. Inaugurando lo que después serían los juegos que no te guían (tipo *souls*), es todo un único mundo interconectado, sin pistas, de prueba-error (puedes llegar a no poder avanzar más y tener que empezar de nuevo), con un inventario limitado de pociones, llaves, etc. Vamos, que recuerda a los típicos juegos de ir avanzando, venciendo enemigos, pero como decimos con un componente de darle al coco. Corto, lo compensa con esta dificultad. En los gráficos es sobresaliente, con *sprites* grandes, niveles detallados (ese nivel en el que las nubes del fondo se mueven) y jefes finales convincentes. Además, le acompaña el sonido y una BSO de esas de terror/perturbadoras. Uno de los títulos top del catálogo, un imprescindible que deja un excelente sabor de boca.

Sherlock Holmes: Loretta no Shouzou

(Sega, 1987) · NTSC · Aventura gráfica · Un jugador.

Este cartucho, una auténtica rareza que llega en el mercado de segunda mano fácilmente a los 200€, fue el último juego sacado para la SG-1000, ya que ocupaba todo un mega. Es por eso por lo que, a pesar de su embalaje y salir para Master System, fue programado para las versiones anteriores del *hardware* de Sega. Y eso se nota: los gráficos son muy simples, planos, más parecidos a los ordenadores básicos de la época que a todo un sistema 8-bits de nueva generación. Empero, el hecho de que tengas la ciudad de Londres para ti con la misión de recuperar el robado cuadro de Loretta que da título al juego, sorprende. Y ya sabes: mover, examinar, usar... lo típico de este tipo de géneros. ¿Lo malo? Lo obvio: solo en japonés.

Shinobi

(Sega, 1988) · **NTSC/PAL** · **Arcade** · **Un jugador.**

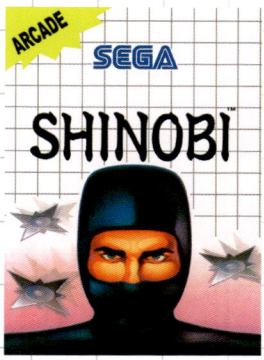

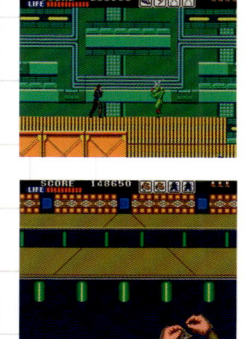

Pura historia de los videojuegos, este título arrasó en su extraordinaria y clásica recreativa, con aquellos inolvidables jefes finales, desenfreno y fases de bonus (el recordado lanzamiento de *shuriken*). Por eso no era de extrañar que esta saga diera el salto a las consolas domésticas de Sega, primero en 8-bits y luego en las 16-bits.

La primera es la que nos interesa aquí, al ser la versión doméstica de una consola de la propia Sega y, aunque sus gráficos son más desangelados, lógicamente, sigue teniendo ese encanto de la máquina original, de ese ninja contra el mundo y contra todos, en esas plataformas de acción tan típicas de los ochenta y principios de los noventa.

Su creador, Yutaka Sugano, sorprendía en 1987 con la recreativa para System 16A/B, y ya sería un no parar de éxito, lo que hizo que tuviera esta versión doméstica para Master System (versión en la que se basaría una versión NES, muy pobre en comparación). Nos poníamos en la piel de Joe Musashi, un ninja en nuestros tiempos que debía detener a los Zeed, que habían secuestrado a los niños ninja.

Como decimos, es el típico juego de acción y plataformas en *scroll* horizontal, con sus novedosas fases en doble altura y las de bonus, ya dichas, muy recordadas, donde adoptábamos el estilo *primera persona*. Cinco misiones de dos o tres niveles con jefes finales y con la posibilidad de desatar la magia ninja en cualquier momento. ¿Quién no recuerda al gigante Ken-Oh, primer jefe de la aventura? ¿O la magnífica banda sonora de Yasuhiro Kawasaki (el mismo de *E-Swat*), con títulos como Stage 2 de la primera localización, auténtico sonido de toda una época?

Un clásico, un gran juego, adaptación no del todo exacta con respecto a la versión de los salones, pero que conserva esos grandes momentos de este. Un cartucho sobresaliente aclamado por aficionados y especialistas.

Shooting Gallery

(Sega, 1987) · NTSC/PAL · Shooter · Un jugador.

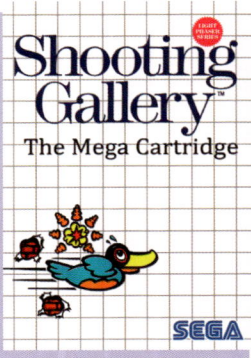

Disparar a todo lo que se mueva, desde globos a pájaros (¡toma ya!), en un tiempo límite, este título para un jugador proponía no solo usar la famosa pistola láser de Sega, sino también competir con el *Duck Hunt* de NES, una vez más el blanco a batir, y perdonad el chiste fácil. La dificultad, *in crescendo*, así como sus amables y primerizos gráficos, lo convierten en un cartucho simpático, aunque sin más trascendencia.

Sítio do Picapau Amarelo

(Tec Toy, 1998) · PAL · Acción · Uno o dos jugadores.

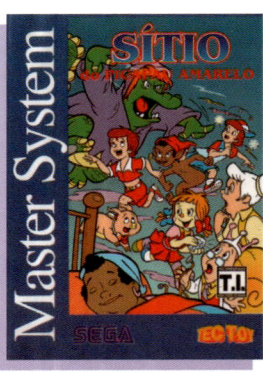

El videojuego, que según fuentes sería de 1997, es uno de los más tardíos de la plataforma. De nuevo Tec Toy y de nuevo Brasil, que lo recibía en exclusividad. Es un típico plataformas de acción donde unos niños, Pedrinho y Emília, deberán buscar unos ingredientes mientras diferentes personajes extraños se les aparecen. Está basado en una serie de los setenta de Brasil que, a su vez, se basaba en los cuentos del famoso escritor paulista infantil Renato Monteiro Lobato. Un cartucho infantil que, como muchos otros infantiles de Tec Toy lanzados casi al final de la consola, no tuvieron el éxito deseado.

Slap Shot

(Sega, 1990) · NTSC/PAL · Deportes · Uno o dos jugadores.

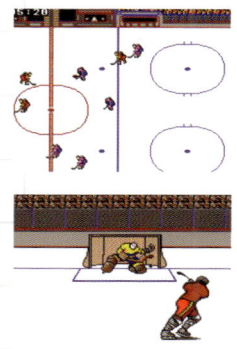

Sanritsu Denki fue la encargada de desarrollar este juego para incluir como disponible en Master System un juego a la altura de otro de los deportes rey de EE. UU., imprescindible para conquistar mercado. Hasta veinticuatro equipos, sin España, estaban incluidos a través de grupos para competir por una especie de campeonato mundial (cada grupo, una dificultad). No fue muy original con respecto a otros de la competencia, aunque sí incluía repeticiones o modo a dobles, y en términos generales se considera un muy buen cartucho, un cartucho notable.

Snail Maze

(Sega, 1987) · NTSC/PAL · Puzle · Un jugador.

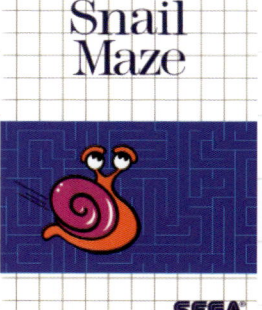

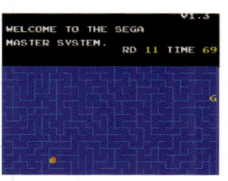

Manejar un caracol por una serie de laberintos (al estilo de la serpiente de Windows) y a contrarreloj. Este juego de planteamiento tan sencillo y simple se incluía en la memoria de la consola al principio, principio, como precargado en la memoria cuando no se detectaba cartucho insertado. Eso sí, para jugarlo había que sudar tinta: sin cartucho ni tarjeta había que esperar a que saliera texto en pantalla para, a continuación, mantener apretados los dos botones del pad. Si, por el contrario, había un cartucho, lo mismo, pero con los dos botones apretados desde el inicio, incluso antes de encender la consola. Luego se retiró, y en los *packs*, sobre todo ya con Master System II, se incluyó, como todos sabemos, *Alex Kidd in Miracle World*.

Solomon no Kagi: Oujo Rihita no Namida

(Salio, 1988) · NTSC · Puzle · Un jugador.

Puzles y mazmorras, mazmorras y puzles, todo aderezado de acción, para esta versión del famoso *Solomon´s Key*. En esta ocasión U. S. Gold, la gran desarrolladora, no se encargaría de esta versión, sino que fue Salio bajo licencia Tecmo, encargados también del *Rygar* de la Master, como ya ha quedado dicho. Dos años después del lanzamiento original, un gran éxito, usa el FM Sound Unit y puede superar los sesenta niveles. Exclusivo de Japón, divertido y curioso, siempre fue considerado notable y, todavía hoy, divierte y convence.

Sonic the Hedgehog

(Sega, 1991) · NTSC/PAL · Acción · Un jugador.

La historia es bien conocida: Sega y su Master System eran muy bien aceptadas (y lo seguirían siendo) en Europa y Estados Unidos, así como la nueva consola Mega Drive, recién lanzada, que convivía con ella, también lo era. ¿Y en Japón? En Japón Sega no se comía un colín, esa era la realidad. Y he aquí que, un año después del lanzamiento de Mega Drive en EE. UU., Nintendo lanza la continuación de una consola que había arrasado, pero que ya había perdido fuelle. Así, de NES pasamos a SNES, Superfamicon, Super NES, o más conocida por aquí como Super Nintendo. Y con ella el renacer de ventas y... *Super Mario World*. ¿Qué debería hacer Sega? Pues contraatacar.

Se decía que SNES tenía mejor chip gráfico, pero a cambio Mega Drive podía sacar mejor partido por su velocidad de procesador superior. Necesitaba una nueva imagen y un juego que demostrara esa velocidad de reloj. Y para eso precisaba de una mascota que representara a los nuevos adolescentes/videojugadores de la década de los noventa y que Bart Simpson, en los geniales capítulos clásicos de la serie de animación *Los Simpson* (The Simpson, Fox, 1987), representó tan bien. En pocas palabras, en vocabulario de la época: un héroe molón, guay, guapo, que partiera.

El gran presidente de Sega, Hayao Nakayama, busca entonces a un joven talento para que creara un antiMario. La palabra clave no es que tenga grandes gráficos (que los tendría), ni revolucionar las plataformas (que lo haría), sino demostrar el poderío del procesador de Mega Drive y que el diseño fuera atrayente. El diseñador escogido fue Naoto Ohshima. Cuando le presentaron a los altos cargos a un erizo de genial diseño, diseño que además se trasladaba a la pantalla con pasmosa y exacta pulcritud, en zapatillas de carreras, con ese poderoso color azul, que tan bien daba en pantalla y que se asociaba rápidamente al logotipo de marca de Sega, todos supieron que había nacido una estrella.

Los niveles salidos de la mente del no menos legendario desarrollador Yuji Naka, novato en esto de los videojuegos, y que le convertirían en un mito del sector, (también elogiados, saga Sonic aparte, serán Phantasy Star y Nights into Dreams para Sega Saturn, entre muchísimos otros), la música de Masato Nakamura y un largo etcétera de aciertos, entre ellos una publicidad agresiva, pero simpática, demostraban, una vez más, que Sega era la compañía de la innovación, del talento, de la diversión, ya fuera en casa o en los recreativos. Había nacido *Sonic the Hedgehog* para Mega Drive, pero también para nuestras Master System y Game Gear. Sorprendentemente, la versión 8-bits cumplió de sobras: era veloz, tenía gráficos coloristas, fases exclusivas (*Jungle*), una carátula superior a la de Mega Drive y encantó a toda una generación de jugadores europeos que, hay que repetirlo, pensaban que Sega tenía versiones según pudieras o no permitirte comprar una consola u otra. Ancient, una compañía creada por el músico Yuzo Koshiro, (el extraordinario y revolucionario compositor y cocompositor de sagas como Street of Rage, Ys, Shenmue, etc., el alumno más destacado del no menos genial Joe Hisaishi, del estudio Ghibli), fue la que se encargó de realizarla, adaptación musical de su fundador incluida, que, para muchos especialistas, ojo, puede ser como juego incluso mejor que la versión Mega Drive. .

Los *packs* con la consola, la serie animada, los millones vendidos (se habla de más de quince entre todas las consolas) y las altísimas calificaciones en las revistas especializadas demuestran su éxito. Era el inicio, o la confirmación, de la edad dorada

de Sega y los videojuegos, y de los tiempos de vino y rosas entre Sega Japón y Sega América, iniciando el idilio de un nuevo espécimen con su marca: el seguero.

En nuestro caso conocimos el juego, como ya hemos dicho, en un regalo de Comunión de 1992. Suponemos que, como nuestro caso, habría muchos otros, al menos en España.

Sonic the Hedgehog 2

(Sega, 1992) · PAL · Acción · Un jugador.

Ante el éxito de la primera entrega, Sega destronó a Nintendo en Europa y, según fuentes, también en EE. UU. momentáneamente, por lo que era cuestión de tiempo que viniera la segunda parte, hecha esta vez a toda velocidad (debía estrenarse en las Navidades de 1992) y desarrollada a la par entre Sega América y Sega Japón en el Sega Technical Institute de California (con la colaboración, una vez más, de Mark Cerny). El resultado: *Sonic the Hedgehog 2*. Más rápido, mejores gráficos, simulación 3D, modo alterno con la aparición del, desde entonces, mejor amigo de Sonic (Tails), modo competitivo (con carreras contrarreloj), la aparición del *alter ego* Knuckles (el más famoso secundario de la historia de la franquicia) y una ambición que parió un cartucho de ocho megas y un juego aparte y exclusivo para Mega Drive, *Sonic & Knuckles* (Sega, 1994), que iba a estar incluido en el original, pero que tuvo que ser descartado (si bien después se pudo jugar conjuntamente con el periférico Lock-On que incluía dicho cartucho, una ranura, vamos, y por la cual se le podía conectar *Sonic the Hedgehog 2*, pasando a llamarse *Knuckles the Echidna in Sonic the Hedgehog 2*).

¿Qué diferencias había en la versión 8-bits de Master System? Pues, para empezar, fases diferentes (la de la nieve y el parapente, recordadísimas) y otra serie de cambios que, aquí sí, hacen muy diferente un Sonic de otro. No obstante, eso lo hace más especial, pues al ser otra obra maestra, pero diferente, no eran incompatibles para aquellos que podían permitirse adquirir y disfrutar de ambas versiones.

Ventas millonarias, recepción sin igual en la prensa especializada (se decía que era aún mejor que el original), y una versión para Game Gear y Master System impecable en su adaptación a su medio, un mito hecho carne (muchos *blasfemaban* diciendo que era mejor que el Mario de Nintendo o se emocionaban al ver a Sonic transformado,

al coger todas las esmeraldas del caos, en Super Saiyan), demuestran que lo que tenía Sega entre manos era grandioso. Por primera vez, un lanzamiento simultáneo a nivel mundial, copando la primera plana en toda la prensa especializada, publicidad con *artes* espectaculares y anuncios a tutiplén para reventar el mercado antes de Acción de Gracias en el mercado número uno, el de EE. UU… pero también en los del resto del planeta.

Sonic the Hedgehog Chaos

(Sega, 1993) · PAL · Acción · Un jugador.

Master System estaba casi muerta en 1994 cuando en Europa, y en concreto España, algunos descubrimos por casualidad este juego. ¡Un nuevo juego de Sonic, no de puzles, sino tradicional, de plataformas! Como *Sonic the Hedgehog 3* (Sega, 1994) arrasaba en Mega Drive, y visto lo visto, el poderío de las 8-bits todavía estaba presente en Europa, Sega lanzó este juego que formaría parte de la particular trilogía Sonic en Master System, adelantándose un año a la tercera entrega de Mega Drive.

Hablamos del llamado *Sonic & Tails* o, como todos lo conocíamos aquí en España y en mercados PAL, *Sonic Chaos*, también para Game Gear. Lo jugamos de alquiler, cuando ya dábamos por muerta la consola en 1994-1995, como decimos, y su calidad gráfica, fases espaciales de gran *frío*, y el poder jugar a un nuevo Sonic, Sonic (es decir, con plataformas y no *pinball* o tipo Tetris), nos encantó. Mención especial merecen algunas de sus melodías, totalmente convincentes, originales y artísticamente destacables, como la osada Electric Egg Zone, de Masayuki Nagao, donde con los sonidos, ya primitivos de la máquina para el estándar de 1993, crea momentos inolvidables. Un juego a la altura de su nombre.

Sonic the Hedgehog Spinball

(Sega, 1993) · PAL · Acción · Un jugador.

Lanzado para todas las plataformas Sega, sobre todo fue un bálsamo para la Master. Y es que las ventas de la 8-bits, en tanto su catálogo comenzaba a secarse en el viejo continente en 1994, se resentía y echaron mano de su mascota preferida en la sequía. Eso no quiere decir que no tuviera versión 16-bits, como hemos dicho. Fue desde su lanzamiento, dada la escasez, el número 1 del Top 5 de ventas de la Master System en España. Divertido y original, en esa época Sonic era como Mario, y ya fuera en su saga canónica o en *spin-off*, la mascota funcionaba y era tratada con mimo. Hoy, se ven pocos completos en el mercado de segunda mano y, cuando se ven, valen un pastón.

Sonic Blast

(Tec Toy, 1997) · PAL · Plataformas · Un jugador.

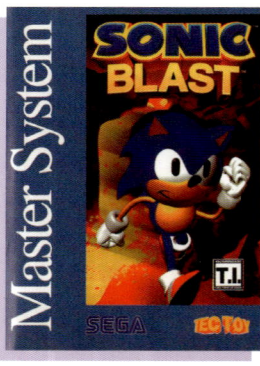

En 1996 todavía llegaban juegos para Game Gear. Así, con esta, digamos, excusa, Tec Toy, sabiendo que Master System todavía tenía recorrido en Brasil, aunque fuera mínimo, vio la oportunidad de sacar este exclusivo del mercado brasileño en diciembre del 97, casi 1998 ya. Sí, ni más ni menos que otro Sonic, casi nada. La mayor novedad radicaba en simular el 3D, aun siendo plataformas, e incluso podíamos jugar con el molón Knuckles. Era curiosa esta simulación del 3D, tan de la época (casi todo el mundo coincide en que se pretendía luchar contra *Donkey Kong Country*), y resulta muy colorido y peculiar. Arrastra los problemas de Game Gear, y el juego es considerado lo mismo un experimento fallido que una joya oculta, según quién opine. Eso sí, si el anterior que comentábamos en esta enciclopedia de *software* se ve poco en el mercado del coleccionismo, este aún menos, pudiendo alcanzar cifras astronómicas que fácilmente pueden llegar a superar los 300 €.

Space Gun

(Sega, 1992) · PAL · Arcade · Un jugador.

Este clásico de Taito podía ser trasladado fácilmente a la sobremesa de 8-bits de Sega, pese a sus limitaciones, gracias a que todo transcurría en una nave (el 90 % del juego), ya que nuestra misión es rescatar a nuestros compañeros de una invasión alienígena. Es discreto en todo (gráficos, sonido y jugabilidad), pero el hecho de que sea un cartucho que da uso al periférico Light Phaser siempre se agradece y es lo que hace que gane enteros. Aun así, peca de aburrido y monótono.

Space Harrier

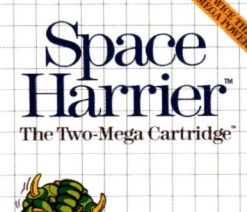

(Sega, 1986) · NTSC/PAL · Shooter · Un jugador.

Otro juego del mago Yu Suzuki que arrasaba en recreativas por su mezcla de futurismo, acción y gráficos que simulaban el 3D. La adaptación a Master System corrió a cargo de Mutsuhiro Fujii y Yuji Naka, que supieron exprimir el *hardware* de la 8-bits de Sega a tope. El resultado, mezcla en distintos momentos de tres genios, fue un juego que logró pasar las sensaciones de la recreativa a lo doméstico, si bien es cierto que más lento que el original. Por si fuera poco, se considera el *port* más completo, puesto que incluía una secuencia adicional para un epílogo más satisfactorio, algo que luego se trasladó a otras conversiones. Otro de los grandes nombres (y juegos) del catálogo. Pena de portada, eso sí...

Space Harrier 3-D

(Sega, 1988) · NTSC/PAL · Shooter · Un jugador.

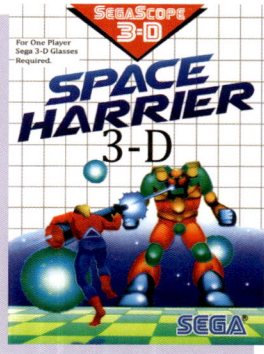

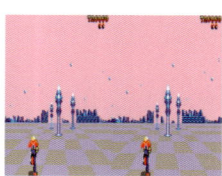

Secuela en exclusiva del clásico, supo explotar con gran calidad las gafas 3D de Sega, que ya sabemos que no tenían mucho éxito. Sin embargo, se considera una versión más pobre, más tosca que la anterior. Aun así, los poseedores de Master System estaban de enhorabuena y vivían días de gloria con adaptaciones de los clásicos y novedades recreativas de Sega del momento. Pieza única del gran catálogo que se estaba gestando poco a poco.

Spellcaster/Kujaku Ou

(Sega, 1988) · NTSC/PAL · Aventura RPG · Un jugador.

Este es el típico cartucho del catálogo que por estos lares no conocíamos (venía en inglés, encima basado en un manga desconocido para el mercado occidental), pero que tuvo bastante éxito. En Occidente, valga la redundancia, se occidentalizó, pero mantiene la esencia. Una especie de, digamos, aventura gráfica (mirar, coger, usar, avanzar, etc.), mezclado con secciones de plataformas y acción en un mundo de fantasía que se vende como rol, de ahí la ayuda de guardado por contraseña. Si morimos volvemos al nexo, el templo, y desde allí podemos mejorar o resolver pistas o ir por otro lado. Gráficamente es bastante destacado, pues no en vano trabajan la artista Rieko Kodama (*Phantasy Star*) y Naoto Oshima (*Sonic The Hedgehog*). La música también destaca, con melodías que se han hecho famosas, obra de Sachio Ogawa, que también trabajó en *Space Harrier 3D*. Por tanto, un título bueno (tiene fallos en la sección de plataformeo, pues nuestro personaje solo puede disparar magia, pero no saltar y disparar a la vez), pero largo y variado (incluso tiene secciones *shoot 'em up*). Otra genial y escondida pieza del catálogo.

Special Criminal Investigation

(Sega, 1992) · PAL · Arcade · Un jugador.

La que es la segunda parte de *Taito Chase H. Q.* (y que más adelante comentaremos), no salió bajo ese nombre, sino así, a secas. Era la versión doméstica del original del 89, a su vez la secuela del juego ya nombrado. De nuevo, es un juego de acción y velocidad, ahora un Nissan sustituyendo un Porsche. Regresan los mismos protas y, en general, la misma sensación jugable. Natsume fue el encargo del *port* en 8-bits, y si las versiones Amiga, C64, PC Engine y Atari tuvieron notables y sobresalientes críticas, la de Sega fue tachada de mediocre en términos generales, a pesar de que se alabó su jugabilidad y su desenfreno.

Speedball

(Mirrorsoft, Virgin Interactive, 1991) · PAL · Arcade · Uno o dos jugadores.

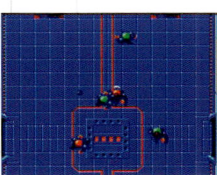

Este juego, exclusivo PAL, es una adaptación del éxito de la recreativa de los Bitmap Brothers, creadores de juegos directos, difíciles y rápidos. Y hemos puesto dos compañías porque hubo dos versiones distintas lanzadas por cuestiones de derechos de autor. La premisa es fácil: dos equipos, cuatro jugadores y dos porteros que lanzan una bola de acero que va rebotando mientras intentamos meter gol (no hay reglas, por lo que podemos jugar sucio: recogiendo objetos, usando portales, rebotando contra las barreras, etc.) a lo largo de dos modos de juego (un jugador contra rivales cada vez más difíciles y uno a dobles). ¿El problema del juego? Música inexistente casi, efectos cutres y una velocidad muy lejos del original.

Speedball 2

(Virgin Interactive, 1992) · PAL · Arcade · Uno o dos jugadores.

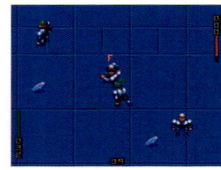

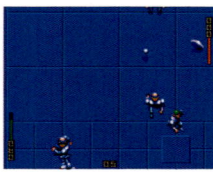

Y tras el éxito de la recreativa de su primera parte vendría, cosa lógica, una continuación, en lo que sería uno de los juegos más exitosos del momento. Es un gran paso con respecto a la primera entrega: más ligas, más copas, más jugadores, mejores y detallados gráficos, incluso algo más rápido en su control. Ahora con puntos para repartir en tu equipo tras cada partido (ataque, defensa, etc.). Jugar a dobles a este juego es un vicio, siendo de lo mejor del catálogo. Curioso contraste con el anterior.

Spider-Man

(Sega, 1991) · NTSC/PAL · Acción · Un jugador.

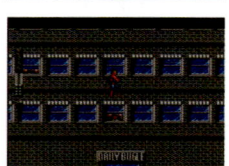

En 1990 aparecieron varios The Amazing realizados por Paragon Software Corp., la compañía que hizo múltiples juegos en la época del personaje de Marvel. También por parte de Rare, sí, la famosa compañía de clásicos como *Killer Instinct* o *Perfect Dark*, en este caso una versión para NES. Pues bien, aquí es realizado por Technopop para Sega, tanto en 8 como 16-bits. La versión 8-bits es uno de los juegos que más buscaban (buscábamos) los videojugadores de 8-bits de la época. Solo disponíamos de una vida por nivel, el cual debíamos limpiar entero para que apareciera el jefe (toda una pesadez). Era un juego aceptable gráficamente, un tanto duro en jugabilidad, de excelente música y sonido, pero en conjunto una experiencia grata. Por lo menos, para nosotros, es un juego de ambientación incluso rara. Es de esas experiencias que los que habéis jugado a las 8-bits sabréis apreciar.

Spider-Man: Return of the Sinister Six

(Flying Edge, 1993) · PAL · Plataformas · Un jugador.

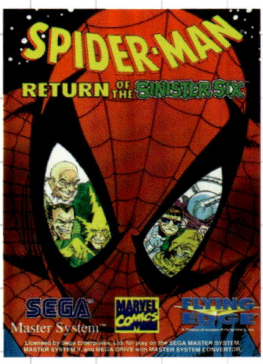

El famoso arácnido de la factoría Marvel vende bien, por lo que Master no podía tener solo un juego de la franquicia. El argumento del juego se basa en el famoso arco del cómic de Spider-Man en el que Octopus se une con los más grandes enemigos del hombre araña (Electro, Buitre, el Hombre de arena, etc.). Es un juego, como el otro, de *scroll* lateral, con cada uno de los seis siniestros al final de cada uno de los seis niveles. La versión Master era más fácil que la versión NES, aunque mejor gráficamente (si bien Spidey parece aquí un niño por su tamaño y forma). Un juego que no estaba nada mal y que hoy es recordado con cariño (por lo menos, por los completistas de Marvel).

Spy vs Spy

(Sega, 1986) · NTSC/PAL · Acción · Uno o dos jugadores.

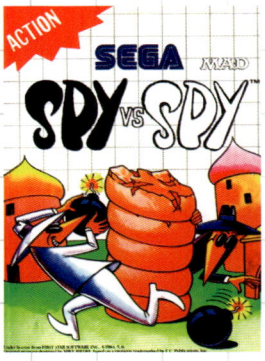

Basado en una serie de dibujos de la revista satírica estadounidense *MAD* (de ahí el logo de *MAD* en la carátula), se trata, como su nombre indica, de dos espías que intentan matarse uno a otro. Sigue el planteamiento del Coyote versus Correcaminos y otros *cartoon* con ese tipo de gags. El original se lanzó en 1984 y al poco ya lo teníamos aquí, en la 8-bits de Sega. Consiguió un relativo éxito e incluso luego tuvo más secuelas, ya no lanzadas para Master System. Su principal problema era que no se podía jugar con dos jugadores simultáneos en ninguna de sus versiones, solo se puede alterno. A pesar de ello, y aunque algunas revistas (muy pocas) en su momento difirieron, en general fue un juego sobresalientemente valorado, y aún hoy se mantiene firme en su diversión, envejeciendo muy bien.

Star Wars

(U. S. Gold, 1993) · PAL · Plataformas · Un jugador.

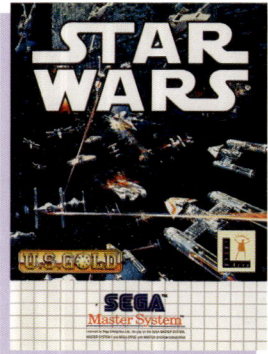

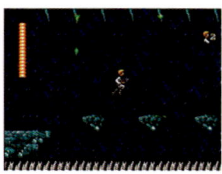

El juego se lanzó para NES/Game Boy y para Master System/Game Gear, en un duelo típico de los videojuegos de los noventa (aunque para NES se lanzó en 1991). Siguiendo el argumento (más o menos) de la primera entrega, la rebautizada como *Una nueva esperanza* (George Lucas, 1977), es un juego de plataformas 2D de planteamiento clásico, no de *marcianitos*. En general, estamos ante un juego divertido, con localizaciones y posibilidad de manejar personajes de la saga, agradable a la vista, técnica y artísticamente importante (trabajo *made in LucasArts*). Un juego muy, muy notable, que deja buenas impresiones.

Street Fighter II Champion Edition

(Tec Toy, 1997) · PAL · Lucha · Uno o dos jugadores.

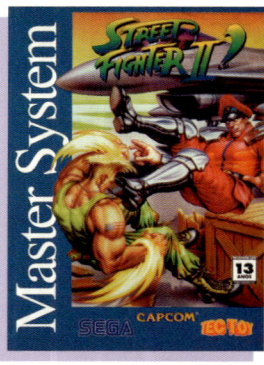

Y seguimos con las sorpresas provenientes de Brasil. Sí, habéis leído bien: la mítica recreativa de Capcom adaptada a la pequeña de sobremesa de Sega. ¿Tiene limitaciones técnicas o de sonido? Obviamente, sin duda, pero el resultado es tan impresionante (un cartucho de nada más y nada menos que ocho megas, con portadón incluido e incluso con modo versus), que todo se pasa por alto. Tec Toy, relata Stefano Arnhold, exCEO de la compañía, enseñó el juego a Capcom ocultando la consola a la que iba dirigido. El directivo japonés dijo que no estaba mal, pero que era un poco pobre para una Mega Drive. Cuando le revelaron que era una Master System, aceptó al instante el editarlo. Capcom quedó impresionada y por eso licenció a un pequeño estudio desarrollador para el mercado brasileño esta joya en el lejano 1997.

Jugarlo y verlo es todo un espectáculo incluso hoy en día, con buenas animaciones, *sprites* grandes y fondos detallados. ¡Y con melodías reconocibles y voces digitalizadas! Aquí en España nunca llegó, siempre fue un rumor, una leyenda. Si en nuestra época lo hubiéramos tenido… No os lo perdáis, un top de la consola que hoy se puede conseguir rozando los 100 € al cambio, pero que vale cada uno de esos euros.

Strider

(Sega, 1991) · NTSC/PAL · Acción · Un jugador.

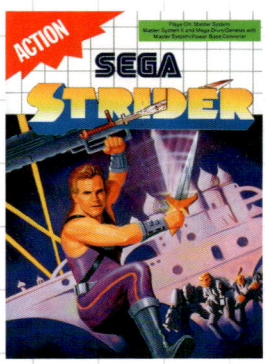

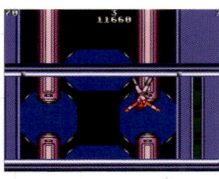

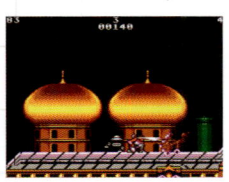

Otro gran nombre, otro título imprescindible de aquellos tiempos (aunque algunos creen que es más nostalgia que realidad, y que nunca fue tan bueno) que se lanzó para Master System. Este juego, que tuvimos en propiedad, difería de otras versiones que se programaron, pero igualmente satisfactorio, aunque dejaba un poco frío a algunos. No obstante, fue una gran conversión por parte de Sega del clásico de Capcom, a pesar de los fondos negros. Tenía pequeños fallos gráficos (parpadeo), pero fue una de las mejores conversiones de la recreativa, y mucho mejor que las versiones de Spectrum, Amstrad y C64. Un gran trabajo del estudio británico Tiertex Design para Sega.

Strider II

(U. S. Gold, 1993) · PAL · Acción · Un jugador.

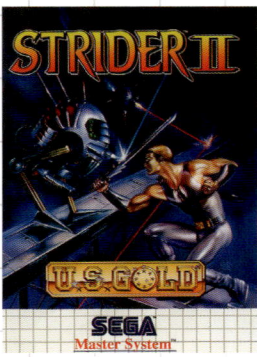

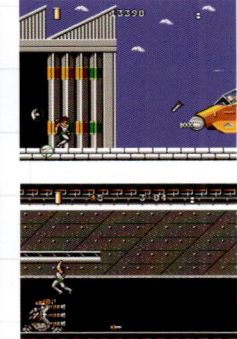

Ante el éxito de *Strider* en todo el mundo y la gran versión realizada por Tiertex Design, esta vez U. S. Gold encarga a los británicos, previo permiso de licencia de Capcom, la segunda entrega. La sorpresa viene dada porque, años después, Capcom rechazaría esta segunda parte como entrega canónica de la saga, y solo reconocerán su propio *Strider II*, en esta ocasión el lanzado en 1999 para la flamante PlaySta-tion 2. Cosas de los derechos y de este mundillo loco de los videojuegos (¿os imagináis dos *Terminator 2* o dos *Spider-Man 2*, por ejemplo, en el cine?). Posteriormente, cuando se lanzó en tierras americanas, se tituló *Journey from Darkness: Strider Returns* que, suponemos, sería más del gusto de la compañía japonesa (parecido nombre al de su lanzamiento en Game Gear, basado en la versión Master System). Como diferencia, en nuestra 8-bits favorita, los *shuriken* del protagonista son infinitos, entre otros muchos detalles. No tuvo el mismo éxito que el anterior, pues de hecho muchos ni conocíamos su existencia.

Streets of Rage

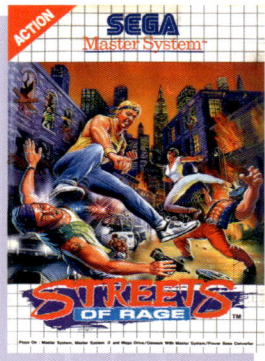 (Sega, 1993) · PAL · Acción · Un jugador.

La osadía de nuestra 8-bits no conocía límites. La necesidad de un amplio catálogo, de tener títulos que comprar, hace que en Occidente aparezcan las versiones Master System de lo más inesperado. En esta ocasión, la franquicia inventada por parte de Sega en exclusiva para el mercado doméstico y competir con *Final Fight*, clásica obra maestra recreativa de Capcom que Nintendo había conseguido en exclusiva para publicar su segunda y tercera entregas. Aceptable en lo técnico, decepciona el que sea para un único jugador, cuando otros títulos *yo contra el barrio* de la consola habían demostrado que era posible. No desagrada, pero la losa del cartucho de su hermana mayor es demasiada. No hubo ni siquiera *truco* a lo *Final Fight Mighty*, como hizo la NES.

Submarine Attack

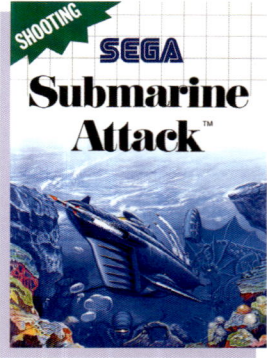 (Sega, 1990) · PAL · Shooting · Un jugador.

Sustituid una nave voladora y el cielo por un submarino y el fondo marino y tendréis una idea aproximada sobre de qué va este *shooter* de disparos. Su argumento, cuando menos, atrayente: una criatura ha surgido del mar y debe ser vencida gracias a la pericia de Mikan, capitán del Nautilus. Para muchos, un juego infravalorado, desconocido para la mayoría de los usuarios de la plataforma, y que encierra una jugabilidad ajustada (no es frustrante como suelen ser estos juegos), detallados gráficos (sin parpadeos ni ralentizaciones) y agradables melodías. Es, como hoy dirían los modernos, uno de los *sleepers* del catálogo.

Streets of Rage II

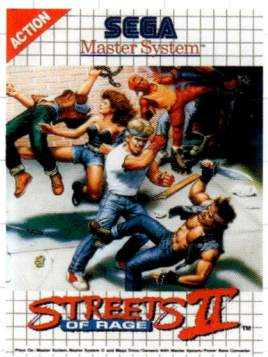

(Sega, 1994) · PAL · Acción · Un jugador.

Aquí viene la segunda entrega de la gran tetralogía de Sega del *beat 'em up*. Cuando ya parecía que Master System estaba muerta, 1995-1996, muchos descubrimos, de manera sorprendente, que existía este cartucho, pues todavía se importaban muchos y se adaptaban a nuestro mercado, en este caso el español (ni idea de que había una entrega número uno antes cuando lo jugamos, creímos que solo se vendió esta segunda entrega). Los que aquí escribimos lo jugamos y, aunque es cierto que su capacidad gráfica no era la conocida de las 16-bits (los *sprites* son más pequeños, de acuerdo, pero el *port* impresiona), fue esa sensación de que el catálogo de la pequeña de la familia doméstica tenía mucho que decir todavía.

Como ocurre con otras segundas partes para la 8-bits, esta es diferente de la de Mega Drive. No hay multijugador, como era algo típico en este género (la falta de potencia, en realidad, es de nuevo una mala excusa que no nos cansaremos de reiterar), y aparte de cambios menores en algunos niveles, lo verdaderamente nuevo es el nivel tres y el seis, que es solo el tradicional ascensor de palos *beat 'em up* hasta el enemigo final.

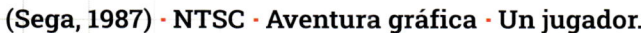

Sukeban Deka II

(Sega, 1987) · NTSC · Aventura gráfica · Un jugador.

Este cartucho, continuación de una parte anterior inexistente en consola de Sega, es el típico que en Japón tiene mucho éxito, consistente en hablar, moverse, coger, etc., en plan novela interactiva. No obstante, tiene fases de acción en las que la protagonista debe luchar contra otras enemigas. Está basado en el *live-action* que estaba emitiendo la televisión nipona que, a su vez, se basaba en un manga sobre una infiltrada de una organización policial que lucha contra las pandillas de instituto. Para coleccionistas y completistas, está en completo japonés, aunque en los últimos tiempos hay grupos que lo han traducido al inglés.

Summer Games

(Sega, 1990) · PAL · Deportes · Hasta cuatro jugadores.

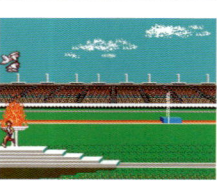

Epyx parecía especializada en lanzar juegos para el verano en la 8-bits de Sega (*California Games*), siendo este su primer juego, en realidad, basado en tal *mundo*, pues, aunque hablamos del año 1990, el original es de 1984. Es de las mismas fechas que *World Games*, un juego fallido, a diferencia de la obra maestra que fue *California Games*. ¿Cuál de los dos resultados tendremos? Para empezar, las modalidades son casi las mismas que en una Olimpiada (en Brasil, de hecho, no se cortaron y pusieron ese nombre, no como aquí, con personajes caricaturescos junto a su título), pero no están todos los deportes, sino muy escogidos como disparos, natación, remo… Desde luego, las versiones previas fueron tachadas de excelentes, pero el *port* para la consola de Sega fue tachada mayoritariamente como mediocre, si bien adictiva.

Super Monaco GP

(Sega, 1990) · NTSC/PAL · Acción · Uno o dos jugadores.

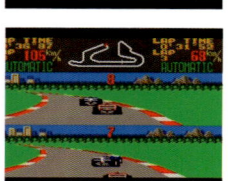

Sega había utilizado una tecnología para reescalar *sprites* que daba unos resultados espectaculares (*After Burner*). Pues bien, decidió reutilizar esa tecnología para un juego de carreras. Sin embargo, Master System no podía soportarlos, así que tenemos la vista en tercera persona y con una pantalla partida (da igual que sea individual o multijugador). El resultado fue un juego resultón gráficamente, colorido, pero muy lento y en el que era fácil salirse del circuito. A pesar de ello, la osadía, el bajo número de títulos así, y el que sea sobre la Fórmula 1, lo hacían muy atractivo. Ampliación, en el buen sentido, del catálogo de la consola. Por cierto, que no es error: en la carátula el juego se cataloga como «Action».

Super Kick Off

(U. S. Gold, 1991) · PAL · Deportes · Uno o dos jugadores.

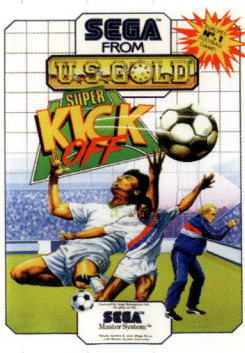

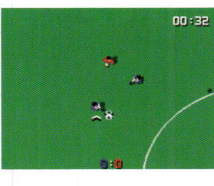

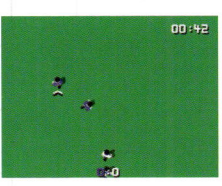

Un juego que, para los futboleros, tanto de las 8-bits como de otras plataformas, era una referencia; sí, así era. En una época en la que la recreativa de SNK *Super Sidekicks* (SNK, 1992) arrasaba, este juego donde la física del balón se imponía y donde la dificultad era máxima (ni siquiera se veía bien la portería rival), se convirtió en un clásico instantáneo en Europa. No era solo la escasez de juegos de fútbol para Master System: es que era un juego bueno, exigente, sí, pero como decimos, bueno y satisfactorio. El amigo que nos lo prestó en el colegio estaba totalmente entregado a él, y muchos otros lo conocían, tratándolo como una especie de mito (al juego, no a nuestro amigo).

¿Y qué llamaba más la atención? ¿Su control muy manual del balón y que solo hasta los famosos Pro Evolution se volvió tema de conversación? ¿Su número de equipos o dificultad? ¿Sus gráficos o animaciones? ¿Sus hasta dos jugadores? Pues no solo eso: también su vista cenital. Efectivamente, como si fueran las chapas, pero con animados *sprites*, jugábamos desde vista de pájaro. Un clásico imperdible, diversión y leyenda a partes iguales.

Super Off Road

(U. S. Gold, 1993) · PAL · Arcade · Uno o dos jugadores.

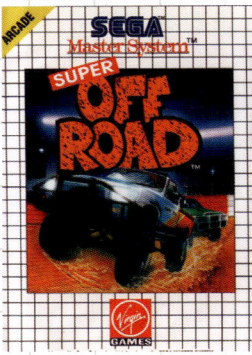

Gráficamente, y jugablemente, es una maravilla. Incluye circuitos exclusivos para más satisfacción: Redoubt, Dustbowl, Rattler y Rio Trio. Se puede afirmar sin temor a equivocarnos que es la mejor versión que se ha hecho nunca de este clásico para una máquina de esta potenciahaciéndose perdonar la falta de opción multijugador a cuatro que tuvo NES (gracias a un caro periférico, eso sí). Otro éxito del catálogo.

Super Smash TV

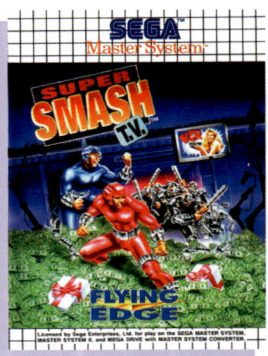

(Flying Edge, 1992) · PAL · Acción · Uno o dos jugadores.

En el futuro una televisión no tiene piedad en realizar un programa donde los concursantes deben matarse unos a otros para conseguir suculentos premios (como, atención… un VHS). Esto no ocurre ahora, ¿verdad?, ¿verdad? Fuera de bromas, el juego fue un éxito de los salones en 1990, pero que en las versiones domésticas tuvieron el Super en el título y fueron adaptados irregularmente. Entre sus desarrolladores y diseñadores encontramos talentos como Mark Turmell (*Total Carnage*) y John Tobias (*Mortal Kombat*). Como pasaba antaño, lo mismo encontramos análisis donde le cascan un 88 que otros donde lo dejan en un 38. ¿La respuesta por nuestra parte? Un juego mediocre, importante desde el punto de vista de disfrutar de una franquicia importante, otra más, en nuestra Master System, pero que no cumple ni jugable ni técnicamente como podía haberlo hecho. Por si fuera poco, el tiempo no le ha hecho ningún favor.

Super Racing

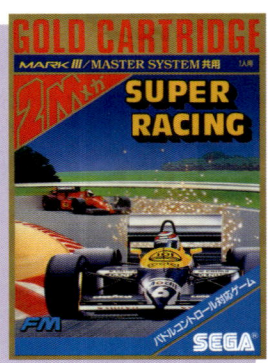

(Sega, 1988) · NTSC · Deporte · Un jugador.

De tenis, fútbol, béisbol, vóleibol, baloncesto, rugby… Pocos deportes se escaparon de Master System y, cómo no, los de golf y carreras, sobre todo la Fórmula 1. Indudablemente, *Super Racing* es un juego de carreras de Sega que hacía uso del FM Sound Unit y, de manera opcional, del Sega Paddle Control HPD-200. Un cartucho de dos megas, exclusivo del mercado asiático, cuya pega es evidente: un solo jugador.

Super Space Invaders

(Domark, 1991) · PAL · Shooter · Uno o dos jugadores.

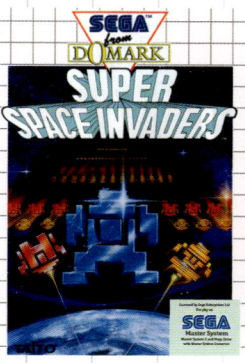

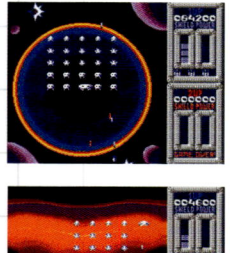

A la generación actual, poco interesada en la historia, quizá no le suene mucho un nombre como este, *Space Invaders* de Taito, pero decir que en su momento superó con creces la pantalla para, como luego *Tomb Raider* u otros harían, convertirse en un fenómeno social, es quedarse corto. Inaugura el género de los *marcianitos*, y la de dinero que produjo está todavía por contabilizar (y no es exageración). Esta es la cuarta entrega, rebautizada para la ocasión. En definitiva, The Kremlin y Domark, combo de compañías que tantas veces trabajaron juntas, lo lanzan con nuevos gráficos, nuevos niveles, jefes... Lo mejor, sin duda, el planteamiento sencillo, su buen número de niveles y la posibilidad de dos jugadores. Algunos lo consideraron un juego notable, aunque otros criticaron un tanto su supuesta desfasada propuesta, calificándolo de mediocre y demasiado sencillo.

Super Tennis

(Sega, 1985) · NTSC/PAL · Deportes · Uno o dos jugadores.

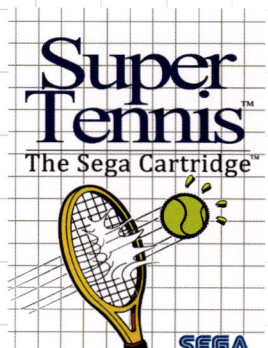

Otro juego deportivo del siempre efectivo tenis. Comparar el primer juego de la historia de este deporte con este, y eso que estamos en 1985 en una 8-bits, era un mundo. Para uno o dos jugadores, encontrábamos varios modos de juego en un cartucho apañado, simple técnicamente, pero efectivo. La obsesión de Sega por inundar de juegos deportivos el mercado al inicio de Master System traducida en otro título.

Superman: The Man of Steel

(Virgin Interactive, 1993) · PAL · Arcade · Un jugador.

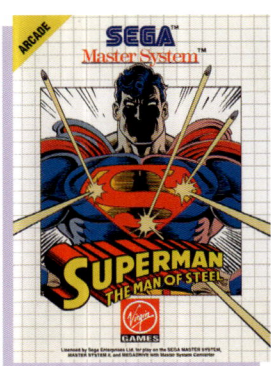

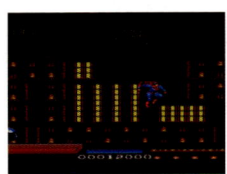

El sacar a un personaje como este en una consola tan limitada demuestra que en esta época no tenían miedo a nada. Es parecido a los otros juegos de DC de la consola, como *The Flash,* en cuanto a planteamiento: nuestro héroe debe abrirse paso a puñetazos por el escenario para poder rescatar a Lois Lane de Brainiac, en un gran sinsentido argumental.

Si por algo se caracteriza es por su extrema rapidez, todo sucede a la velocidad del rayo. Superman puede saltar, golpear y volar (o más bien planear). El problema es que el sistema de golpes no funciona, solo tenemos una vida y los enemigos siempre tienen las de ganar en cualquier circunstancia (agravado por ese exceso de velocidad). No obstante, el personaje está bien animado, los gráficos son bastante buenos (aunque típico de esta consola es el fondo negro cuando falta memoria, que más parece Gotham que Metrópolis) y el sonido destaca. Para seguidores del personaje.

T

T2 Terminator 2: Judgment Day

(Flying Edge, Acclaim, 1993) · PAL · Acción · Un jugador.

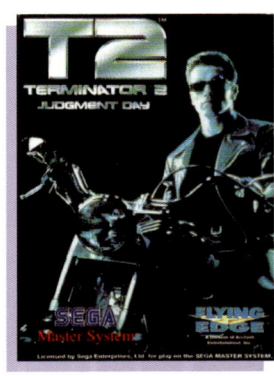

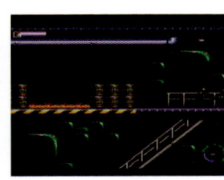

Esta es la versión que los usuarios de los sistemas más *pobres* (NES, Master System, las portátiles) tuvimos de la película homónima. Su mecánica consiste en manejar al prota, en este caso al famoso T2, e ir abriéndonos paso a tiros contra oleadas de enemigos clónicos, no sabemos muy bien por qué. Gráficamente discreto, aunque no está mal, acaba siendo repetitivo. Hecho para aprovechar el tirón de la película y de Master System en Europa, el hecho de haber sido trasladado de la versión NES, con la que tiene pocas diferencias a todos los niveles, lo lastra, dada la mayor capacidad técnica de la 8-bits de Sega.

T2: The Arcade Game

(Arena Entertainment, 1993) · PAL · Shooter · Un jugador.

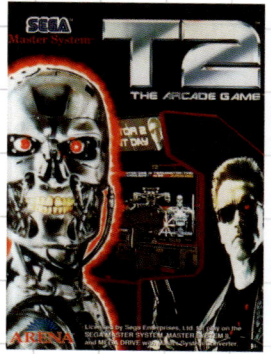

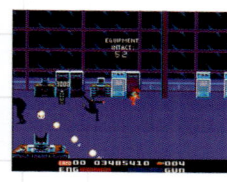

Un *arcade* pensado para pistola de disparos que fue adaptado después para todas las consolas Sega (incluso para Mega CD, anulada después ante el fracaso de la máquina). Llamado *T2* para no confundirlo con el juego anterior que os hemos comentado (aunque en realidad no evita la confusión porque está basado en el mundo de la película), la mejor versión es la de la SNES debido a sus virguerías gráficas (los *sprites* grandes, los *zooms*...), pero, aun así, las máquinas Sega recibieron una adaptación más que notable de un *arcade* que fue todo un éxito en su momento. Nosotros lo pudimos jugar en ese 1993, nos lo prestaron, y la verdad es que cumplía, sobre todo en su ambientación tétrica y futurista. El hecho de que la versión Master exista (aunque más limitada, un solo jugador y con *sprites* más pequeños), demuestra el éxito sin paliativos que todavía tenía la pequeña de sobremesa de Sega en Europa en un año tan lejano desde su lanzamiento como 1993.

Taito Chase H.Q.

(Taito, 1990) · PAL · Arcade · Un jugador.

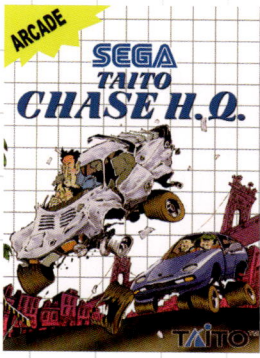

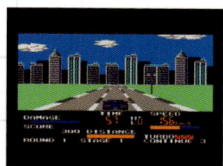

Si hablamos de juegos raros, entonces hay que nombrar este cartucho escasísimo cuyo *port* llegó a las 8-bits de Sega dos años después de su lanzamiento en salones (1988). En él nos poníamos en la piel del oficial de policía Tony Gibson y su compañero Raymond Broady, debiendo perseguir a criminales en nuestro coche de gama alta, un Porsche, contra otros jefes finales en coches también de gama alta (Ferrari, Lotus...). Luego, en el *arcade* al menos, tuvo varias franquicias y *spin-offs*, algunas bastante cercanas en el tiempo, así como en Mega Drive llegó una segunda entrega. El original fue buen recibido, así que no era de extrañar la llegada doméstica, pues incluso consiguieron varios premios. En el caso de las 8-bits no fue malo, ni mucho menos, aunque pasó un poco sin pena ni gloria, y eso a pesar de gráficos agradables y mecánica convincente, no sin cierta monotonía en los escenarios y ausencia de túneles.

Taz-Mania

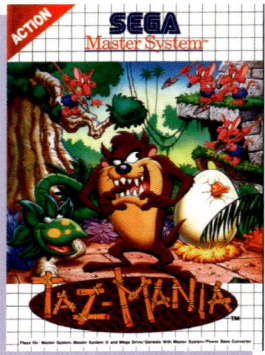 (Sega, 1993) · PAL · Action · Un jugador.

Puede sorprender a muchos un título como este. Pero en la época, la serie animada del mismo nombre (MacCurdy, Ruegger, Vitello y McClenahan, ABC: 1991-1995), arrasaba en los hogares y, tras una preciosista y colorida versión para Mega Drive, era de esperar su versión hermana 8-bits. Recordemos una vez más que en Occidente, y en concreto Europa, el gran mercado histórico de Sega, los juegos tenían su correspondiente lanzamiento para 8-bits y 16-bits.

Fue un cartucho muy deseado por algunos, entre ellos nosotros, aunque no pudo ser. Consiguió ser un gran plataformas, algo corto de duración, y para muchos especialistas la versión Master System fue superior a la de Mega Drive, no en lo técnico, claro, sino en el equilibrio de dificultad y jugabilidad.

Taz in Escape from Mars

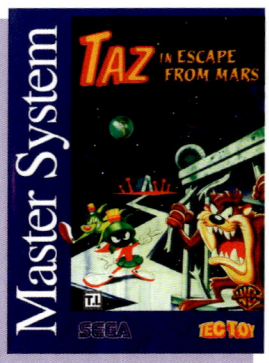 (Tec Toy, 1997) · PAL · Plataformas · Un jugador.

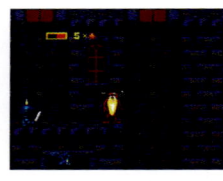

A pesar de ciertas decisiones de diseño cuestionables (el juego empieza, lógicamente, en Marte, pero al instante recorremos otros lugares sin mucho sentido argumental), es una secuela del original y está llevado con dignidad. Es pobre para una fecha tan tardía y, aunque hay disputa entre si este es mejor que su primera parte o no, lo que sí es verdad es que posee más animaciones, buen diseño de fases y acabado. Lo peor es quizá su sistema de impactos y los jefes finales, mucho más difíciles y retorcidos que en la primera entrega. Buen entretenimiento al estilo clásico Warner Bros.

Tecmo World Cup´93

(Sega, 1993) · PAL · Deportes · Uno o dos jugadores.

¿Se celebró un Mundial en 1993? Evidentemente, no. Tecmo y Sega aprovechan el cercano USA '94 para lanzar este cartucho basado en la recreativa del mismo nombre, pero que continuaba la anterior entrega, en el 90, y su segunda, en el 92. Ya sea individual contra la CPU y por grupos (pudiendo escoger hasta partidos de cuarenta y cinco minutazos y veinticuatro selecciones) o a dobles 1 vs. 1, el juego cumple en el plano técnico (es bastante rápido, aunque la música no es muy allá) y en el jugable. Es algo irregular.

Teddy Boy

(Sega, 1985) · NTSC/PAL · Acción · Un jugador.

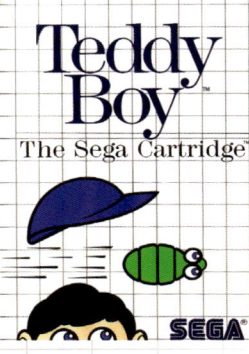

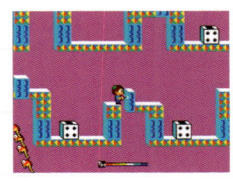

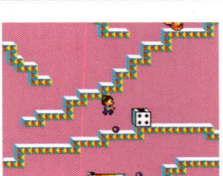

Este juego, y por enésima vez, es una adaptación de un juego recreativo. Fue también adaptado a Mark III, por lo que hablamos de un cartucho del principio de la consola y, por ende, muy simple en todos sus apartados. El chico protagonista dispara a los enemigos que le atacan, transformándolos en miniaturas que debemos recolectar rápidamente. Si no lo hacemos, se transforman en unas especies de bolas que nos comen la barra de tiempo limitado. Con un modo dobles por turnos, cincuenta niveles que, al terminarlos, se reinician infinitamente, es un juego simpático que hay que verlo como es, con las limitaciones de los inicios del sistema.

Tennis Ace

(Sega, 1989) · PAL · Deportes · Uno o dos jugadores.

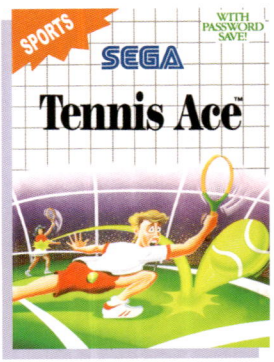

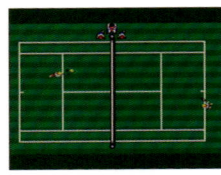

Con una vista cenital y de izquierda a derecha, lo cual no es lo usual (para que nos entendáis: estilo *Windjammers*), este juego de tenis, que permite disputar encuentros solo o acompañado, se aleja de la simulación y del realismo y apuesta por el *arcade*, la diversión y las pocas pretensiones. Como juego para disfrutar con un amigo en una etapa en la que, siendo sinceros, más allá del fútbol poco entendíamos de tal o cual deporte (no digamos ya las reglas estrictas), cumple de sobra. Lejos de los excelentes Wimbledon, pero una opción validísima para echar unas *raquetas*.

The Addams Family

(Flying Edge, Acclaim, Ocean Software, 1993) · PAL · Plataformas·Un jugador.

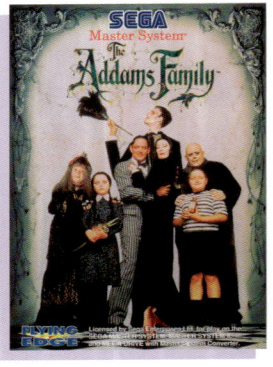

Otro gran ejemplo de título importante del cine de la época en videoconsolas. Hablamos de *The Addams Family*, basado en el taquillazo cinematográfico (y gran ejemplo de cine de palomitas) que fue *La familia Addams* (Barry Sonnenfeld, 1991), a su vez basada en la serie televisiva *La familia Addams*, (Perrin y Levy, ABC: 1964-1966).

Dicho lo cual, el juego, también recordado por haber conseguido buenas portadas en la prensa especializada española del momento, nos pone en la piel de Gómez Addams, que ha de rescatar a los miembros de su familia secuestrados, desarrollándose tal rescate por los alrededores de la mansión. Podíamos escoger el nivel al que acudir, con numerosos secretos y jefes que despachar para aumentar nuestras estadísticas. Era un plataformas estándar de la época, época dorada del género. También admite *password* de salvado. Los creadores de *The Simpsons: Bart vs. The Space Mutants* saben lo que se hacen, por lo que estamos ante un cartucho entretenido y alegre, técnicamente solvente.

Un juego querido que también luego tuvo versiones para Mega Drive, NES, Game Gear, Game Boy, compatibles... Muy recordado, otro símbolo de una época que, para bien o para mal, no volverá.

Tensai Bakabon

(Sega, 1988) · NTSC · Aventuras · Un jugador.

El divertidísimo manga del maestro clásico Fujio Akatsuka (cuya primera entrega se publicó en 1967), tuvo también una serie de éxito en diferentes épocas desde los setenta y, cómo no, el salto a lo multimedia. En esta ocasión, este exclusivo del mercado japonés para la 8-bits de Sega, lanzado en junio, con una portada encantadora y un juego colorido y divertido, convence. Un título considerado bastante bueno, entrañable y fiel a las localizaciones del barrio de la serie.

The Cyber Shinobi

(Sega, 1988) · PAL · Acción · Un jugador.

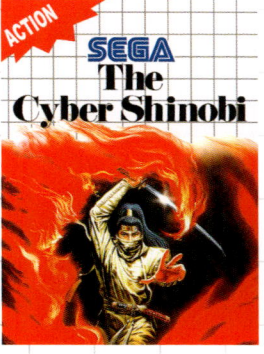

Ya hemos nombrado en esta lista el enorme patrimonio de Sega, con sagas clásicas tanto en videojuegos como directamente en consolas. Si hay una compañía que sepa crear *software* es la compañía japonesa, y la saga Shinobi es esencial. Por eso, esta entrega de la serie sorprende por ser diferente, aportando esa originalidad que, quizá, había perdido un poco.

Todavía recordamos haber comprado este juego cuando niños (en una oferta 2 x 1 junto con *Strider*) y sorprendernos su aspecto gráfico y portadón. Pero precisamente este estilo serio y algo complejo te dejaba algo helado, aun cuando hablamos de un cartucho que debió haber merecido más suerte.

Considerado un capítulo menor por no tener el componente de combate exigente y de memorización de sus dos anteriores títulos, amén de un personaje que se mueve con cierta lentitud (¡y encima con tiempo límite!), tanto gráficamente y, como siempre, a nivel sonoro, es un top de la consola. Tenemos construcciones, el típico bosque y, en el aspecto jugable, las imprescindibles magias de *ninjutsu*, patada y espadas. Ahora, además, elegimos entre pistola y *shurikens*. Fue tachado de poco profundo y exigente y, en general, recibido con indiferencia. Pero es un exclusivo de la saga para Master System, lo cual no es moco de pavo.

The Flash

(Sega, 1993) · PAL · Acción · Un jugador.

Otro personaje icónico de DC adaptado, esta vez el icónico The Flash o Flash a secas. El juego es un juego largo plataformero de escenarios laberínticos en el que debemos, botón mediante, buscar la salida. Nuestros aliados serán los saltos de Flash y un extraño giro sobre sí mismo que hace que el personaje gire como si fuera una peonza. Gráficamente no está mal, aunque peca de personajes pequeños y fondo negro. Su jugabilidad, eso sí, os lo advertimos, es exigente, cuesta manejarlo, y la palabra que mejor lo define es: largo y difícil. Vaya, hemos usado dos.

The Flinstones

(Grandslam Entertainment, 1991) · PAL · Acción · Un jugador.

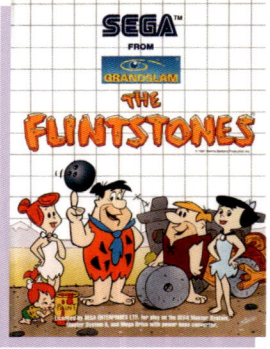

Casi que no hubo serie, película o cómic sin transformar en videojuego y, lógicamente, la famosa familia conocida en España como *Los Picapiedra* no iba a ser menos. Lanzado originalmente para los compatibles, fue versionado aquí para la 8-bits de Sega. Era el tradicional juego que los niños de la época alquilábamos y jugábamos un fin de semana… sin habernos enterado de mucho, la verdad. Y es que, aparte de en inglés, el juego no es un juego al uso, sino que es Pedro Picapiedra saliendo del trabajo y deseando pasar una noche de bolos con su amigo Pablo. A partir de ahí la esposa le dice que primero pinte la pared y eso debemos hacer (mientras nuestra hija nos fastidia) para, a continuación, marchar a la bolera manejando el coche, echar una partidita a los bolos, etc. Gráfica y audiovisualmente muy cuidado y fiel, la jugabilidad no lo es tanto. Pero como dijeron críticos de la época: no sabes por qué, no puedes dejar de jugarlo.

The Incredible Hulk

(U. S. Gold, 1994) · PAL · Acción · Un jugador.

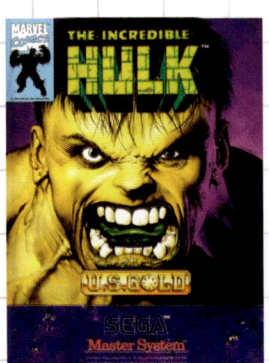

Es tener que ver con EE. UU., desde deportes claramente del gusto de allí, como nombres de este tipo, y es casi seguro que nos encontramos detrás al gran socio de Sega de la época, la británica U. S. Gold (y la producción de Probe). Un cartucho difícil de encontrar aquí, lanzado en el tardío verano de 1994. Controlamos a Hulk, la Masa, claro, y es un plataformas centrado en la acción o acción con plataformas, como quieras. Buenas animaciones y gráficos, en general fue muy bien recibido, aunque tachado de fácil.

The Ottifants

(Sega, 1993) · PAL · Acción · Un jugador.

Otto Walkes fue un *showman* muy conocido en Alemania que, entre muchísimas cosas, hizo una historieta bautizada como *The Ottifants*, de la unión de Otto (su nombre) + *Elefanten* («elefante» en alemán). De ahí, dio el salto a serie animada y a su vez… al videojuego. Sega compró la licencia y, dándole protagonismo al bebé ottifant, tenemos un plataformas alegre y muy bien acabado: quince niveles, jefes finales, diseños basados en la mente juguetona de un bebé, recolección obligatoria de objetos para pasar de nivel/ver el final verdadero y mucha variedad (saltos, posibilidad de convertirnos en Súper Bebé Ottifant, biberones de vida…). Fuera de Alemania, obviamente, nadie conocíamos esta serie, por lo que pasó sin pena ni gloria, pero merece la pena conocerlo. En su momento gustó, y mucho.

The New Zealand Story

(Tecmagik, 1992) · PAL · Plataformas · Un jugador.

Otro título legendario de los salones recreativos que tuvo su correspondiente versión Master System. ¿Un pollito con arco y zapatillas deportivas? Sí, amigos, era posible en los noventa. Si se las calzó un erizo azul, ¿por qué no un pollo? ¿Recuerdas las plataformas a toda velocidad antes de que aparecieran las temibles letras en pantalla *Hurry Up*!? Dicen que el programador japonés de este juego, en un viaje a Nueva Zelanda, se le ocurrió esta tontería de un kiwi con zapatillas deportivas de protagonista, y de ahí las situaciones y escenarios del juego. Como sea, es un título imprescindible del mundo *arcade*, y durante muchos años estuvo en el candelero. Se lanzó para todos los sistemas domésticos, incluyendo esta fantástica conversión para Master System.

Lo que más llama la atención de este juego es que, perfectamente, podría pasar como un juego de esos *indies píxel art* de ahora, dado su intrincado planteamiento de fases. Desde luego, eso es lo que más llama la atención, no sus jefes (no muy com-

plejos en comparación y con pocas alternativas), sino cómo está planteado el escenario: horizontal, vertical, con enemigos apareciendo en portales, subidos a cachivaches (que reaccionan de distinto modo), con secretos para sortear obstáculos, con retos plataformeros, con retos de disparo... Una genialidad que hoy, en nuestros tiempos de *ve de aquí a allá. Fin*, sería imposible e impensable. Y, a diferencia de otros juegos de entonces, no da tanto la sensación de sacacuartos, aunque lógicamente estaban pensados para lo que estaban, para no parar de meter la monedita en la ranura.

En fin, una genialidad maravillosa... Juego colorido, gracioso, simpático, plataformero en su acepción más pura, y un clásico de los salones y de los videojuegos en tu cartucho.

The Ninja

(Sega, 1986) · NTSC/PAL · Acción · Uno o dos jugadores.

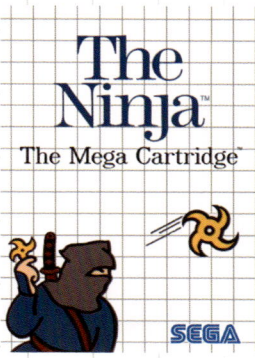

Otro juego de los iniciales, de los de la Master System primigenia. Y, de nuevo, un *arcade* de Sega de la época que tuvo su correspondiente adaptación 8-bits a finales de 1986 (1987 para el resto de los mercados), dejando a las claras que Sega podía adaptar con éxito en cartucho para el formato doméstico sus títulos más recordados (el famoso *Sega Ninja*, más desenfadado), basado a su vez en el original japonés *Ninja Princess*, diseñado por la afamada pionera del rol japonés Rieko Kodama, directora y productora de leyendas como *Phantasy Star IV* y *Skies of Arcadia*). Siguiendo la estela de *Commando* (Capcom, 1985), se trata de ir avanzando por los escenarios destrozando todo lo que se mueva, lanzando nuestros *shuriken* que ríete tú del famoso *Sekiro: Shadows Die Twice* (From Software, 2019). Nuestras armas típicas de ninja, como la espada, se alternan con habilidades *shinobi* como humo, saltos imposibles o los ya nombrados *shuriken* o estrellas ninja, y que tan buenos momentos dio en el ya nombrado *Shinobi*. Es un cartucho técnicamente del inicio de la máquina, es decir, correcto, vista aérea, con un colorido menos potente que los que posteriormente aparecerán, pero muy adictivo (1 o 2 jugadores alternos), que para eso estaba en los salones recreativos, para que te gastaras las monedas.De los juegos de acción de lanzamiento de la consola es, posiblemente, uno de los tapados, y con el paso de los años ha ido generando más respeto y atención por parte de los medios y prensa especializada.

Como curiosidad, decir que el protagonista, Kazamaru, en la versión recreativa es una mujer, mientras que aquí es un *machote*, así como la necesidad ahora de recolectar ciertos pergaminos para pasar a la fase final. También tiene un nuevo diseño de la portada para Occidente, muy diferente en estilo y forma que las versiones asiáticas, especialmente la japonesa y coreana.

The Lucky Dime Caper Starring Donald Duck

(Sega, 1991) · PAL · Acción · Un jugador.

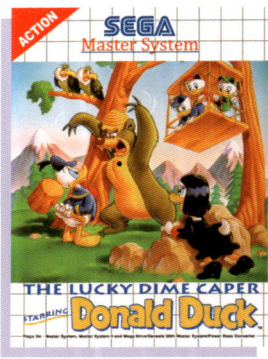

Sus gráficos y su animación, su colorido y su planteamiento plataformero, rey del género por esas fechas, hicieron el resto. El agua, los escenarios… todo parecía animado, como hoy se dice *cell shading*. Tenía un ambiente, cómo decirlo, como abierto (no lo era, era la percepción) que unido a las grandes producciones de Disney (y que con su asociación con Virgin hicieron verdaderas maravillas), era sorprendente. Un juego extraordinario del catálogo y, en nuestra opinión, uno de los mejores de esta lista.

The Quest for The Shaven Yak Starring Hoëk & Stimpy

(Tec Toy, 1995) · PAL · Acción · Un jugador.

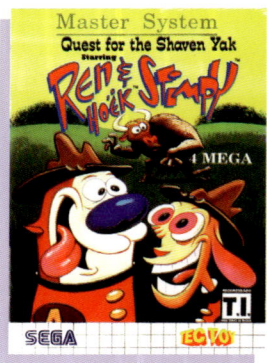

Esta serie quizá hoy no suene demasiado, pero en su época esta pareja de gamberros, Ren y Stimpy, llegaron a ser todo un éxito. El juego capta perfectamente el tono de la serie, de las primeras series animadas *cartoon* con mala leche y para adultos, realizada su adaptación por Tec Toy para Brasil. Las animaciones, los gráficos, la música y el *gameplay* (alternando entre los dos; ojo: comparten seis vidas y, si te queda poca barra, hay que elegir al otro para no morir en la siguiente fase), lo colocan, así de claro, como uno de los mejores del género en la 8-bits de sobremesa. Otra joyita que nos perdimos por estos lares.

The Simpsons: Bart vs. The World

(Flying Edge, 1993) · PAL · Acción · Un jugador.

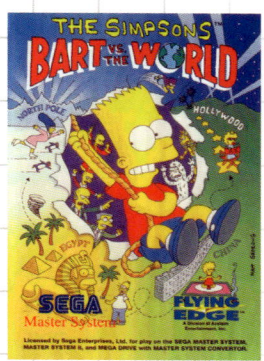

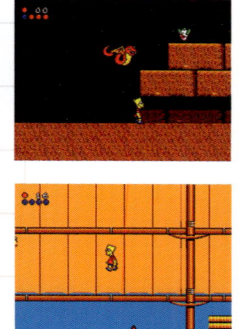

Como su nombre indica, esta vez es Bart contra el mundo. En los inicios de la famosa familia, todos los fan lo saben, Bart tenía un gran protagonismo, hasta que luego se lo arrebate Homer. Con famosos programadores detrás en el juego original, es el, una vez más, juego de plataformas horizontal de acción de la época para un jugador. Ver a Bart lo mismo en China que en Egipto y contra jefes imposibles, no tiene precio, incluyendo la aparición del inclasificable Bartman y otros personajes de la serie. Es el segundo juego de la franquicia, y de nuevo Flying Edge recoge el testigo de Acclaim para adaptarlo a nuestra querida 8-bits. Fue considerado algo más tosco que el anterior, aunque más asequible, y aceptable en términos generales.

The Terminator

(Virgin Games, 1992) · PAL · Arcade · Un jugador.

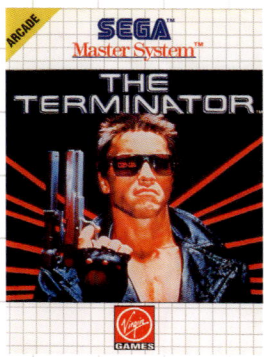

Con nueve años de retraso con respecto al filme del que debe su nombre, pero aprovechando el tirón de la secuela cinematográfica, apareció para el trío de consolas Sega, luego también Mega CD, este juego originalmente programado por David Perry y con la participación de Virgin. Su mecánica se basa en la acción y avanzar, esquivando enemigos por doquier, alternando partes del futuro con las del pasado, y con jefe final, claro, cómo no, el amigo Arnold. La versión Master System está desarrollada por Probe, y destaca por poseer grandes gráficos, animaciones y música. Considerado un juego genial, pero algo corto; no se puede tener todo en esta vida.

The Simpsons: Bart vs. The Space Mutants

(Flying Edge, 1991) · **PAL** · **Acción** · **Un jugador.**

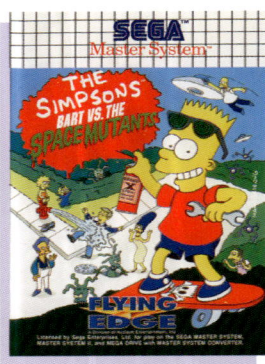

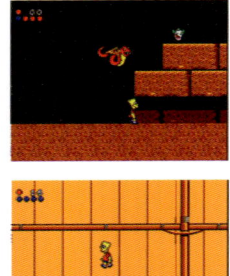

Si hay una serie que marque qué eran los noventa, esa es *Los Simpson* (Varios, Fox: 1987-). En la cúspide de su inicial fama, ya conocida por casi todos, llega este juego para Master System, uno de los más queridos y recordados por muchos que se acercaban a las estanterías de los videoclubes o tiendas de videojuegos con total desconocimiento de qué podía ofrecer el mercado incipiente.

La surrealista historia de un Bart que debe vencer un plan de invasión extraterrestre es bien conocida. No solo eso, sino su equipamiento de gafas de rayos-x, bombas, silbato, donuts, vidas con la cara de Krusty... Y, cómo no, su famosa pintura en aerosol. Fue el primer juego de la serie, y luego, tras esta versión de Master System (y la de su gran rival en las 8-bits, NES), se venderían otras para Mega Drive y Game Gear: Acclaim/Ocean por el original y Flying Edge adaptándolo de manera genial. A diferen-

cia de la versión NES, la versión Master tenía contornos negros, por lo que, se dice, el estilo gráfico del dibujante Matt Groening fue pasado con más fidelidad.

Su excepcional portada y su interior, bien colorido y divertido, con localizaciones reconocidas y reconocibles de la serie televisiva, no ocultan un juego un poco limitado, difícil, a veces confuso y que se maneja con dificultad. Para los que no teníamos idea de inglés a esa edad infantil, pues venía completamente en inglés, podía ser muy frustraste. Pero con el tiempo es una joya, un inicio del grandísimo *merchandising* de la serie y otro ejemplo más del buen tratamiento de la consola de Sega por parte de las desarrolladoras. No llega al nivel del gran juego de Krusty, pero la melancolía y el paso del tiempo hacen mirarlo con simpatía aún todavía hoy... e incluso entonces.

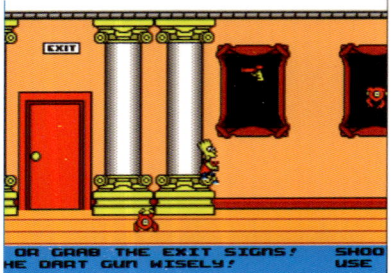

Thunder Blade

■ **(Sega, 1988) · NTSC/PAL · Arcade · Un jugador.**

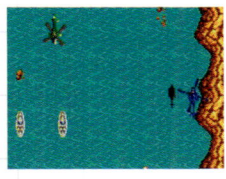

Tras el éxito en recreativas en 1987, se lanza esta versión doméstica. Un helicóptero que debía destruir enemigos desde su privilegiada posición para así salvar a su nación es la excusa para este juego de acción a raudales trasladado con éxito. ¿Qué tiene que ver con el argumento del juego un famoso pasquín publicitario de la época en la que aparecían dos largas piernas de una esbelta señorita? Ni idea, cosas de los ochenta (más afortunado fue otro en el que aparecía un hombre-helicóptero inquietante). La máquina original combinaba sabiamente el 2D y el 3D, con una cabina molona a más no poder. Lógicamente, la calidad técnica se resentiría en el *port* a la 8-bits de Sega, pero aun así el traslado es bastante feliz, aunque un tanto menos cálido y un poco desangelado en cuanto a coloridos se refiere o llenado de pantalla. Pero que nadie se confunda: las críticas alabaron el esfuerzo, incluyendo el reescalado de *sprites* y la buena respuesta general. El cartucho fue considerado una obra maestra de su género que trasladaba con éxito las sensaciones de los salones, un portento técnico para Master System.

Tom and Jerry, The Movie

■ **(Sega, 1992) · PAL · Acción · Un jugador.**

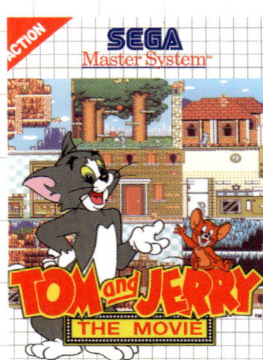

Pocos juegos tan bonitos gráficamente y tan atractivos para el público de poca edad, como fue en nuestro caso. De nuevo, un amigo del colegio nos dejó este cartucho y estuvimos dándole caña durante el par de días que nos lo dejó. En el salón de nuestra casa jugábamos a huir de Tom mientras pasábamos por escenarios típicos de este par de famosos personajes animados. De nuevo Sanritsu Denki desarrolla un juego para Sega con éxito y buen hacer, gráficamente aceptable y con una propuesta básica, aunque acertada. Entrañable.

Time Soldiers

(Sega, 1989) · NTSC/PAL · Arcade · Uno o dos jugadores.

¿Dos tipos en portada disparando a un dinosaurio? No, no hablamos del clásico *Cadillacs & Dinosaurs*, sino de *Time Soldiers*, otro clásico *arcade*, de acuerdo, pero de SNK. Nosotros somos unos soldados que luchan contra Gylend, el conquistador de mundos, y justo cuando lo iban a vencer son enviados a diferentes épocas del pasado. Así, recorreremos Roma, la Segunda Guerra Mundial, la época de los dinosaurios, etc. Gráfica y audiovisualmente es muy bueno, con muchos enemigos en pantalla, jefes finales enormes y variedad. Es sin duda una de las joyas ocultas del catálogo. Nosotros entonamos también el *mea culpa*: no lo conocíamos y, como nosotros, nos tememos, mucha gente más. Fue uno de los errores de Master System en según qué momentos: la falta de publicidad. Nosotros lo hubiéramos comprado sin pensar: *shooter* en tercera persona de vista cenital, largo, desafiante, cooperativo y top audiovisual. Y basado en un arcade de éxito de SNK. Y exclusivo. Vendido.

Trivial Pursuit Genius Edition

(Domark, 1992) · PAL · Juego de mesa · Hasta seis jugadores.

Lanzado en exclusiva para mercado PAL Europa, permitía jugar (eso sí, de manera alternativa) hasta seis jugadores. Era trasladar la experiencia del juego de tablero a nuestra consola, pero por desgracia tenía un grave problema, al menos en España en aquellos tiempos: no incluía idioma español, solo inglés y francés. Este escollo, tan de los juegos de rol, y que ya os hemos estado indicando en toda esta lista, no permitía tener en cuenta este juego a la hora de adquirirlo. Una pena.

Transbot/Astro Flash/Nuclear Creature

(Sega, 1985) · NTSC/PAL · Shooter · Uno o dos jugadores.

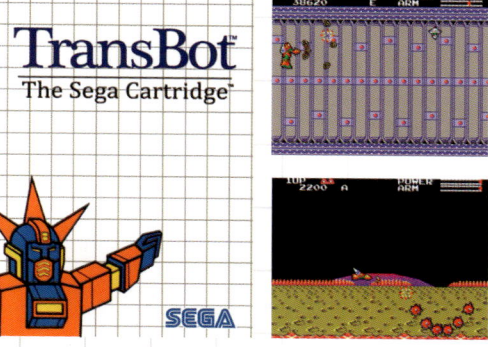

Este juego, conocido con muchos otros nombres, es de los inicios de la consola, cuando el Sega Card, lanzada para la campaña navideña de 1985 (en EE. UU. en 1986 y en Europa en 1987). Estamos ante un juego de ciencia ficción basado en el futuro, con un protagonista que se transforma en robot y nave. Nos encontramos, por este motivo, con el esperado cartucho de disparos sin más complicaciones, incluyendo el no tener final (empezando una y otra vez hasta que nos cansemos o nos maten). Es una pena, porque su jugabilidad, con muchas armas, *Power-Ups* y su acabado audiovisual (principalmente, su potente BSO), daban para más (de hecho, para sorpresa de propios y extraños, existe un reciente *remake* para PC).

Turma da Mônica em O Resgate

(Tec Toy, 1993) · NTSC · Acción · Un jugador.

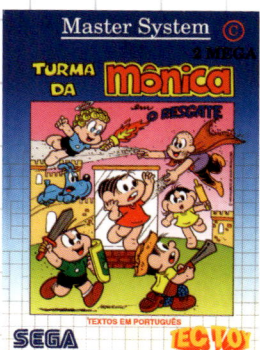

Segunda parte de las aventuras de Mônica, el entrañable personaje creado por Maurício, pero que en esta ocasión comete un *pecado* aún más grande, pues se basa en un *rebranding* de, atención, *Wonder Boy III: The Dragon´s Trap*, posiblemente la obra maestra del catálogo de Master System. Un juego muy divertido, que, si bien es cierto que a veces cuesta encajarlo en las aventuras originales, no deja de tener las grandísimas cualidades del original, pero que carece de aquella fantástica historia.

U

Ultima IV: Quest of the Avatar

(Sega, 1990) · PAL · Aventura RPG · Hasta tres jugadores.

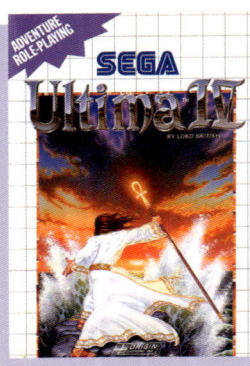

Si como nosotros peináis canas en este mundillo, sabréis lo que significó, principalmente en PC, esta saga, tanto la *offline* como su versión *online*. Este es el único *port* de esta saga para Master System, lo cual ya de por sí tiene valor. Con un sistema de creación de personaje muy novedoso en su momento (lo creamos tras responder a ciertas preguntas sobre nuestro carácter, al estilo *Vampire The Masquerade: Bloodlines*), el juego propone combate por turnos, pero en tiempo real, y misiones no lineales. Aunque con recortes con respecto al original lanzado en Apple II (vista siempre cenital, incluso en las conversaciones, paleta limitada, *sprites* pequeños), mantiene la esencia en prácticamente todo; la conversión a NES, por ejemplo, es distinta en su combate. ¿Lo malo? Venga, repetid con nosotros, todos juntos: que aquí en España, los juegos de rol siempre venían en perfecto inglés. De nuevo el hándicap de aquellos tiempos.

Ultimate Soccer

(Sega, 1993) · PAL · Deportes · Uno o dos jugadores.

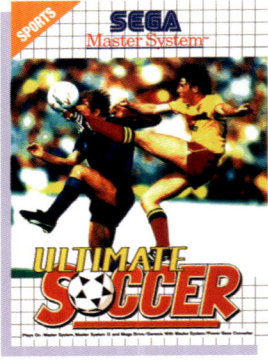

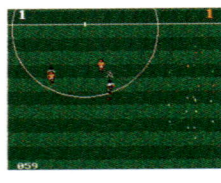

El que se vendan juegos de fútbol no debe ser sorpresa, a diferencia de otros géneros, pero sí llama la atención que Sega insistiera en llenar el catálogo de variedad balompédica. Este es el caso de este juego, lanzado a petición de la compañía nipona para las 8 y 16-bits (en Mega Drive, en los menús, aparecía Sonic). Con un apartado casi calcado a *Sensible Soccer*, la referencia, y una jugabilidad también parecida (vista cenital, pase largo, corto, *punteado* de dirección para enviar el balón con precisión, cortes al suelo, etc.), el juego, sin embargo, ha pasado a la historia como, seguramente, el cartucho de las consolas Sega de la época con más opciones *reales*: el balón cambiaba según fuera ligero, pesado, según la superficie, el clima, etc. Así hasta casi veinte variantes.

V

Vigilante

(Sega, 1989) · NTSC/PAL · Arcade · Un jugador.

Un título clásico, un juego clásico. Y los afortunados poseedores de la 8-bits de Sega tenían (casi) asegurado por tanto una versión a su consola. En este caso otro sonoro representante del género de *yo contra el barrio* que tantos buenos momentos de diversión dieron. Es el típico juego de chico rescata chica en un barrio chungo y, como mezcla, con un protagonista que sabe kung-fu. Más de entonces no puede ser. El título tenía una variedad de movimientos colosal, buenas animaciones, *sprites* grandes tipo *Double Dragon* y un acabado genial. ¿Problemas? Apenas quince minutos de juego que te costarán sangre pasar por un sistema de colisiones nefasto y enemigos que se pegan a ti para darte tollinas cual si fueran una lapa. Y sí, solo un jugador. Pero es un clásico a tener en las colecciones, un éxito *arcade* y un grandísimo *port*.

Virtua Fighter Animation

(Tec Toy, 1997) · PAL · Lucha · Uno o dos jugadores.

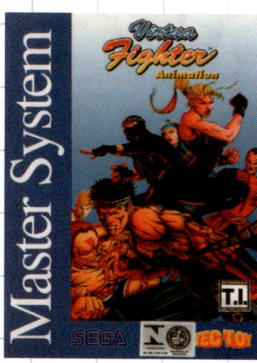

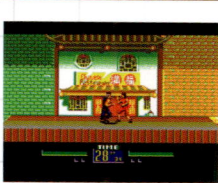

Otra de esas cosas increíbles que tenía el catálogo brasileño de la consola. Es el único juego de la saga en Master System en cualquier territorio, aunque no es original pues es, una vez más, una adaptación desde Game Gear. De todos modos, gráfica y audiovisualmente es un juego en el que se saca el jugo de la máquina, aunque los personajes son pequeños y algo torpes (si bien de movimientos suaves), el principal problema de pasar de Game Gear a Master. Lo original que tiene, porque de lo demás poco, es que la historia, basada en la serie animada, se va contando poco a poco, en plan modo historia. Otro cartucho que puede llegar a un precio monstruoso en el mercado de segunda mano tanto en su versión doméstica como portátil.

Wanted

(Sega, 1989) · NTSC/PAL · Shooting · Un jugador.

Este es uno de esos títulos que requerían para jugar la Sega Light Phaser, pero cuyo acabado y espectacularidad por culpa de manejar dicha pistola lo justifican. De nuevo, es una adaptación de una recreativa, un *shooter* ambientado en el Viejo Oeste. Su aspecto audiovisual es muy bueno, con muchos elementos en pantalla, y es una experiencia muy, muy satisfactoria. Eso sí, si os quejáis de la duración de los modernos juegos VR, que más bien parecen demos que juegos completos, este apenas dura, si no eres muy torpe y se te da bien, unos veinte minutos. Lo cual, teniendo en cuenta que había que comprar la pistola…

Where in the World is Carmen Sandiego?

(Parker Brothers, 1988) · NTSC · Aventura gráfica · Un jugador.

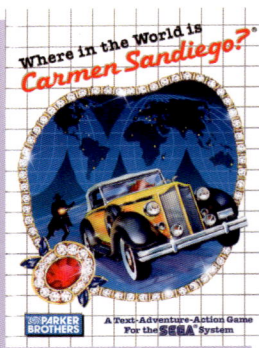

Las aventuras gráficas para consola son pocas, las cosas como son. Así que el que se lanzara este juego para mercado NTSC fue una buena noticia, al menos para ellos. Aquí en Europa ni se intentó, no porque la franquicia no fuera famosa (se lanzó en otros formatos), pero en 8-bits fue para Sega. De tipo texto tuvo bastante éxito, con sus intrincados mundos de ladrones alrededor del mundo. La ladrona de guante blanco Carmen Sandiego, de la organización VILE, nos narra el argumento, y no nos lo pondrá fácil para dejarse atrapar antes de la fecha límite. Se cambió la visión a lateral, es verdad, pero mejora en gráficos. En general, una buena adaptación.

Wimbledon

(Sega, 1992) · PAL · Deportes · Uno o dos jugadores.

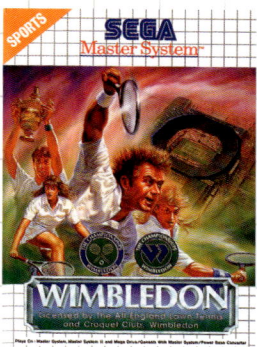

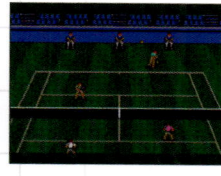

Los juegos de este tipo en Master System no habían logrado nunca enganchar a nadie... hasta que llegó *Wimbledon*. Este juego y su continuación fueron un éxito y son dos de los mejores exponentes deportivos de todo el catálogo. ¿Y por qué triunfó? Por su mezcla de realismo y de *arcade*. Tiene, de hecho, un modo carrera, en el que el jugador puede ir ganando torneos e ir repartiendo los puntos. Gráficamente, los *sprites* son pequeños, no hay muchos escenarios y el sonido y la música no es que sean pobres, sino lo siguiente. Pero su jugabilidad y animaciones son excelentes, todavía hoy engancha y entonces, en el lejano 1992, más todavía. Un éxito.

Wimbledon II

(Sega, 1993) · PAL · Deportes · Uno o dos jugadores.

La popularidad de su primera parte llevó a una continuación que, en este caso, puede resumirse con el tópico *más y mejor*. Una presentación muy cuidada al ser producto oficial, variedad de superficies y escenarios y, sobre todo, realismo en la bola y sus movimientos. Sigue con *sprites* pequeños, pero hay variedad en los juegos, modo a dobles y muchas opciones y torneos. De lo mejor del género, sin duda, del catálogo de cualquier máquina 8-bits.

Winter Olympics

■ **(U. S. Gold, 1994) · PAL · Deportes · Hasta cuatro jugadores.**

Sí, también había entonces juegos basados en los Juegos Olímpicos de Invierno, menos populares que los de verano, que es como se llaman a los que conocemos como Juegos Olímpicos a secas. Hasta diez juegos relacionados con ellos se podía jugar, escogiendo al país que queremos representar (incluyendo España, hasta dieciséis). En Europa salió en 1995, dos años después de la versión Mega Drive, si bien el juego fue lanzándose a lo largo de todo 1994 (solía venir, como el dedicado a Barcelona 92, con un folleto de recuerdo). Este tipo de juegos, en plan muchos minijuegos, con sus tablas y puntuaciones, eran muy atractivos, y entretenían mucho. Eran un título típicamente de alquiler de fin de semana.

Wolfchild

■ **(Virgin Interactive, 1993) · PAL · Arcade · Un jugador.**

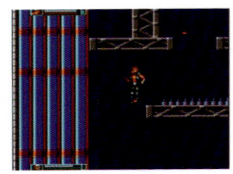

Desarrollado por Core Design para Virgin, el juego se lanzó en todas las consolas Sega, incluyendo Mega CD, y solo Super Nintendo fue la otra consola en disfrutarlo. Aunque lo de disfrutarlo es un decir, puesto que tuvo muchas notas mediocres, a pesar de haber sido diseñado por Simon Phipps, cuyos geniales trabajos en *Shadow Man* y su segunda entrega, junto con Guy Miller, son de sobras conocidos, entre otros muchos en los que colaboró (*Shellshock, Thunderhawk*…). Su mecánica típica de acción y plataformas, incluyendo su forma no humana, podía recordar en ese aspecto a *Altered Beast*, pero sin llegar a su genialidad. Solo la versión Amiga pareció cumplir. Ni que decir tiene que, en Master System, podíamos olvidarnos de la grandísima BSO, obra de Martin Iveson, que disfrutaron en Mega CD y Mega Drive.

Wonder Boy

(Sega, 1987) · NTSC/PAL · Plataformas · Un jugador.

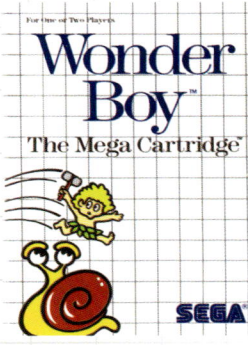

Este juego, con su portada, así como el juego en sí siendo mostrado en el típico televisor de tubo de la época, es uno de los recuerdos que tenemos de nuestra infancia cuando, siempre sin dinero para comprar esas maravillas, soñábamos con estos juegos en nuestras visitas con nuestros padres a un conocido gran almacén (que existe en toda España y todos sabemos cuál es) durante los fines de semana. El niño rubito en taparrabos saltando mientras lanza su martillo de piedra o sobre patinete es una imagen icónica de la consola. La saga entera en sí es icónica de la consola, una de las sagas más queridas y famosas de la historia y que ha llegado hasta nuestros días. Cómo no, el juego es adaptado por Sega desde una recreativa anterior, juego llamado *Super Wonder Boy* en dicha adaptación, pero rebautizados para Occidente sin el *Super*. Ocho mundos, con cuatro niveles cada uno, jefes finales, música y gráficos notables y jugabilidad a prueba de bomba. Una maravilla.

Wonder Boy in Monster Land

(Sega, 1988) · NTSC/PAL · Acción · Un jugador.

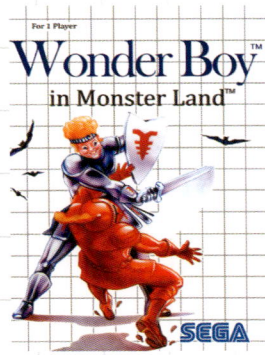

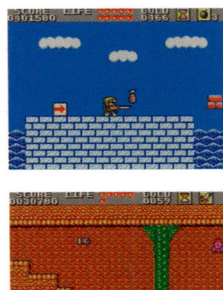

Otra vez adaptado desde la recreativa y otra vez en Occidente sin el *Super* en su nombre. Y otra vez un niño rubio de protagonista, pero no en torno a un bosque o una isla tropical, sino algo completamente diferente: poblados, castillos y fantasía medieval. Las puertas, el recoger monedas, el comprar en tiendas, los escudos y espadas, la magia y los corazones, junto al cambio jugable (RPG de acción versus plataformas) y las melodías y gráficos geniales, le dan a la saga los elementos que iban a explotar, y de qué manera, en el siguiente juego, la obra maestra de la saga. Anécdota: su continuación no salió de las recreativas ante el fracaso de la Mark III, por lo que el siguiente que vamos a comentar lleva un *3* en su título, pero en realidad es... el cuarto.

Wonder Boy in Monster World

(Sega, 1993) · PAL · Acción · Un jugador.

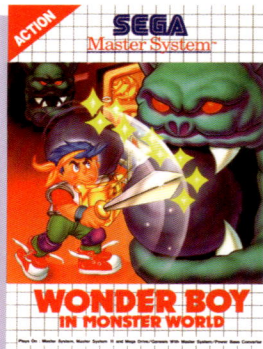

Master System, si no muerta, muy herida en EE. UU. y Japón, seguía muy viva en Europa. Era por tanto obvio que iba a salir, y en exclusiva, para el mercado PAL. El juego, como ya hemos dicho, es el cuarto de la saga, pero en realidad tiene, en su versión arcade, el *V* bien visible. Como sea, continuamos con el éxito del sistema de juego anterior: caballero con espada, corazones, tiendas, ir y venir… Una delicia visual y jugable, con multitud de jefes y giros (plataformas, acción, RPG…) y que se considera, por los seguidores, un homenaje al clasicismo, uno de los mejores jamás hechos en su género, símbolo de una época que fue y ya no es. Otra genialidad más de una saga que hay que jugar entera sí o sí. Cuatro cartuchos, cuatro obras maestras.

Woody Pop

(Sega, 1987) · NTSC · Puzles · Un jugador.

Un título más de puzles y de muy del inicio de Master System que no vino a Occidente (a Occidente solo su versión Game Gear, de famosísima portada). Era de puzles, sencillo en gráficos y planteamiento, y permitía el Paddle Control HPD-200. Un cartucho catalogado de sobresaliente en Game Gear que queda algo desdibujado en esta versión inicial de Master, pero sigue siendo un juego notable.

Wonder Boy III: The Dragon´s Trap

(Sega, 1989) · NTSC/PAL · Acción · Un jugador.

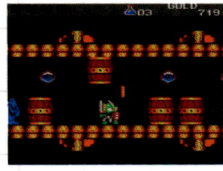

¿Es *Wonder Boy III: The Dragon´s Trap* el mejor juego del catálogo de Master System? Es complicado de decir, puesto que títulos como *Double Dragon*, *Sonic The Hedgehog*, *Alex Kidd in Miracle World*, *Astérix*, *Psycho Fox*, *Castle of Illusion*, *Phantasy Star*, etc., etc., ponen el listón muy alto. Pero es que si lo decimos tampoco estamos mintiendo.

Uno de los mejores juegos de la historia, así de claro, un plataformas de acción con toques de rol que hizo las maravillas de aquellos que pudimos jugarlo: colorido, original, largo y adictivo. Diferente, un mundo raro. Por si fuera poco, incluía contraseñas de salvado, lo que posibilitaba, dada su duración, el continuar jugando desde el nivel en el que lo dejamos. Claro que esto dejaba la puerta abierta a los trucos (cosa que hacíamos todos).

Su peculiar forma de plantearlo, comenzando desde el final anterior (con ese inicio magnífico donde todo se caía a pedazos), y luego con tiendas repletas de objetos para superar distintos espacios, incluyendo las no menos míticas transformaciones del protagonista en diferentes animales con habilidades peculiares (lagarto para escupir fuego y poder agacharse, ratón para subir por las paredes, piraña para nadar y bucear, el hombre pájaro que puede volar y el león, especialista en espada), contribuyeron a su éxito. Lo curioso es que, a pesar de ser una auténtica superproducción de la época pensado por y para la 8-bits de Sega (versión portátil posterior incluida), el juego nunca se vendió en Japón para esta plataforma, lo que demuestra el poderío de Sega Europa y lo triste de la andadura de la compañía nipona en Japón.

La sensación de ser un mundo abierto, pues su planteamiento es no lineal, lleno de misterios y lugares que recorrer, era genial. El hecho de que todavía hoy se recuerde, con *remakes* y continuaciones, o se recuerde la partitura del compositor de la saga, Shinichi Sakamoto («Monster Town», «The Last Dungeon»…), demuestra su fama. Obra maestra.

World Cup Italia ´90/Super Futebol II

(Sega, 1990) · PAL · Deportes · Uno o dos jugadores.

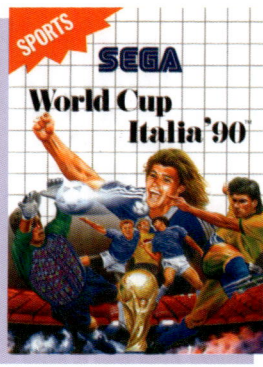

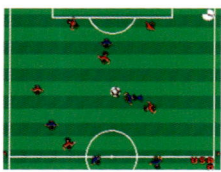

Evento deportivo de altura, la Copa del Mundo, el mayor del mundo del deporte, y los que poseíamos una Master System tuvimos la suerte de recibir un juego basado en el acontecimiento. El inolvidable mundial que ganó finalmente Alemania frente a la Argentina de Maradona, presentaba un cartucho que simplemente usaba el nombre como reclamo, sin más adornos ni en lo gráfico ni en lo jugable.

World Cup USA 94

(U. S. Gold, 1994) · PAL · Deportes · Uno o dos jugadores.

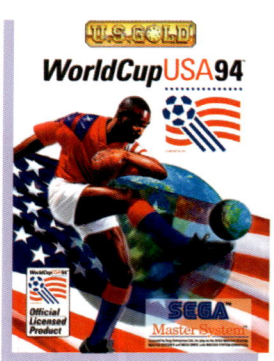

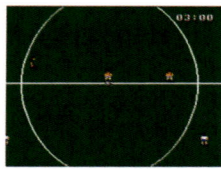

La primera Copa del Mundo de fútbol en tierras estadounidenses debía tener su juego oficial, y así fue. Es un juego audiovisualmente inferior al imponente oficial FIFA, pero que no buscaba tampoco el realismo en ese sentido. Su inspiración gráfica (vista cenital) y jugable era el divertido y mítico *Sensible Soccer*. Y a fe que lo consiguieron: pases cortos, largos, efectos, edición de tácticas, jugadores, equipaciones y un largo etcétera de características que lo convierten en un juego sencillo y adictivo a más no poder.

World Class Leader Board

(U. S. Gold, 1991) · PAL · Deportes · Hasta cuatro jugadores.

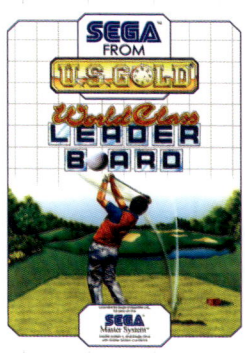

Ya hemos dicho que, aunque considerado deporte minoritario y de élite, en las consolas ha tenido siempre gran presencia, sobre todo en esta época. En este caso, es la versión Master System del clásico de 1986, uno de los más alabados de toda la historia por su seriedad, realismo y recreación general de este deporte. La versión de Sega posee todas estas virtudes, y habrá que tener en cuenta el viento, obstáculos, etc., yendo incluso un paso más allá que las versiones anteriores, incluyendo editor. Por todo esto, y por un inmejorable apartado técnico, es considerado un juego sobresaliente. Parece mentira, pero los juegos de golf de Master son bastante potentes.

World Games

(Sega, 1990) · PAL · Deportes · Hasta cuatro jugadores.

Los juegos de juegos, dígase los de verano u olímpicos o lo que sean, siempre tuvieron salida. Así que este es de ese estilo también, y además desarrollado por los mismos de *California Games* y derivados. No obstante, y tal y como aparece en portada, hablamos de deportes particulares, los *deportes del mundo*, grandes tópicos de Alemania, Japón, etc.: sumo, rodeo, lucha sobre troncos… Con todo y eso, la versión 8-bits de Sega venía capada, con apenas cuatro de estos deportes. Difícil de manejar, corto como él solo y discreto, muy discreto, en animaciones y acabado, es una decepción mayúscula en comparación, inclusive, con máquinas técnicamente inferiores como la NES.

World Grand Prix

(Sega, 1986) · NTSC/PAL · Deportes · Un jugador.

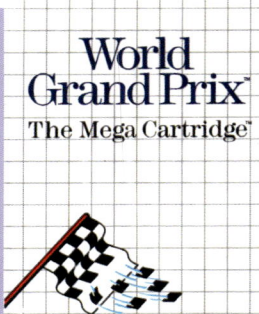

La Fórmula 1, el tenis, el boxeo y el golf son los cuatros deportes, podría decirse casi que por encima de otros más populares (fútbol, rugby, etc.), de los que más juegos se lanzaron en muchos sistemas. Ahora hablamos de un juego sin franquicia y de los primigenios, primitivos, de la 8-bits de Sega. De bonitos gráficos y simulación 3D, en su momento impresionó, y parecía mentira que el procesador de Master pudiera simular vehículos a más de 200 km/h. Que no os engañe su portada PAL, mezcla entre horrible y genialidad minimalista. Un juego top, por sorprendente que parezca.

World Soccer/Great Soccer/Sports Pad Soccer/Super Futebol

(Sega, Tec Toy, 1987) · NTSC/PAL · Deportes · Uno o dos jugadores.

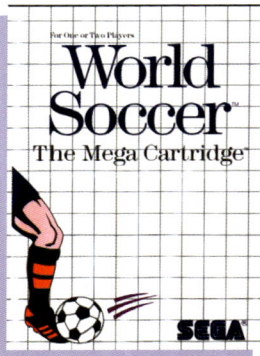

Es el *Great Soccer* original, de 1985, que luego tendría una nueva versión titulada *World Soccer* en 1987 y que, al llegar a EE. UU., pasaría a ser *Great Soccer*, creándose una cierta confusión con los títulos, y cambiando ciertas mecánicas, etc., con respecto a la posterior versión en cartucho. Esta es la segunda versión lanzada de *Great Soccer* de 1985. Además, fue lanzado para el famoso Sega Card. Un lío.

Ocho naciones, entre las que no se incluye España, pero sí Japón (?), lo hacían muy parecido al anterior: deporte para uno o dos jugadores, sencillez técnica y un mero entretenimiento para incluir fútbol, esencial para el mercado europeo.

WF Wrestlemania: Steel Cage Challenge

 (Flying Edge, 1993) · PAL · Deportes · Un jugador.

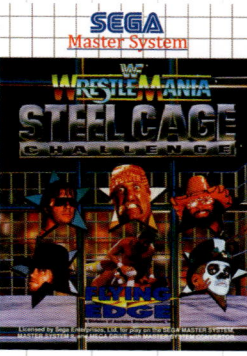

Si habéis vivido en la época a la que pertenece este juego, sabréis la fiebre que alcanzó la WWF (*a.k.a.* lucha libre). Es cierto que hoy en día, sobre todo por la inmigración americana, también tiene cierto éxito en España, pero lo de los noventa fue fiebre, pero mundial. ¿Quién no conoce a los tipos que aparecen en portada? Hulk Hogan, Savage y El enterrador son mitos del imaginario colectivo. Así, este juego nos permite recrear los combates típicos de este supuesto deporte, donde hacemos llaves, saltos, etc., siempre manejando a esta pléyade de estrellas. Lo mejor es que hay movimientos tradicionales y el poder luchar, aunque brevemente, fuera del *ring*. Audiovisualmente es discreto, y destaca sobre todo en los movimientos y en su jugabilidad a prueba de bombas, que al fin y al cabo en este tipo de juegos es lo importante. Pura diversión.

X-Men: Mojo World

X

(Tec Toy, 1996) · PAL · Acción · Un jugador.

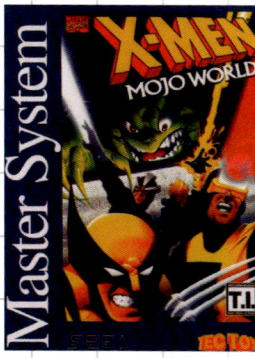

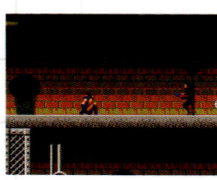

Otro juego *viceversa*: de Game Gear a Master System por obra y gracia de Tec Toy. Por tanto, así es, es exclusivo de Brasil (lo gracioso es que la versión Game Gear también lo fue, pero en EE. UU.). Con famosos personajes del universo X-Men (o Patrulla X), es un juego de acción con toques plataformeros que ofrece buenos personajes (Lobezno, Gambito...), gráficos apañados, aunque algo acortados al ser adaptado de Game Gear, y algo difícil. Como curiosidad nombrar al programador y encargado de arte Paul Hutchinson, artista de los juegos de Spider-Man de Master y Game Gear. Nunca pasó de mediocre, pero no es un juego para desdeñar, dada la franquicia que lo ampara.

Xenon 2 Megablast

(Virgin Interactive, 1991) · PAL · Arcade · Un jugador.

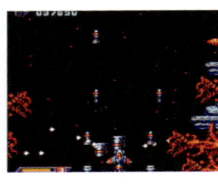

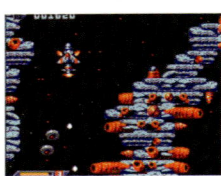

Uno de los pelotazos de la época, la continuación del célebre matamarcianos de los The Bitmap Brothers, tuvo, quién lo iba a decir, su versión en la sobremesa de 8-bits Sega. Uno de los aclamados del momento (con su original vista cenital horizontal y su posibilidad, ahí es nada, de poder retroceder por el nivel si nos encontramos en un callejón sin salida en alguno de sus laberínticos niveles). Es un juego duro y exigente, con jefes finales que cubren cási toda la pantalla, pero divertido como él solo, a pesar de ciertos fallos de diseño (sello típico, por otro lado, de todos los juegos de los The Bitmap Brothers). Audiovisualmente es top, con el espacio oscuro, los toques de terror y los vivos colores, así como una BSO que recrea, en 8-bits, de forma bastante fiel, el famosísimo tema central del juego, del compositor David Whittaker y su *manipulado* éxito «Megablast» *(Hip Hop on Precint 13)*, de Bomb the Bass del 88 (en *Into de Dragon*). Tesoro del catálogo nada difícil de encontrar. Pero avisados estáis: no es para todos.

Ys: The Vanished Omens/Ys

Y

(Sega, 1988) · NTSC/PAL · Aventura RPG · Un jugador.

Que llegara un RPG en consolas Sega era siempre un acontecimiento. Pero si lo hacía, como es el caso, normalmente tenías que conformarte con jugarlo en el idioma de Milton. Dicho esto, este juego era y es una de las sagas niponas de rol con más solera. Iba del típico héroe que debe salvar un lugar de un malo muy malvado, permitidnos la broma. Sin embargo, varias cosas lo hacen único: fue un éxito en todas las plataformas en las que salió, cambió su tradicional perspectiva en primera persona por una típica, desde entonces, cenital. Ya no se luchaba por turnos, sino dando espadazos cuando te encuentras al enemigo (lo que se bautizó como *hack and slash*; ¿os suena?), era desafiante, largo (más de tres horas de juego en la época, incluyendo *savegames*), buenos gráficos, buena y recordada BSO y *scroll* muy suave. Leyenda entre los busca joyas y los frikis del género.

Z

Zaxxon 3-D

(Sega, 1987) · NTSC/PAL · Shooter · Un jugador.

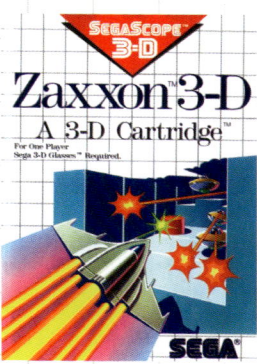

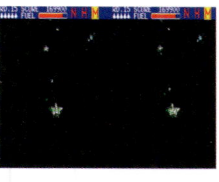

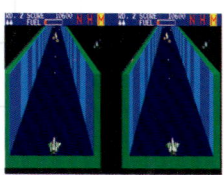

Con cierto retraso con respecto a las dos entregas anteriores (que fueron recreativas), este juego fue pensado para aprovechar las famosas gafas 3-D de Sega, que la compañía nipona no sabía cómo usar. Se mantuvo el movimiento vertical/horizontal, pero ahora teníamos una visión también trasera. No tenía la velocidad del original y cuando se jugaba sin gafas no dejaba de ser un *marcianitos* discreto. Pero con las gafas todo cambia a mejor, y la verdad es que, para ser un título de los inicios, está bastante bien.

Zillion/Akai Koudan Zillion

(Sega, 1987) · NTSC/PAL · Acción · Un jugador.

Este juego de plataformas de acción para un jugador, en donde por primera vez conocimos al simpar Opa-Opa, está basado en un anime (o viceversa, según la fuente), y la leyenda dice que su pistola láser fue la base para la pistola de luz de Master System lanzada un año antes, aunque, como ya ha quedado dicho en el apartado de periféricos, si bien esto es cierto según el ex-CEO de Tec Toy, en realidad era un periférico que buscaba competir con la Nintendo's Zapper. Sus gráficos brillantes y su buena jugabilidad lo hicieron merecedor de notas destacadas en la prensa especializada, lo que unido a su diseño atractivo y estilo de ciencia ficción lo transformaron en muy recomendable.

Zillion II: The Tri Formation/Tri Formation

(Sega, 1987) · NTSC/PAL · Acción · Un jugador.

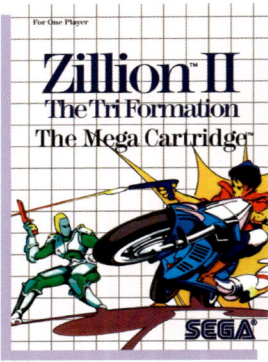

La vida es sencilla: después del uno, viene el dos. Lanzado, como el anterior, en diciembre, esta vez para los mercados PAL y de EE. UU., se retrasó hasta el 88. Vuelve a tener un planteamiento clásico, con toques futuristas, y repite lo de ser para un jugador. Ahora, el juego está basado en niveles que superar, menos *abierto* que el anterior (que lo entroncaba con los *metroidvania*), pero hay mayor variedad al incluir una motocicleta de tres ruedas, la Tri Formation, capaz de convertirse en un engendro volador, sin olvidar una leve mejoría del apartado técnico. Aunque no con tanta firmeza y unanimidad, de nuevo fue excelentemente valorado. Una (mini) saga ingenua y con encanto dentro del catálogo.

Zool, Ninja of the Nth Dimension

(Gremlin, 1994) · PAL · Plataformas · Un jugador.

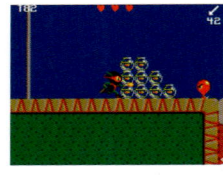

El juego, lanzado dicen para competir contra Sonic, no tiene más secreto que ser un puro plataformas. Está basado en un juego 100 % original para Amiga, el cual tuvo puntuaciones de casi perfecto. En las versiones Sega para sus plataformas de 8 y 16-bits, antes de poder salir del nivel, debemos recoger ciertos objetos, lo cual difiere de Amiga. Audiovisualmente, los gráficos, pero sobre todo la música, nos encanta, lo cual puede ser una percepción subjetiva. Por su éxito en donde salió, principalmente, Amiga y derivados, tuvo continuación, pero no en sistemas Sega (en Mega Drive fue recibido tibiamente). Otro valorado título noventero que podíamos disfrutar los usuarios de Master System en Europa.

▶ **CONTINUE?**

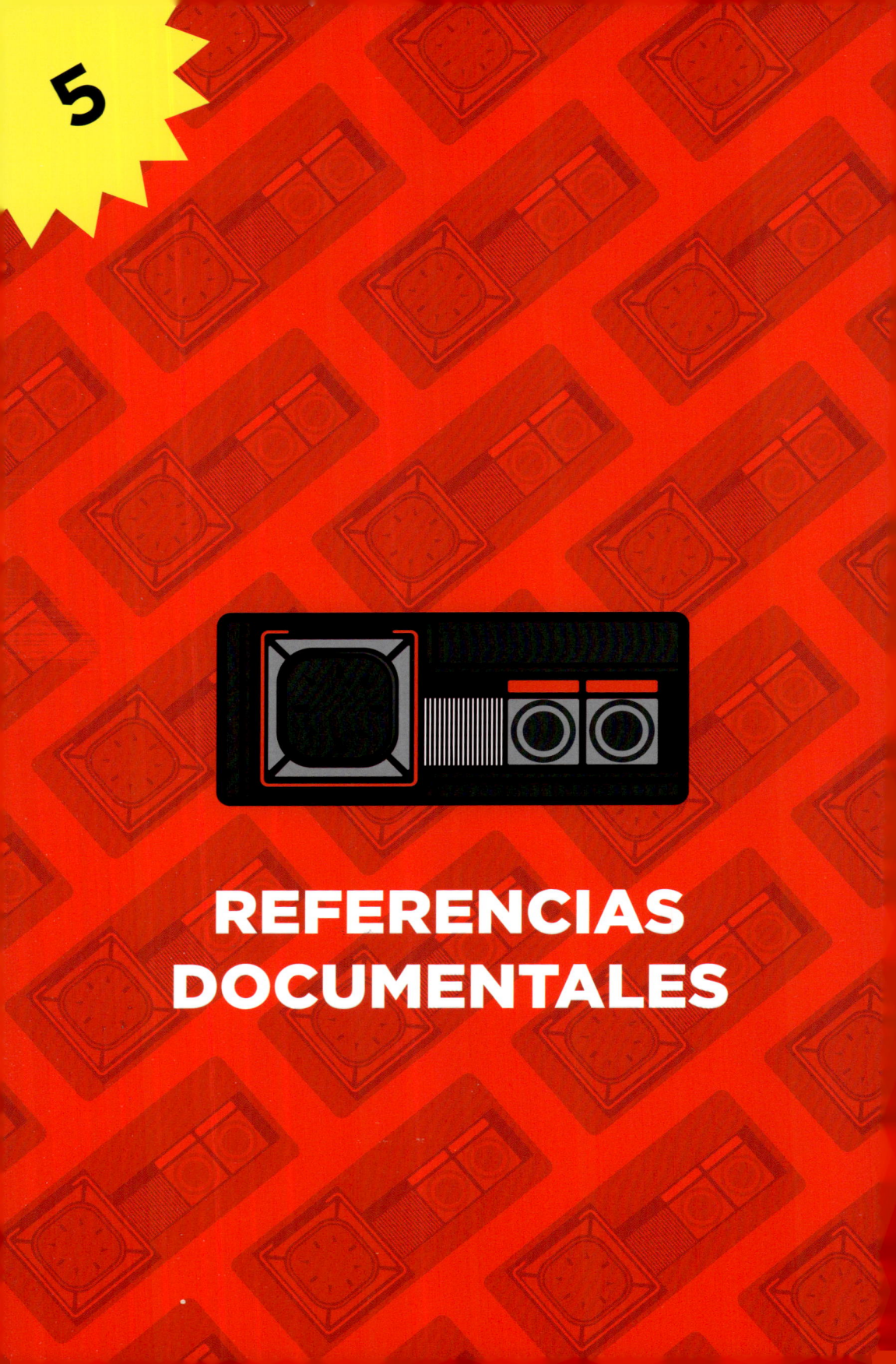

5

REFERENCIAS DOCUMENTALES

Arteaga Gómez, S. (2013). Diseñando lo hiperreal: del juego al videojuego. Lo lúdico al servicio de la tecnología. *I+Diseño*, 8.

Barondo, S. (24 de abril de 2021). Paco Pastor, el hombre que revolucionó la industria del videojuego en los 80. *Vandal*. https://vandal.elespanol.com/noticia/1350743707/paco-pastor-el-hombre-que-reverciono-la-industria-del-videojuego-en-los-anos-80/

Belli, S. y López Reventós, C. (2008). Breve historia de los videojuegos. *Athenea Digital. Revista de Pensamiento e Investigación Social*, 14.

Budd, N., Eres, B., Matulich, E. y McMurrian, R. (2014). Sega Corporation: The Dream and the Plan to Rise Above. *Journal of Business Cases and Applications*, 11.

Dolan, K.A. y Peterson-Withorn, C. (5 de abril de 2022). Forbes World's Billionaires List. The Richest in 2022. *Forbes*. https://www.forbes.com/billionaires/

Fuentes, E.S. (2020), Réquiem para el jefe final. Antología de la música en los videojuegos, Héroes de Papel.

Garfias Frías, J.A. (2011). La industria del videojuego a través de las consolas. Cuestiones Contemporáneas, 209.

Horowitz, K. (17 de septiembre de 2008). Interview: Nick Alexander (First CEO of Sega Europe). *SEGASega-16*. https://www.sega-16.com/2008/09/interview-nick-alexander

Kean, R.M. y Wilkins, C. (2015). *The Story of U. S. Gold. A very American, British Software House*, Fusion Retro Books.

Kent, S.L. (2001). *La gran historia de los videojuegos*, Ediciones B.

Lafrance, J. P. (1995). La epidemia de los videojuegos. Epopeya de una industria. *Telos (Revista de Comunicación, Tecnología y Sociedad)*, 42.

Loguidice B. y Barton M. D. (2014). *Vintage Game Consoles, an Inside Look at Apple, Atari, Commodore, Nintendo, and the Greatest Gaming Platforms of all Time*, Focal Press.Martins R. (2021). Sega and its Monica's Gang. The Unique Situation of Sega/TecToy in Brazil. *ROMchip, a Journal of Game Histories*, 2.

Mora, M. (1 de junio de 2013). Overkal. *Retro Maquinitas*. https://retromaquinitas.com/consolas/consolas-made-in-spain/overkal/

Pérez Sánchez, A. (1995). Deuda externa de América Latina. Balance de una década (1980-1990). *Cuadernos de Estudios Empresariales*, 5.

Pettus, S. (2018). *Service Games, el auge y caída de Sega*, Game Press Editorial.

Sponsel S. (16 de noviembre de 2015). Interview: Stefano Arnhold (Tectoy). *Sega-16*. https://www.sega-16.com/2015/11/interview-stefano-arnhold-tectoy/

Statista. https://es.statista.com/estadisticas/569453/facturacion-de-las-diez-empresas-de-venta-de-semiconductores-lideres-a-nivel-mundial/

Turatti das Virgens, F. A. (2019). *Videogames no Brasil: mercado nacional, padrões técnicos, circularidade e recepção entre o público consumidor (1983-2002)*, Universidad Federal de Uberlândia.

Vázquez-Miraz, P. (2018). Las mascotas corporativas de los videojuegos de los años 90: un símbolo de los "millenials". *Anagramas, Rumbos y Sentidos de las Comunicación*, 33.

VV. AA. (2011). ERBE Software presenta Paco Pastor. *Retro Gamer Colección*, 4.

VV. AA. (2016). Entrevista a Mark Cerny. *Retro Gamer*, 20.

VV. AA. (2017). SG-1000. *Retro Gamer*, 19.

VV. AA. (9 de enero de 2011). Historia de los videojuegos españoles. Historia de la informática. https://histinf.blogs.upv.es/2011/01/09/historia-de-los-videojuegos-espanoles/

VV. AA. (s. f.). Sega Master System. VG Legacy. https://vglegacy.com/hardware/sega-master-system/

VV. AA. (23 de marzo de 2016). Las máquinas recreativas de Sonic Sega SA. *Retrolaser*. https://retrolaser.es/las-maquinas-recreativas-de-sonic-sega-sa/

▶ CONTINUE?